# 建筑材料与检测
## （第2版）

主 编 张 英 葛 辉

参 编 刘亚双 张 啸 袁 园

北京理工大学出版社
BEIJING INSTITUTE OF TECHNOLOGY PRESS

## 内容提要

本书按照高等院校人才培养目标及专业教学改革的需要，依据最新规范进行编写。全书共分九个项目，主要内容包括：建筑材料基础、砂石、水泥、砂浆、混凝土、建筑钢材、墙体材料、防水材料和保温隔热材料。每个项目都包含了具体的检测任务，突出理论与实践的结合，注重实践能力的培养。

本书可作为高等院校土木工程类相关专业的教材，也可作为从事建筑工程施工的工程技术管理人员的培训及参考用书。

**版权专有　侵权必究**

### 图书在版编目（CIP）数据

建筑材料与检测 / 张英，葛辉主编. -- 2版. -- 北京：北京理工大学出版社，2024.2
ISBN 978-7-5763-3056-4

Ⅰ.①建… Ⅱ.①张… ②葛… Ⅲ.①建筑材料－检测－高等学校－教材 Ⅳ.①TU502

中国国家版本馆CIP数据核字（2023）第207429号

---

| | |
|---|---|
| **责任编辑**：李玉昌 | **文案编辑**：李玉昌 |
| **责任校对**：周瑞红 | **责任印制**：王美丽 |

**出版发行** / 北京理工大学出版社有限责任公司
**社　　址** / 北京市丰台区四合庄路6号
**邮　　编** / 100070
**电　　话** /（010）68914026（教材售后服务热线）
　　　　　　（010）68944437（课件资源服务热线）
**网　　址** / http://www.bitpress.com.cn
**版 印 次** / 2024年2月第2版第1次印刷
**印　　刷** / 河北鑫彩博图印刷有限公司
**开　　本** / 787 mm×1092 mm　1/16
**印　　张** / 15.5
**字　　数** / 365千字
**定　　价** / 89.00元

图书出现印装质量问题，请拨打售后服务热线，负责调换

# 出版说明

五年制高等职业教育（简称五年制高职）是指以初中毕业生为招生对象，融中高职于一体，实施五年贯通培养的专科层次职业教育，是现代职业教育体系的重要组成部分。

江苏是最早探索五年制高职教育的省份之一，江苏联合职业技术学院作为江苏五年制高职教育的办学主体，经过20年的探索与实践，在培养大批高素质技术技能人才的同时，在五年制高职教学标准体系建设及教材开发等方面积累了丰富的经验。"十三五"期间，江苏联合职业技术学院组织开发了600多种五年制高职专用教材，覆盖了16个专业大类，其中178种被认定为"十三五"国家规划教材，学院教材工作得到国家教材委员会办公室认可并以"江苏联合职业技术学院探索创新五年制高等职业教育教材建设"为题编发了《教材建设信息通报》（2021年第13期）。

"十四五"期间，江苏联合职业技术学院将依据"十四五"教材建设规划进一步提升教材建设与管理的专业化、规范化和科学化水平。一方面将与全国五年制高职发展联盟成员单位共建共享教学资源，另一方面将与高等教育出版社、凤凰职业教育图书有限公司等多家出版社联合共建五年制高职教育教材研发基地，共同开发五年制高职专用教材。

本套"五年制高职专用教材"以习近平新时代中国特色社会主义思想为指导，落实立德树人的根本任务，坚持正确的政治方向和价值导向，弘扬社会主义核心价值观。本教材依据教育部《职业院校教材管理办法》和江苏省教育厅《江苏省职业院校教材管理实施细则》等要求，注重系统性、科学性和先进性，突出实践性和适用性，体现职业教育类型特色。教材遵循长学制贯通培养的教育教学规律，坚持一体化设计，契合学生知识获得、技能习得的累积效应，结构严谨，内容科学，适合五年制高职学生使用。本教材遵循五年制高职学生生理成长、心理成长、思想成长跨度大的特征，体例编排得当，针对性强，是为五年制高职教育量身打造的"五年制高职专用教材"。

江苏联合职业技术学院<br>
教材建设与管理工作领导小组<br>
2022年9月

# 第 2 版前言

本教材第1版于2017年10月出版,得到江苏联合职业技术学院许多分院的支持,共重印了5次。近5年来,部分建筑材料的检测规范有所更新,故对原教材进行修订。

本次修订对第1版教材进行了全面的梳理、校勘,纠正了存在的问题,并对各项目内容进行了必要的增加与删减,以求内容更为充实,编排更为合理。第2版的特色及新增、调整的内容主要体现在以下几方面:

1. 本教材继续采用第1版的框架结构和逻辑安排,重点介绍土建工程中几大常用材料,采用基础知识、主要检测项目以及材料的选用大板块组成的结构体系。

2. 由于每个任务都有对建筑材料基础知识的介绍,故简化了第1版中任务一建筑材料基本知识的相关内容。

3. 相比第1版教材,第2版中每个检测项目的实施步骤都有详细的介绍,并配有相关图片,论述更为翔实,更有利于实践教学的指导。

4. 习近平总书记在全国高校思想政治工作会议上强调,要把思想政治工作贯穿教育教学全过程,坚持把立德树人作为中心环节,实现全程育人、全方位育人。要用好课堂教学这个主渠道,思想政治理论课要坚持在改进中加强,提升思想政治教育亲和力和针对性,满足学生成长发展需求和期待,其他各门课都要守好一段渠、种好责任田,使各类课程与思想政治理论课同向同行,形成协同效应。课程思政是中国特色社会主义教育改革的新教育理念。第2版教材编写过程中,充分挖掘课程蕴含的思想政治教育元素,在注重培养学生扎实的专业素养的同时,还注重培养学生精益求精、严谨求实的工作作风。

本书由苏州建设交通高等职业技术学校张英、葛辉担任主编,苏州建设交通高等职业技术学校刘亚双、张啸、袁园参与本书的编写工作。具体编写分工为:项目一和项目二由刘亚双编写,项目三和项目八由张英编写,项目四由袁园编写,项目五和项目七由葛辉编写,项目六和项目九由张啸编写。

本书在编写过程中参考和借鉴了大量文献资料,谨向这些文献的作者致以诚挚的感谢。由于时间仓促,加之编者水平和经验有限以及国家标准的不定时修订,书中难免有诸多不妥之处,敬请读者和同行批准指正。

编　者

# 第1版前言

  本教材按照五年制高职建筑工程技术专业职业能力培养目标的要求，以最新标准为依据，以岗位能力分析为基础，以能力培养为目标，以教学内容的实用性为突破口，从职业资格所需要的职业素质与岗位技能组织教学内容，形成具有特色的项目化教材。

  本教材包括十个项目，每一个项目的内容包含两个部分：一是建筑材料的基本概念和性质；二是建筑材料检测的方法、技能，突出理论与实践的结合，注重实践能力的培养。

  本教材由张英担任主编，张丽云、董庆、钱文担任副主编，刘亚双、陈琳、张啸参与了本书部分章节的编写工作。具体编写分工为：项目一和项目二由刘亚双编写，项目三和项目五由董庆编写，项目四和项目九由陈琳编写，项目六由张丽云编写，项目七由张啸编写，项目八由钱文编写，项目十由张英编写。

  由于编写时间仓促，加之编者的水平和经验有限，以及国家标准的不断修订，书中或有诸多不妥之处，敬请读者和同行批评指正。

编　者

# 目 录

## 项目一　建筑材料基础 …………………… 1
### 任务一　熟悉建筑材料的基本性质 ……… 1
　　一、建筑材料的发展 ……………………… 2
　　二、建筑材料的分类 ……………………… 2
　　三、建筑材料的物理性质 ………………… 3
　　四、建筑材料的力学性质 ………………… 8
　　五、建筑材料的耐久性 …………………… 9
### 任务二　熟悉建筑材料检测的技术
　　　　　标准 ………………………………… 10
　　一、建筑材料检测标准体系 ……………… 10
　　二、建筑材料检测的相关法律法规 ……… 11
　　三、见证取样检测制度 …………………… 13
### 项目小结 …………………………………… 13
### 课后习题 …………………………………… 13

## 项目二　砂石 ………………………………… 16
### 任务一　熟悉建筑用砂、石 ……………… 16
　　一、细骨料——砂 ………………………… 17
　　二、粗骨料——石子 ……………………… 19
　　三、建筑用石材 …………………………… 21

### 任务二　砂的粗细及颗粒级配检测 ……… 23
### 任务三　石子的粗细及颗粒级配检测 …… 29
　　一、最大粒径 ……………………………… 29
　　二、颗粒级配 ……………………………… 30
### 任务四　砂石的含泥量检测 ……………… 34
### 项目小结 …………………………………… 38
### 课后习题 …………………………………… 38

## 项目三　水泥 ………………………………… 41
### 任务一　熟悉水泥 ………………………… 41
　　一、硅酸盐水泥的生产工艺 ……………… 42
　　二、水泥的种类 …………………………… 42
　　三、通用硅酸盐水泥的组分 ……………… 43
　　四、硅酸盐水泥熟料的矿物组成及其特性 … 43
　　五、硅酸盐水泥凝结与硬化 ……………… 44
　　六、硅酸盐水泥的技术性质与应用 ……… 44
### 任务二　水泥细度的检测 ………………… 45
### 任务三　水泥标准稠度用水量、凝结时间、
　　　　　体积安定性的检测步骤 ………… 50
　　一、水泥标准稠度 ………………………… 50

二、水泥的凝结硬化 ……………… 50
　　三、凝结时间 …………………… 51
　　四、体积安定性 ………………… 51
任务四　水泥胶砂强度的检测 ……… 57
任务五　水泥的选用、验收、运输
　　　　与储存 …………………… 64
　　一、矿渣硅酸盐水泥 …………… 65
　　二、火山灰质硅酸盐水泥 ……… 66
　　三、粉煤灰硅酸盐水泥 ………… 66
　　四、复合硅酸盐水泥 …………… 67
　　五、通用硅酸盐水泥的应用 …… 67
　　六、特性水泥 …………………… 68
　　七、水泥的包装、标志、储运 … 70
项目小结 …………………………… 70
课后习题 …………………………… 71

项目四　砂浆 ……………………… 72
任务一　熟悉砌筑砂浆的主要技术
　　　　性质 ……………………… 72
　　一、砌筑砂浆的组成材料 ……… 73
　　二、砌筑砂浆的主要技术性质 … 73
任务二　熟悉抹灰砂浆的主要技术
　　　　性质 ……………………… 75
　　一、抹灰砂浆的定义及特性 …… 75
　　二、抹灰砂浆的基本规定 ……… 76
　　三、抹灰砂浆的配合比设计 …… 76
　　四、抹灰砂浆施工构造要求 …… 77
　　五、抹灰砂浆现场拉伸粘结强度 …78

任务三　砂浆的稠度检测 …………… 78
任务四　砂浆的保水性检测 ………… 82
任务五　砂浆的强度检测 …………… 86
任务六　砂浆的配合比设计 ………… 89
　　一、现场配制水泥混合砂浆的配合比
　　　　设计 ……………………… 89
　　二、现场配制水泥砂浆的配合比选用 …91
　　三、配合比的试配、调整与确定 …… 92
　　四、砂浆配合比设计示例 ……… 92
项目小结 …………………………… 93
课后习题 …………………………… 93

项目五　混凝土 …………………… 95
任务一　熟悉混凝土 ………………… 95
　　一、混凝土的组成 ……………… 96
　　二、混凝土的种类 ……………… 96
　　三、混凝土的特点 ……………… 97
任务二　普通混凝土组成材料的选用 … 97
　　一、水泥 ………………………… 98
　　二、粗骨料 ……………………… 98
　　三、细骨料 ……………………… 99
　　四、拌合用水 …………………… 99
任务三　普通混凝土拌合物和易性
　　　　的检测 …………………… 100
　　一、和易性的概念 ……………… 100
　　二、和易性的检测方法 ………… 101
任务四　普通混凝土强度的检测 …… 104
　　一、普通混凝土试件的制作 …… 104

二、普通混凝土试件的养护 ………… 105

任务五　普通混凝土的耐久性 ………… 108
　　一、抗渗性 ………………………… 109
　　二、抗冻性 ………………………… 109
　　三、抗碳化性 ……………………… 109
　　四、抗侵蚀性 ……………………… 110
　　五、碱-骨料反应 …………………… 110

任务六　熟悉混凝土配合比设计 ……… 111
　　一、配合比设计指标 ……………… 111
　　二、混凝土初步配合比设计步骤 … 113
　　三、试拌调整提出混凝土基准配合比 … 117
　　四、检验强度、确定试验室配合比 … 118
　　五、换算施工配合比 ……………… 119

任务七　其他品种混凝土 ……………… 122
　　一、轻骨料混凝土 ………………… 123
　　二、高强度混凝土 ………………… 125
　　三、高性能混凝土 ………………… 126
　　四、多孔混凝土 …………………… 127
　　五、纤维混凝土 …………………… 128

项目小结 ………………………………… 129

课后习题 ………………………………… 129

项目六　建筑钢材 ……………………… 131
　任务一　熟悉建筑钢材 ……………… 131
　　一、钢材的常用种类 ……………… 132
　　二、钢筋的种类 …………………… 133
　　三、预应力钢丝 …………………… 135

四、预应力钢绞线 …………………… 137

任务二　钢筋拉伸性能的检测 ………… 140
　　一、钢筋的力学性能 ……………… 141
　　二、钢筋拉伸破坏的四个阶段 …… 142

任务三　钢筋冷弯性能的检测 ………… 149

任务四　建筑钢材的验收及防护 ……… 154
　　一、钢筋的检验 …………………… 154
　　二、钢筋的保管 …………………… 155
　　三、预应力钢丝的检验与缺陷防止 … 155
　　四、预应力钢绞线的检验与缺陷防止 … 156
　　五、钢筋的防锈 …………………… 157

项目小结 ………………………………… 160

课后习题 ………………………………… 161

项目七　墙体材料 ……………………… 165
　任务一　熟悉墙体材料的分类 ……… 165
　　一、砌墙砖 ………………………… 166
　　二、砌块 …………………………… 170
　　三、墙用板材 ……………………… 171

任务二　混凝土小型砌块的取样
　　　　 与检测 ……………………… 173

任务三　蒸压加气混凝土砌块的取样
　　　　 与检测 ……………………… 179
　　一、分类和规格 …………………… 179
　　二、要求 …………………………… 180

项目小结 ………………………………… 182

课后习题 ………………………………… 183

## 项目八 防水材料 ……184

### 任务一 熟悉防水材料的功能要求、分类与选用 …… 184
一、防水材料的功能要求 …… 184
二、防水材料的分类 …… 185
三、防水材料的选用 …… 188

### 任务二 防水卷材的性能检测 …… 189
一、改性防水卷材的性能 …… 189
二、SBS与APP改性沥青防水卷材的分类及品种 …… 190
三、自粘橡胶沥青防水卷材 …… 191

### 任务三 合成高分子防水卷材的性能检测 …… 195
一、聚氯乙烯防水卷材 …… 195
二、三元乙丙橡胶防水卷材 …… 196
三、氯化聚乙烯-橡胶共混防水卷材 …… 197

### 任务四 防水涂料的性能检测 …… 202
一、沥青类防水涂料 …… 203
二、高聚物改性沥青防水涂料 …… 203
三、合成高分子类防水涂料 …… 204
四、聚合物水泥基防水涂料 …… 205
五、防水涂料的性能指标 …… 205

### 任务五 熟悉密封材料 …… 210
一、密封材料的分类 …… 211
二、建筑防水密封膏 …… 211
三、合成高分子止水带 …… 212

### 任务六 熟悉新型建筑堵漏止水材料 …… 213
一、建筑堵漏止水材料的分类 …… 213
二、灌浆材料 …… 214

项目小结 …… 215
课后习题 …… 216

## 项目九 保温隔热材料 …… 217

### 任务一 熟悉保温隔热材料 …… 217
一、保温隔热材料基本概念 …… 218
二、保温隔热材料的种类 …… 218
三、影响材料保温性能的因素 …… 220

### 任务二 保温隔热材料的压缩强度检测 …… 221

### 任务三 保温隔热材料的导热系数检测 …… 224

### 任务四 保温隔热材料的燃烧性能检测 …… 227

项目小结 …… 234
课后习题 …… 234

## 参考文献 …… 235

# 项目一　建筑材料基础

建筑材料的发展和创新与建筑技术的进步有着不可分割的联系，许多建筑工程技术问题的解决往往是新建筑材料产生的结果，而新的建筑材料又促进了建筑设计、结构设计和施工技术的发展，也使建筑物的各种性能得到进一步改善。因而，建筑材料的发展创新对经济建设起着重要的作用。

课件：建筑材料

## 任务一　熟悉建筑材料的基本性质

### 学习目标

(1) 了解建筑材料的发展。
(2) 掌握建筑材料的分类。
(3) 掌握建筑材料的基本性质。

### 核心概念

(1) **材料的基本性质**：是指材料处于不同的使用条件和使用环境时，通常必须考虑最基本的、共有的性质。

(2) **密度**：是指材料在绝对密实状态下单位体积的质量。

(3) **表观密度**：是指材料在自然状态下单位体积的质量。

(4) **堆积密度**：是指粉状或粒状材料，在堆积状态下单位体积的质量。

(5) **耐水性**：是指材料长期在饱和水的作用下不被破坏，强度也不显著降低的性质。

(6) **抗渗性**：是指材料抵抗压力水或其他液体渗透的性质。

(7) **抗冻性**：是指材料在吸水饱和状态下，能经受反复冻融循环作用而不被破坏，强度也不显著降低的性能。

(8) **强度**：是指材料在外力作用下抵抗破坏的能力。

(9) **弹性**：是指材料在外力作用下产生变形，当外力消失后能够完全恢复原来形状的性质。

(10) **塑性**：是指材料在外力作用下产生变形，如果外力消失后，仍能保持变形后的形状和尺寸，并且不产生裂缝的性质。

(11) **韧性**：是指材料在振动和冲击荷载作用下，能吸收较大的能量，产生一定的变形，而不致破坏的性能。

(12) **脆性**：是指材料在外力作用下，直至断裂前只发生弹性变形，无明显塑性变形而发生突然破坏的性质。

## 基本知识

### 一、建筑材料的发展

随着现代高新技术的不断发展，新材料作为高新技术的基础和先导，其应用范围极其广泛。它同信息技术、生物技术一起成为21世纪最重要、最具发展潜力的领域。而建筑材料作为材料科学的一个分支，也在飞速发展。建筑材料的发展呈现出以下几种趋势：

(1) 传统建筑材料的性能向轻质、高强和多功能的材料方向发展。

(2) 化学建材将大规模应用于建筑工程中。

(3) 从使用单体材料向使用复合材料发展。

(4) 节能环保型材料以强制性规范的形式应用于建筑工程中。

(5) 低能耗、无污染的绿色建材将大量生产和使用。

### 二、建筑材料的分类

#### 1. 按材料的化学成分分类

(1) **无机材料**。无机材料可分为金属材料（如钢、铁、铜、铝、各类合金等）、非金属材料（如水泥、石灰、混凝土、砂浆、天然石材、玻璃、烧土制品等）和金属—非金属复合材料（如钢筋混凝土等）。

1) 砂石材料：是经人工开采的岩石或轧制碎石及地壳表层岩石经天然风化而得到的松散粒料。砂石材料可以直接应用于铺筑道路或砌筑各种建筑物或构筑物，也可以作为骨料来配制水泥混凝土和沥青混合料。

2) 水泥与骨料配制的水泥混凝土：是钢筋混凝土和预应力钢筋混凝土结构中的主要材料。水泥砂浆是砌筑中的重要粘结材料。

3) 建筑钢材：是钢结构、钢筋混凝土结构及预应力钢筋混凝土结构的重要材料。

(2) **有机材料**。有机材料的种类也很多，如木材、竹材、塑料、涂料、胶粘剂、合成橡胶、石油沥青、煤沥青、沥青制品等。

(3) **复合材料**。复合材料可分为无机非金属与有机材料复合材料（如玻璃纤维增强塑料、聚合物水泥混凝土等）、金属与无机非金属复合材料（如钢纤维增加混凝土等）、金属与有机材料复合材料（如轻质金属夹芯板等）。

(4) **高分子聚合物材料**。近年来，随着我国化学工业的发展，多种高分子聚合物逐渐应用于建筑工程中，主要用来改善混凝土及防水材料的性能。

#### 2. 按材料的使用功能分类

(1) **结构材料**。结构材料是指用作承重构件的材料（如建筑中的梁、板、柱所使用的材料）。

（2）**功能材料**。功能材料是指用作建筑中具有某些特殊功能的材料（如防水、隔热、装饰等）。

## 三、建筑材料的物理性质

### 1. 材料与质量有关的性质

材料的体积是材料占有的空间尺寸。由于材料具有不同的物理状态，因而表现出不同的体积组成，如图 1-1 所示。

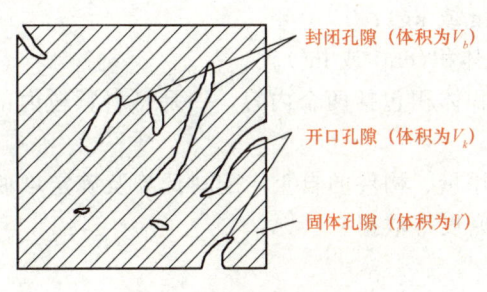

**图 1-1 材料的体积组成**

根据材料所处状态的不同，材料的密度可分为密度、表观密度和堆积密度。

（1）**密度**。密度是指材料在绝对密实状态下单位体积的质量。按下式计算：

$$\rho = m/V \tag{1-1}$$

式中　$\rho$——密度（g/cm³ 或 kg/m³）；
　　　$m$——材料在干燥状态下的质量（g 或 kg）；
　　　$V$——材料在绝对密实状态下的体积（cm³ 或 m³）。

测试时，材料必须是绝对干燥状态。含孔材料则必须磨细后采用排开液体的方法来测定其体积。

（2）**表观密度（或体积密度）**。表观密度是指材料在自然状态下单位体积的质量，按下式计算：

$$\rho_0 = m_0/V_0 \tag{1-2}$$

式中　$\rho_0$——材料的表观密度（g/cm³ 或 kg/m³）；
　　　$m_0$——在自然状态下材料的质量（g 或 kg）；
　　　$V_0$——在自然状态下材料的体积（cm³ 或 m³）。

在自然状态下，材料内部的孔隙有两种，即开口孔（图 1-2）和闭口孔（图 1-3）。人们常将包括所有孔隙在内时的密度称为表观密度；而将只包括闭口孔在内时的密度称为视密度。

**图 1-2　开孔陶瓷**

**图 1-3　砖截面**

大多数材料的体积中包含有内部孔隙,其孔隙的多少,孔隙中是否含有水及含水的多少,均可能影响其总质量。因此,材料的表观密度除与其微观结构和组成有关外,还与其内部构成状态及含水状态有关。

(3)**堆积密度**。堆积密度是指粉状或粒状材料,在堆积状态下单位体积的质量。按下式计算:

$$\rho'_0 = m/V'_0 \tag{1-3}$$

式中 $\rho'_0$——材料的堆积密度($g/cm^3$ 或 $kg/m^3$);

$m$——材料的质量(g 或 kg);

$V'_0$——材料的堆积体积($cm^3$ 或 $m^3$)。

散粒状堆积材料的堆积体积包括两个内容,一是材料颗粒内部的孔隙;二是颗粒与颗粒之间的空隙。

在工程中,计算材料用量、构件的自重,配料计算及确定堆放空间时经常要用到材料的密度、表观密度和堆积密度等数据。

(4)**密实度与孔隙率**。

1)密实度:材料体积内被固体物质所充实的程度,用 $D$ 表示。其计算公式如下:

$$D = \frac{V}{V_0} \times 100\% = \frac{\rho_0}{\rho} \times 100\% \tag{1-4}$$

式中 $\rho$——密度($g/cm^3$ 或 $kg/m^3$);

$\rho_0$——材料的表观密度($g/cm^3$ 或 $kg/m^3$)。

对于绝对密实材料,因 $\rho_0 = \rho$,故密实度 $D = 1$ 或 $D = 100\%$。

对于大多数土木工程材料,因 $\rho_0 < \rho$,故密实度 $D < 1$ 或 $D < 100\%$。

2)孔隙率:材料孔隙的体积占材料总体积的百分率,用 $P$ 表示。其计算公式如下:

$$P = \frac{V_0 - V}{V_0} \times 100\% = \left(1 - \frac{\rho_0}{\rho}\right) \times 100\% = (1 - D) \times 100\% \tag{1-5}$$

式中 $V$——材料的绝对密实体积($cm^3$ 或 $m^3$);

$V_0$——材料的表观体积($cm^3$ 或 $m^3$);

$\rho_0$——材料的表观密度($g/cm^3$ 或 $kg/m^3$);

$\rho$——密度($g/cm^3$ 或 $kg/m^3$)。

孔隙率反映了材料内部孔隙的多少,直接影响材料的多种性质。孔隙率越大,则材料的表观密度、强度越小,耐磨性、抗冻性、抗渗性、耐腐蚀性、耐久性越差,而吸水性、吸声性、保温性、吸水性与吸湿性越强。显然,$D + P = 1$。

(5)**填充率和空隙率**。两者表示互相填充的疏松致密的程度。

1)填充率:散粒状材料在堆积体积内被颗粒所填充的程度,用 $D'$ 表示。其计算公式如下:

$$D' = \frac{V_0}{V'_0} \times 100\% = \frac{\rho'_0}{\rho_0} \times 100\% \tag{1-6}$$

2)空隙率:散粒材料在其堆积体积中,颗粒之间的空隙体积所占的比例,用 $P'$ 表示,其计算公式如下:

$$P' = \frac{V'_0 - V_0}{V'_0} \times 100\% = \left(1 - \frac{V_0}{V'}\right) \times 100\% = \left(1 - \frac{\rho'_0}{\rho_0}\right) \times 100\% = (1 - D') \times 100\% \tag{1-7}$$

(6) **压实度**。压实度是指散粒状材料被压实的程度，即散粒状材料经压实后的干堆积密度 $\rho'$ 值与该材料经充分压实后的干堆积密度 $\rho'_m$ 值的比率百分数，用 $K_y$ 表示，其计算公式如下：

$$K_y = \frac{\rho'}{\rho'_m} \times 100\% \tag{1-8}$$

**2. 材料与水有关的性质**

(1) **材料的亲水性与憎水性**。当材料与水接触时，有些材料能被水润湿，而有些材料则不能被水润湿，对这两种现象来说，前者为亲水性，后者为憎水性。表面与水亲和力较强的材料称为亲水性材料；反之称为憎水性材料。

在实际工程中，材料是亲水性或憎水性，通常以润湿角的大小划分。润湿角为在材料、水和空气的交点处，沿水滴表面的切线与水和固体接触面所成的夹角。其中，润湿角 θ 越小，表明材料越易被水润湿。

1) 亲水性材料。θ ≤ 90°为亲水性；θ = 0°为完全润湿。
2) 憎水性材料。θ > 90°为憎水性；θ = 180°为完全不润湿。

(2) **吸湿性与吸水性**。

1) 吸湿性：材料在潮湿空气中吸收水分的能力，以含水率表示。含水率是指材料内部所含水质量占材料干燥质量的百分数。

干燥的材料处在较潮湿的空气中时，便会吸收空气中的水分；而当较潮湿的材料处在较干燥的空气中时，便会向空气中放出水分。前者是材料的吸湿过程；后者是材料的干燥过程。由此可见，在空气中，某一材料的含水率是随空气湿度变化的。

含水率以 W 表示，其计算公式如下：

$$W = \frac{m_k - m_1}{m_1} \tag{1-9}$$

式中　$m_k$——材料吸湿状态下的质量（g 或 kg）；
　　　$m_1$——材料在干燥状态下的质量（g 或 kg）。

显然，材料的含水率受所处环境中空气湿度的影响。当空气中湿度在较长时间内稳定时，材料的吸湿和干燥过程处于平衡状态，此时材料的含水率保持不变，其含水率叫作材料的平衡含水率。

2) 吸水性：是指材料在水中吸收水分达到饱和的能力，用吸水率表示。质量吸水率是指材料在吸水饱和时，所吸水量占材料在干燥状态下的质量百分比，并以 $W_w$ 表示。其计算公式如下：

$$W_w = \frac{m_2 - m_1}{m_1} \times 100\% \tag{1-10}$$

式中　$m_1$——材料在干燥状态下的质量（g 或 kg）；
　　　$m_2$——材料吸水饱和状态下的质量（g 或 kg）。

3) 体积吸水率：是指材料在吸水饱和时，所吸水的体积占材料自然体积的百分率，并以 $W_V$ 表示。其计算公式如下：

$$W_V = \frac{V_w}{V_0} = \frac{m_2 - m_1}{V_0} \cdot \frac{1}{\rho_w} \times 100\% \tag{1-11}$$

式中　$m_1$——材料在干燥状态下的质量（g 或 kg）；

$m_2$——材料吸水饱和状态下的质量(g 或 kg);

$V_0$——材料在自然状态下的体积($cm^3$ 或 $m^3$);

$\rho_w$——水的密度($g/cm^3$ 或 $kg/m^3$),常温下取 $\rho_w=1.0\ g/cm^3$。

材料的吸水率与其孔隙率有关,更与其孔特征有关。因为水分是通过材料的开口孔吸入并经过连通孔渗入内部的。材料内与外界连通的细微孔隙越多,其吸水率就越大。

(3) **材料的耐水性**。材料的耐水性是指材料长期在饱和水的作用下不被破坏,强度也不显著降低的性质。衡量材料耐水性的指标是材料的软化系数 $K$。其计算公式如下:

$$K=f_1/f \tag{1-12}$$

式中　$K$——材料的软化系数;

$f_1$——材料吸水饱和状态下的抗压强(MPa);

$f$——材料在干燥状态下的抗压强度(MPa)。

软化系数反映了材料饱水后强度降低的程度,材料耐水性限制了材料的使用环境,软化系数小的材料耐水性差,其使用环境尤其受到限制。软化系数的波动范围在 0~1。工程中通常将 $K>0.85$ 的材料称为耐水性材料,可以用于水中或潮湿环境中的重要工程。用于一般受潮较轻或次要的工程部位时,材料软化系数也不得小于 0.75。

(4) **抗渗性**。抗渗性是指材料抵抗压力水或其他液体渗透的性质,以渗透系数 $K$ 表示。这种压力水的渗透不仅会影响工程的使用,而且渗入的水还会带入能腐蚀材料的介质,或将材料内的某些成分带出,造成材料的破坏。

材料的抗渗等级是指用标准方法进行透水试验时,材料标准试件在透水前所能承受的最大水压力,并以 P 及可承受的水压力(以 0.1 MPa 为单位)来表示抗渗等级,如 P4、P6、P8、P10……,表示试件能承受逐步增高至(或最大到)0.4 MPa、0.6 MPa、0.8 MPa、1.0 MPa……的水压而不渗透。

(5) **抗冻性**。材料吸水后,在负温作用条件下,水在材料毛细孔内冻结成冰,体积膨胀所产生的冻胀压力造成材料的内应力,会使材料遭到局部破坏。随着冻融循环的反复,材料的破坏作用逐步加剧,这种破坏称为冻融破坏。

抗冻性是指材料在吸水饱和状态下,能经受反复冻融循环作用而不破坏,强度也不显著降低的性能。

抗冻性以试件在冻融后的质量损失、外形变化或强度降低不超过一定限度时所能经受的冻融循环次数来表示,或称为抗冻等级。

材料的抗冻等级可分为 F15、F25、F50、F100、F200 等,分别表示此材料可承受 15 次、25 次、50 次、100 次、200 次的冻融循环。材料的抗冻性与材料的强度、孔结构、耐水性和吸水饱和程度有关。

**3. 材料与热有关的性质**

(1) **导热性**。导热性是指物质传导热量的性能,用导热系数 $\lambda$ 来表示。导热系数的计算公式如下:

$$\lambda=\frac{Q \cdot d}{F \cdot Z \cdot (t_2-t_1)} \tag{1-13}$$

式中　$\lambda$——导热系数[W/(m·k)];

$Q$——传导的热量(J);

$d$——材料厚度(m);
$F$——热传导面积($m^2$);
$Z$——热传导时间(h);
$t_2-t_1$——材料两面温度差(K)。

在物理意义上,导热系数为单位厚度(1 m)的材料、两面温度差为 1 K 时、在单位时间(1 s)内通过单位面积(1 $m^2$)的热量。显然,导热系数越小,材料的隔热性能越好。

材料的导热系数取决于材料的化学组成、结构、构造;孔隙率与孔隙特征、含水状况导热时的温度。

(2)**热容量与比热**。材料在受热时吸收热量、冷却时放出热量的性质称为材料的热容量。热容量的大小用比热来表示。单位质量材料温度升高或降低 1 K 所吸收或放出的热量称为热容量系数或比热。比热的计算公式如下:

$$C=\frac{Q}{m(t_2-t_1)} \tag{1-14}$$

式中 $C$——材料的比热[J/(g·K)];
$Q$——材料吸收或放出的热量(热容量)(J);
$m$——材料质量(g);
$t_2-t_1$——材料受热或冷却前后的温差(K)。

(3)**耐燃性和耐火性**。

1)耐燃性:耐燃性是指材料抵抗燃烧的性质。它是影响建筑物防火和耐火等级的主要因素。《建筑内部装修设计防火规范》(GB 50222—2017)根据建筑材料燃烧性质不同可分为以下四类:

①非燃烧材料(A 级)如钢筋、玻璃、混凝土、石材等。
②难燃材料($B_1$ 级)如沥青混凝土等。
③可燃材料($B_2$ 级)如木材、沥青等。
④易燃材料($B_3$ 级)如油漆、纤维织物等。

2)耐火性:材料在火焰或高温作用下,保持其不破坏、性能不明显下降的能力。用耐受时间来表示(也可以用耐火度表示)。根据耐火度的不同,可分为以下三类:

①耐火材料,耐火度≥1 580 ℃。
②难熔材料,耐火度 1 350~1 580 ℃。
③易熔材料,耐火度≤1 350 ℃。

### 4. 材料的声学性能

(1)**吸声性**:即声能穿透材料和被材料消耗的性质,用吸声系数表示。吸声系数在 0~1,平均吸声系数大于 0.2 的材料就为吸声材料。

(2)**隔声性**:即材料阻止声波的传播,是控制环境中噪声的重要措施,用隔声量表示。隔声量越大,隔声性能就越好。

### 5. 材料的光学性能

(1)**透光率**:光透过透明材料时,透过材料的光能与入射光能之比称为透光率或透光系数。

(2)**光泽度**:材料表面反射光线能力的强弱程度称为光泽度。光泽度与材料的颜色和表面光滑程度有关。

## ■ 四、建筑材料的力学性质

### 1. 材料的强度、强度等级及比强度

(1) **强度**。材料的强度是材料在外力作用下抵抗破坏的能力。通常情况下,材料内部的应力多由荷载(或变形)作用而引起,随着外力增加,应力也随之增大,直至应力超过材料内部质点所能抵抗的极限,即强度极限,材料发生破坏(图1-4)。

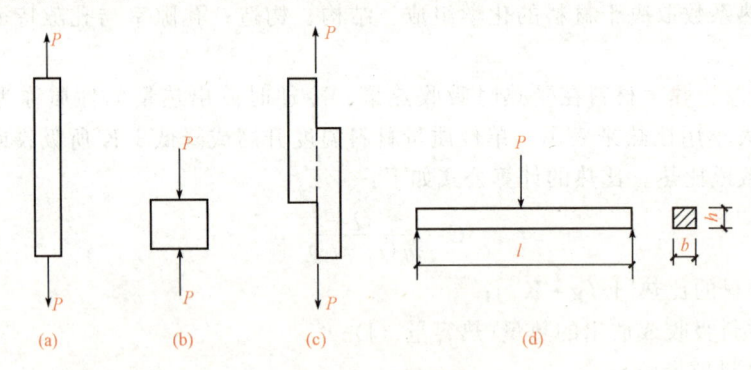

**图 1-4 强度试验**
(a) 轴心抗拉强度;(b) 轴心抗压强度;(c) 抗剪切强度;(d) 抗弯强度

根据外力作用方式的不同,材料强度有抗拉、抗压、抗剪、抗弯(抗折)强度等。

1) 材料的抗拉、抗压、抗剪强度的计算公式如下:

$$f = \frac{F_{max}}{A} \tag{1-15}$$

式中 $F_{max}$——材料破坏时的最大荷载(N);
$A$——试件受力面积($mm^2$)。

2) 抗弯(折)强度:材料的抗弯(折)强度与受力情况有关,一般试验方法是将条形试件放在两支点上,中间作用一集中荷载,对矩形截面试件,则其抗弯(折)强度按下式计算:

$$f_w = \frac{3F_{max}L}{2bh^2} \tag{1-16}$$

式中 $f_w$——材料的抗弯(折)强度(MPa);
$F_{max}$——材料受弯破坏时的最大荷载(N);
$L$——两支点的间距(mm);
$b$、$h$——试件横截面的宽及高(mm)。

3) 影响材料强度的主要因素。

①材料的组成与结构:金属材料多属于晶体材料,内部质点排列规则,且以金属键相连接,不易破坏,所以金属材料的强度高。而水泥浆体硬化后形成凝胶粒子的堆积结构,相互之间以分子引力连接,强度很低。因此,混凝土的强度比金属低得多。材料内部含有孔隙,孔隙的数量、尺度、孔隙结构特征及材料内部质点间的结合方式造成了材料结构上的极大差异,导致不同材料的强度高低有别。一般,孔隙率越大,材料的强度越低。

②试验环境与方法:一般情况下,由于"环箍效应"的影响,对于同种材料,大试件测出的强度小于小试件测出的强度;棱柱体试件的强度小于同样尺寸的立方体试件的强度;承压板与试件之间摩擦越小,所测强度值越低。对试件进行强度检测时,加荷速度越快,

所测的强度值越高。

(2) **强度等级**。为便于合理使用材料,对于以强度为主要指标的材料,通常按材料强度值的高低划分为若干等级,称为材料的强度等级。脆性材料主要以抗压强度来划分;塑性材料和韧性材料主要以抗拉强度来划分。例如,硅酸盐水泥按 3 d、28 d 抗压、抗折强度划分为 42.5、52.5、62.5 等强度等级。

(3) **比强度**。比强度是指单位体积质量计算的材料强度,即材料的强度与其表观密度的比值($f/\rho_0$)。比强度是衡量材料轻质高强特性的技术指标。比强度越大,材料的轻质高强性能就越好。

在高层建筑及大跨度结构工程中,常采用比强度较高的材料。

### 2. 材料的弹性和塑性——变形

(1) **弹性**。材料在外力作用下产生变形,当外力消失后能够完全恢复原来形状的性质称为弹性。

(2) **塑性**。材料在外力作用下产生变形,如果外力消失后,仍能保持变形后的形状和尺寸,并且不产生裂缝的性质称为塑性。这种不能恢复的变形称为塑性变形(或永久变形)。

### 3. 材料的韧性和脆性

(1) **韧性**。材料在振动和冲击荷载作用下,能吸收较大的能量,产生一定的变形,而不致破坏的性能称为韧性,如木材、建筑钢材、沥青混合料等。

(2) **脆性**。材料在外力作用下,直至断裂前只发生弹性变形,无明显塑性变形而发生突然破坏的性质称为脆性,如天然石材、砖、玻璃、普通混凝土等。

### 4. 材料的硬度和耐磨性

(1) **硬度**。硬度是指材料表面抵抗其他硬物压入或刻画的能力。

1)脆性较大的天然矿物硬度用莫氏硬度表示。莫氏硬度用系列标准硬度的矿物对材料进行划擦,根据划痕确定硬度等级。

2)韧性材料的硬度等级用压入法测定,主要有布氏硬度法、洛氏硬度法。布氏硬度法是以淬火钢珠压入材料表面产生的球形凹痕单位面积上所受的压力来表示;洛氏硬度法是用金刚石圆锥或淬火的钢球制成压头压入材料表面,以压痕的深度来表示。

(2) **耐磨性**。耐磨性是指材料表面抵抗磨损的能力,常以磨损率衡量。磨损率越大,材料的耐磨性越差。耐磨性与材料的组成结构、构造、材料强度和硬度等有关。

## ■ 五、建筑材料的耐久性

### 1. 影响材料耐久性的因素

材料在建筑物中,除要受到各种外力的作用外,还经常要受到环境中许多自然因素的破坏作用。这些破坏作用包括物理作用、化学作用、机械作用和生物作用。

(1) **物理作用**。物理作用有干湿变化、温度变化及冻融变化等。这些作用将使材料发生体积的胀缩,或导致内部裂缝的扩展。时间长久之后会使材料逐渐破坏。

1)在寒冷地区,冻融变化对材料起着显著的破坏作用。

2)在高温环境下,经常处于高温状态的建筑物或构筑物所选用的建筑材料要具有耐热性能。

3)在民用和公共建筑中，考虑安全防火要求，必须选用具有抗火性能的难燃或不燃的材料。

（2）**化学作用**。化学作用包括大气、环境水及使用条件下酸、碱、盐等液体或有害气体对材料的侵蚀作用。

（3）**机械作用**。机械作用包括使用荷载的持续作用，交变荷载引起材料疲劳、冲击、磨损、磨耗等。

（4）**生物作用**。生物作用包括菌类、昆虫等的作用使材料腐朽、蛀蚀而破坏。

砖、石料、混凝土等矿物材料多是由于物理作用而破坏，也可能会同时受到化学作用的破坏。金属材料主要是由于化学作用引起的腐蚀。木材等有机质材料常因生物作用而破坏。沥青材料、高分子材料在阳光、空气和热的作用下，会逐渐老化而使材料变脆或开裂。

### 2. 耐久性测定

材料的耐久性指标是根据工程所处的环境条件来决定的。如处于冻融环境的工程，其所用材料的耐久性以抗冻性指标来表示；处于暴露环境的有机材料，其耐久性以抗老化能力来表示。

## 任务二　熟悉建筑材料检测的技术标准

### 学习目标

（1）熟悉建筑材料检测的标准体系。
（2）掌握建筑材料检测的法律、法规。

### 核心概念

（1）**标准**：是指为在一定范围内获得最佳秩序，对活动或其结果规定共同的和重复使用的规则、导则或特性的文件。

（2）**取样**：是指按有关技术标准、规范的规定，从检测对象中抽取试验样品的过程。

### 基本知识

#### 一、建筑材料检测标准体系

**1. 标准概述**

标准是指为在一定范围内获得最佳秩序，对活动或其结果规定共同的和重复使用的规则、导则或特性的文件。该文件经协商一致并经一个公认的机构批准。

标准按适用范围可分为国际标准、区域标准、国家标准、行业标准、地方标准和企业标准六类。

(1)国际标准。国际标准是由国际标准化团体通过的标准。最大的国际标准化团体是ISO和IEC。国际标准对各国来说可以自愿采用，没有强制的含义。

(2)区域标准。区域标准是世界某一区域标准化团体通过的标准，如欧洲标准。

(3)国家标准。国家标准由国务院标准化行政主管部门制定，是国内各级标准必须服从且不得与之相抵触的标准，是一个国家的标准体系的主体和基础。

(4)行业标准。行业标准主要针对没有国家标准而又需要在全国某个行业范围内规定统一的技术要求。

(5)地方标准。地方标准主要针对没有国家标准和行业标准而又需要在省、自治区、直辖市范围内规定统一的工业产品的安全、卫生要求。

(6)企业标准。企业标准主要针对企业生产的没有国家标准、行业标准和地方标准的产品，已有国家标准或行业标准和地方标准的，国家鼓励企业制定严于国家标准、行业标准或地方标准的企业标准，在企业内部适用。

国家标准、行业标准、地方标准和企业标准构成了我国的四级标准体系。同时，我国也积极鼓励采用国际标准和国外先进标准。

### 2. 建筑材料检测标准体系

建筑材料本身是一种工业产品，它的生产、检验也要受上述六类标准的约束。与建筑材料及检测技术相关的标准，从所涉及的内容，可分为以下三类。

(1)管理标准：对象不是技术而是管理事项。其包括组织、机构、职责、权力、程序、手续、方针、目标、措施和影响管理的因素等。管理标准一般是规定一些原则性的定性要求，具有指导性，如《检测和校准实验室能力的通用要求》(GB/T 27025—2019)，对实验室的管理体系做了详细的规定。

(2)产品标准：为了保证产品的适用性，对产品必须达到的某些或全部要求所制定的标准，如《通用硅酸盐水泥》(GB 175—2007)规定了通用硅酸盐水泥的品种、规格、技术性能、检验规则、包装、贮藏和运输等内容。

(3)方法标准：是以试验、检查、分析、抽样、统计、计算、测定和作业等各种方法为对象制定的标准。其特点是以各种方法为对象制定单独的标准，如《水泥胶砂强度检验方法(ISO法)》(GB/T 17671—2021)。

### 3. 标准的执行

建筑材料的生产企业应按照国家标准、行业标准、地方标准或企业标准的要求组织生产。

企业生产的产品有相应国家标准的，应执行国家标准；没有国家标准的，可执行行业标准；没有国家和行业标准的，可执行地方标准；没有国家标准、行业标准和地方标准的，企业应制定企业标准，经备案后按企业标准组织生产。

检测机构对接受的委托检测项目，应依据委托方指定的标准进行检测；对承担的见证检测项目，应依据国家标准、行业标准中的强制性标准进行检测。

## 二、建筑材料检测的相关法律法规

建筑材料的检测通常是委托检测机构完成。目前，对检测机构实行双证管理。检测机构必须首先通过计量认证。所谓检测机构的计量认证，是指权威机构对检测机构的基本条件和能力予以承认的合格评定活动。取得计量认证合格证书的检测机构，能向社会出具具有证明作用的数据和结果。检测机构还必须向省级住房城乡建设主管部门申请检测机构资质，取得《检测机构资质证书》后方可在建设工程领域开展检测活动。

### 1.《中华人民共和国建筑法》

《中华人民共和国建筑法》是在1997年11月1日颁布的建筑法的基础上经过2011年和2019年两次修改，于2019年4月23日正式施行。它是对建筑活动进行监督管理，维护建筑市场秩序，保证建筑工程的质量和安全，促进建筑业健康发展的基本法律。其中第59条规定："建筑施工企业必须按照工程设计要求、施工技术标准和合同的约定，对建筑材料、建筑构配件和设备进行检验，不合格的不得使用。"这是对建筑材料进行检测的法律依据。

### 2.《建设工程质量管理条例》

《建设工程质量管理条例》（以下简称《条例》）由2000年1月10日国务院第二十五次常务会议通过并发布，自发布之日起实施，历经2017年、2019二次修订，共9章节82条。它是根据《中华人民共和国建筑法》的要求制定，其目的是加强对建设工程质量的管理，保证建设工程质量，保护人民生命和财产安全。《条例》第二十九条规定：施工单位必须按照工程设计要求、施工技术标准和合同约定，对建筑材料、建筑构配件、设备和商品混凝土进行检验，检验应当有书面记录和专人签字；未经检验或者检验不合格的，不得使用。该条款进一步明确了检验的要求。《条例》第三十一条规定：施工人员对涉及结构安全的试块、试件以及有关材料，应当在建设单位或者工程监理单位监督下现场取样，并送具有相应资质等级的质量检测单位进行检测。该条款是见证检测的最高法规性依据。

### 3.《建设工程质量检测管理办法》

《建设工程质量检测管理办法》于2022年9月20日第19次部务会议审议通过，由中华人民共和国住房和城乡建设部第57号令发布，自2023年3月1日起施行，原2005年9月28日建设部公布的《建设工程质量检测管理办法》（建设部令第141号）同时废止，以下简称《办法》。

《办法》是根据《中华人民共和国建筑法》《建设工程质量管理条例》《建设工程抗震管理条例》等法律、行政法规的要求，为加强对建设工程质量检测的管理而制定的。它详细规定了建设工程质量检测机构的资质标准，检测机构资质申请程序和建设主管部门的监督管理程序，以及建设主管部门、委托方和检测机构的行为准则和违规罚则，是指导建设工程质量检测活动的具有高度可操作性的法规性文件。

《办法》第3条规定：检测机构应当按照本办法取得建设工程质量检测机构资质（以下简称检测机构资质），并在资质许可的范围内从事建设工程质量检测活动。未取得相应资质证书的，不得承担本办法规定的建设工程质量检测业务。

《办法》第5条规定：检测机构资质分为综合类资质和专项类资质。检测机构资质标准和业务范围，由国务院住房和城乡建设主管部门制定。

《办法》第14条规定：从事建设工程质量检测活动，应当遵守相关法律、法规和标准，相关人员应当具备相应的建设工程质量检测知识和专业能力。

《办法》第39条规定：违反本办法规定，未取得相应资质、资质证书已过有效期或者超出资质许可范围从事建设工程质量检测活动的，其检测报告无效，由县级以上地方人民政府住房和城乡建设主管部门处 5 万元以上 10 万元以下罚款；造成危害后果的，处 10 万元以上 20 万元以下罚款；构成犯罪的，依法追究刑事责任。

### ■ 三、见证取样检测制度

取样是指按有关技术标准、规范的规定，从检测对象中抽取试验样品的过程。取样要有代表性，这直接关系到试验结果的准确性。样品抽取后，应将其从施工现场送至有法定资格的工程质量检测单位进行检测，从抽取样品到送至检测单位检测的过程是工程质量检测管理工作的第一步。为了强化这个过程的监督管理，杜绝因试样弄虚作假而出现试样合格而工程实体质量不合格的现象，《建设工程质量检测管理办法》规定应在建设单位或监理单位人员见证下，由施工人员在现场取样并送至检测单位进行检测，见证人员及取样人员对试样的代表性和真实性负有法定责任。

#### 项目小结

建筑工程质量的基础就是建筑施工材料，因此，一旦建筑工程材料质量存在问题，必然会影响到建筑工程的施工质量，进一步提高建筑安全风险。所以，参与建设过程的施工单位应当严格加强施工材料检测，确保建筑工程质量的源头控制和管理，以不断提高自身的核心竞争力和信誉度。

建筑材料在建筑工程建设的过程中作为工程建设开展的基本条件，因为其在工程建设中的直接性，所以，建筑材料质量的好坏就会对建筑工程的整体质量造成直接的影响。另外，其还会对建筑工程结构的稳定性产生一定的负面影响。结合现状来看，建筑工程施工开始前，应当严格把控施工的建筑材料质量，并开展建筑材料检测工作。通常，检测建筑材料就是深入检查建筑材料的质量，这是全方位地开展工程施工前的质量检查工作。质量达标的建筑材料运用到建筑工程施工过程中，不但能够保证建筑物的整体质量与使用寿命的进一步提升，而且可以确保施工人员的生命安全和施工安全，另外，其对于建筑物形式和结构可以实现更好的拓展与延伸。同样，假如不能有效保障建筑材料的质量，将会对建筑工程产生直接的影响，严重影响到建筑工程的整体质量，甚至会对建筑工程的使用寿命产生威胁，关乎建筑工程施工人员的生命安全和后续使用住户的生命财产安全。基于此，为了使建筑工程施工的质量达标，应当加强检测建筑材料的质量，以确保建筑材料的质量和性能。

#### 课后习题

一、单项选择题

1. 某铁块的表观密度 $\rho_0 = m/(\quad)$。
   A. $V_0$　　　　　　B. $V_孔$　　　　　　C. $V$　　　　　　D. $V'_0$
2. 某粗砂的堆积密度 $\rho_0 = m/(\quad)$。
   A. $V_0$　　　　　　　　　　　　　　B. $V_孔$
   C. $V$　　　　　　　　　　　　　　D. $V'_0$

3. 散粒材料的体积 $V_0$ =（    ）。
   A. $V+V_孔$
   B. $V+V_孔+V_空$
   C. $V+V_空$
   D. $V+V_闭$

4. 材料的孔隙率 $P$ =（    ）。
   A. $P'$
   B. $V_0$
   C. $V'_0$
   D. $P_K+P_B$

5. 材料憎水性是指润湿角（    ）。
   A. $θ<90°$
   B. $θ>90°$
   C. $θ=90°$
   D. $θ=0°$

6. 材料的吸水率的表示方法是（    ）。
   A. $W_体$
   B. $W_含$
   C. $K_软$
   D. $P_k$

7. 下列性质中与材料的吸水率无关的是（    ）。
   A. 亲水性
   B. 水的密度
   C. 孔隙率
   D. 孔隙形态特征

8. 材料的耐水性可用（    ）表示。
   A. 亲水性
   B. 憎水性
   C. 抗渗性
   D. 软化系数

9. 材料抗冻性的好坏与（    ）无关。
   A. 水饱和度
   B. 孔隙特征
   C. 水的密度
   D. 软化系数

10. 下列导热系数最小的是（    ）。
    A. 水
    B. 冰
    C. 空气
    D. 发泡塑料

11. 下列材料中比热容最大的是（    ）。
    A. 木材
    B. 石材
    C. 钢材
    D. 水

12. 按材料比强度高低排列正确的是（    ）。
    A. 木材、石材、钢材
    B. 石材、钢材、木材
    C. 钢材、木材、石材
    D. 木材、钢材、石材

13. 水可以在材料表面展开，即材料表面可以被水浸润，这种性质称为（    ）。
    A. 亲水性
    B. 憎水性
    C. 抗渗性
    D. 吸湿性

14. 材料的抗冻性以材料在吸水饱和状态下所能抵抗的（    ）来表示。
    A. 抗压强度
    B. 负温温度
    C. 材料的含水程度
    D. 冻融循环次数

15. 含水率4%的砂100 g，其中干砂重（    ）g。
    A. 96
    B. 95.5
    C. 96.15
    D. 97

16. 材料吸水饱和状态时水占的体积可视为（    ）。
    A. 闭口孔隙体积
    B. 开口孔隙体积
    C. 实体积
    D. 孔隙体积

17. 某岩石在气干、绝干、水饱和状态下测得的抗压强度分别为172 MPa、178 MPa、168 MPa，该岩石的软化系数为（    ）。
    A. 0.87
    B. 0.85
    C. 0.94
    D. 0.96

18. 某一块状材料干燥质量为50 g，自然状态下的体积为20 cm³，绝对密实状态下的体积为6.5 cm³。该材料的孔隙率为（    ）。
    A. 17%
    B. 83%
    C. 40%
    D. 60%

19. 在空气中吸收水分的性质称为材料的（    ）。
    A. 吸湿性
    B. 含水率
    C. 耐水性
    D. 吸水性

20. 在冲击荷载作用下，材料能够承受较大的变形也不致破坏的性能称为（　　）。
    A. 弹性　　　　　　B. 塑性　　　　　　C. 脆性　　　　　　D. 韧性
21. 材料的耐磨性与（　　）有关。
    A. 含水率　　　　　B. 硬度　　　　　　C. 耐水性　　　　　D. 吸水性
22. 下列性质中与水无关的性质是（　　）。
    A. 吸湿性　　　　　B. 导热率　　　　　C. 耐水性　　　　　D. 吸水性
23. 孔隙率增大，材料的（　　）降低。
    A. 密度　　　　　　B. 表观密度　　　　C. 憎水性　　　　　D. 抗冻性
24. 材料在水中吸收水分的性质称为（　　）。
    A. 吸水性　　　　　B. 吸湿性　　　　　C. 耐水性　　　　　D. 渗透性
25. 含水率为10%的湿砂220 g，其中水的质量为（　　）g。
    A. 19.8　　　　　　B. 22　　　　　　　C. 20　　　　　　　D. 20.2
26. 材料的孔隙率增大时，其性质保持不变的是（　　）。
    A. 表观密度　　　　B. 堆积密度　　　　C. 密度　　　　　　D. 强度
27. 下列性质中不属于力学性质的是（　　）。
    A. 强度　　　　　　B. 硬度　　　　　　C. 密度　　　　　　D. 脆性
28. 下列材料中，属于复合材料的是（　　）。
    A. 合金钢　　　　　B. 沥青混凝土　　　C. 建筑石油沥青　　D. 建筑塑料
29. 某块状材料的干燥质量为125 g，磨细后测得其体积为42 cm³，若该材料的孔隙率为15.5%，则其表观密度应为（　　）g/cm³。
    A. 2.98　　　　　　B. 3.02　　　　　　C. 2.52　　　　　　D. 2.67

## 二、简答题

1. 材料的密度、表观密度、堆积密度有何区别？如何测定？材料含水后对三者有何影响？
2. 简述影响材料抗冻性的主要因素。
3. 何为材料的强度？影响强度的因素有哪些？
4. 何为材料的孔隙率？它与密实度有何关系？两者各如何计算？

## 三、计算题

1. 某石子试样的绝干质量为260 g，将其放入水中，在其吸水饱和后排开水的体积为100 cm³。取出该石子试样并擦干表面后，再次将其投入水中，此时排开水的体积为130 cm³。计算该石子的表观密度、体积吸水率、质量吸水率、开口孔隙率、视密度。

2. 现有甲、乙两种墙体材料，密度均为2.7 g/cm³。甲的干燥表观密度为1 400 kg/m³，质量吸水率为17%。乙浸水饱和后的表观密度为1 862 kg/m³，体积吸水率为46.2%。试计算：

(1) 甲材料的孔隙率和体积吸水率。
(2) 乙材料的干燥表观密度和孔隙率。
(3) 哪种材料抗冻性差？并说出理论根据。

# 项目二　砂石

自然界中岩石经风化、剥蚀等多种地表作用，发生破碎分离成大小不一的颗粒。在水、风、冰川等作用下，这些颗粒搬运堆积，形成砂石层。第四纪（距今200～300万年）以前形成的砂石层基本形成了岩石，即各种砂岩、砂砾岩等。而第四纪期间形成的均未固结成岩石，即各种砂砾石、砾质砂、砂质砾等，或称第四纪松散堆积物。天然而成的砂石，也称为天然砂。

课件：砂石

砂石是建筑行业的重要原材料，也是非常重要的战略资源。砂石矿资源是矿产资源的重要组成部分，是经济社会发展重要的物质基础和支撑。它不仅是建筑、道路、桥梁、水利、水电等基础设施建设的必要原材料，同时，也是高科技产业生产发展需要的原材料。在过去粗放型经济发展模式下，对砂石乱开、乱采，不仅造成了原材料的浪费，而且污染了环境，每个城市的发展都离不开砂石，我们要站在生态文明建设的高度，正确处理矿业开发与生态保护的矛盾，实现砂石资源的绿色开发。

本项目包含砂的粗细及颗粒级配检测、石子的粗细及颗粒级配检测与砂石的含泥量检测等内容，学生在动手实践过程中，要严格按工程相关标准和规范规定的步骤操作实施，做到细致认真、沉稳耐心，对于检测数据的记录及计算务必保证准确、真实、有效，追求求真务实、勇于求索的工作作风。

## 任务一　熟悉建筑用砂、石

### 学习目标

（1）熟悉砂、石的分类。
（2）掌握常用砂和石材的技术要求。

### 核心概念

（1）**细骨料**：在混凝土中，砂、石起骨架作用，称为骨料或集料，其中粒径小于4.75 mm的岩石颗粒称为细骨料，通常称为砂。

(2) **粗骨料**：在混凝土中，粒径大于 5 mm 的骨料称为粗骨料。

(3) **建筑用石**：建筑用石材作为一种高档建筑装饰材料广泛应用于室内外装饰设计、幕墙装饰和公共设施建设。市场上常见的石材主要分为天然石和人造石。

# 基本知识

## 一、细骨料——砂

建筑用砂主要是指混凝土中的细骨料——砂。细骨料是指粒径小于 4.75 mm 的岩石颗粒，通常称为砂。砂按产源可分为天然砂和人工砂两类。

(1) 天然砂是由自然风化、水流搬运和分选、堆积等自然条件作用形成的。其可分为山砂、河砂和淡化海砂。河砂、湖砂表面洁净光滑、比表面积小，拌制的混凝土的和易性好；山砂风化较严重，颗粒多具棱角，表面粗糙，砂中含泥量及有机杂质较多；海砂中常含有贝壳等杂质，所含氯盐、硫酸盐、镁盐会引起混凝土的腐蚀。相对海砂而言，河砂较为适用，故建筑工程中普遍采用河砂作为细骨料。

(2) 人工砂是由岩石(不包括软质岩、风化岩石)经除土开采、机械破碎、筛分制成的机制砂、混合砂的统称。

砂按技术要求分为Ⅰ类、Ⅱ类、Ⅲ类。Ⅰ类砂宜用于强度等级大于 C60 的混凝土；Ⅱ类砂宜用于强度等级为 C30～C60 及抗冻、抗渗或其他要求的混凝土；Ⅲ类砂宜用于强度等级小于 C30 的混凝土和建筑砂浆。

根据《建设用砂》(GB/T 14684—2022)的规定，砂的技术要求主要有以下几个方面。

**1. 砂的粗细程度及颗粒级配**

在混凝土中，水泥砂浆包裹骨料颗粒表面，并填充骨料的空隙。为了节约水泥，并使混凝土结构达到较高密实度，选择骨料时，应尽可能选用总表面积较小、空隙率较小的骨料，而砂子的总表面积与粗细程度有关，空隙率则与颗粒级配有关。

(1) 砂的粗细程度。砂的粗细程度是指不同粒径的砂粒混合在一起的总体粗细程度。通常，砂子按粗细程度可分为粗砂、中砂、细砂及特细砂。在相同质量的条件下，粗砂颗粒数量少，总面积较小；反之，细砂颗粒数量多，则总面积较大。因此，一般用粗砂拌制混凝土比用细砂更节省水泥。但砂料过粗，会使混凝土拌合物产生离析、泌水等现象，影响混凝土的工作性。因此，用作配制混凝土的砂不宜过细，也不宜过粗。图 2-1 所示为常见工程用砂。

(a) (b) (c)

图 2-1 常见工程用砂示意

(a)粗砂；(b)中砂；(c)细砂

(2)砂的颗粒级配。砂的颗粒级配是指粒径不同的砂粒互相搭配的情况。一般粗细均匀的砂粒，其空隙率较大，但如果各种粒径的颗粒搭配适当，使细颗粒能填充中等颗粒的空隙，中等颗粒又能填充粗颗粒的空隙，就可以使砂得到较小的空隙率。故砂的空隙率取决于砂料各级粒径的搭配，级配好的砂不仅可以节约水泥，还可以提高混凝土的密实性及强度。砂的粗细及级配对混凝土来说具有很大的技术经济意义，是评定砂粒质量的重要指标。从上面分析来看，应选用级配良好的粗砂。图 2-2 所示为骨料颗粒级配示意。

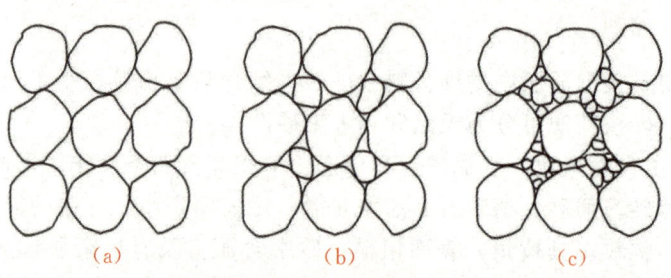

**图 2-2 骨料颗粒级配示意**

(a)单一粒径；(b)两种粒径；(c)多种粒径

### 2. 含泥量、石粉含量和泥块含量

含泥量是指天然砂中粒径小于 75 μm 的颗粒含量；石粉含量是指机制砂中粒径小于 75 μm 的颗粒含量；泥块含量是指砂中原粒径大于 1.18 mm，经水浸泡、淘洗等处理后小于 0.60 mm 的颗粒含量。

混凝土中含泥量过大，妨碍了水泥浆与砂的黏结，使混凝土的强度降低。此外，泥的表面积较大，含量多会降低混凝土拌合物的流动性，或者在保持相同流动性的条件下，增加水和水泥用量，从而导致混凝土的强度，耐久性降低，干缩、徐变增大，含泥量严重还会加大裂缝的产生。

### 3. 有害物质含量

国家标准《建设用砂》(GB/T 14684—2022)规定砂中不应混有草根、树叶、塑料、煤块、炉渣等杂物，砂中如含有云母、轻物质、有机物、硫化物及硫酸盐、氯盐等，其含量应符合表 2-1 的规定。

**表 2-1 砂中有害物质含量**

| 类别 | Ⅰ类 | Ⅱ类 | Ⅲ类 |
| --- | --- | --- | --- |
| 云母(质量分数)/% | ≤1.0 | ≤2.0 | |
| 轻物质(质量分数)[a]/% | ≤1.0 | | |
| 有机物 | 合格 | | |
| 硫化物及硫酸盐(按 $SO_3$ 质量计)/% | ≤0.5 | | |
| 氯化物(以氯离子质量计)/% | ≤0.01 | ≤0.02 | ≤0.06[b] |
| 贝壳(质量分数)[c]/% | ≤3.0 | ≤5.0 | ≤8.0 |

a. 天然砂中如含有浮石、火山渣等天然轻骨料时，经试验验证后，该指标可不做要求。
b. 对于钢筋混凝土用净化处理的海砂，其氯化物含量应小于或等于 0.02%；
c. 该指标仅适用于净化处理的海砂，其他砂种不做要求。

### 4. 坚固性

砂的坚固性是指砂在外界物理、化学因素作用下抵抗破裂的能力。天然砂采用硫酸钠溶液法进行试验，砂样经 5 次循环后其质量损失应符合表 2-2 的规定。人工砂采用压碎指标法进行试验，压碎指标值应符合表 2-3 的规定。

表 2-2 坚固性指标

| 类别 | Ⅰ类 | Ⅱ类 | Ⅲ类 |
| --- | --- | --- | --- |
| 质量损失率/% | ≤8 | | ≤10 |

表 2-3 压碎指标

| 类别 | Ⅰ类 | Ⅱ类 | Ⅲ类 |
| --- | --- | --- | --- |
| 单级最大压碎指标/% | ≤20 | ≤25 | ≤30 |

### 5. 表观密度、松散堆积密度、空隙率

砂的表观密度、松散堆积密度、空隙率应符合如下规定：表观密度不小于 2 500 kg/m³；松散堆积密度不小于 1 350 kg/m³；空隙率不大于 44%。

### 6. 碱-骨料反应

碱-骨料反应是指砂中碱活性矿物与水泥、矿物掺合料、外加剂等混凝土组成物及环境中的碱在潮湿环境下缓慢发生并导致混凝土开裂破坏的膨胀反应。

经碱-骨料反应试验后，由砂制备的试件无裂缝、酥裂、胶体外溢等现象，在规定的试验龄期膨胀率应小于 0.10%。

## 二、粗骨料——石子

砂、石在混凝土中起骨架作用，称为骨料或集料。其中粒径大于 5 mm 的骨料称为粗骨料。普通混凝土常用的粗骨料有碎石及卵石两种。碎石是天然岩石、卵石或矿山废石经机械破碎、筛分制成的，粒径大于 5 mm 的岩石颗粒；卵石是由自然风化、水流搬运和分选、堆积而成的，粒径大于 5 mm 的岩石颗粒。按其产源不同可分为河卵石、海卵石、山卵石等。图 2-3 所示为混凝土粗骨料碎石、卵石图。

(a)　　　　　　　　(b)

图 2-3 混凝土粗骨料图

(a)碎石；(b)卵石

与碎石相比，卵石的表面光滑，拌制的混凝土比碎石混凝土流动性较大，但与水泥砂浆粘结力差，故强度较低；而碎石表面粗糙，多棱角，在相同配合比的条件下，拌制的混凝土流动性较小，但其表面积大，与水泥的粘结强度较高，所配制混凝土的强度较高。卵石、碎石按技术要求可分为Ⅰ类、Ⅱ类、Ⅲ类。Ⅰ类宜用于强度等级大于C60的混凝土；Ⅱ类宜用于强度等级为C30~C60及抗冻、抗渗或其他要求的混凝土；Ⅲ类宜用于强度等级小于C30的混凝土。

《建设用卵石、碎石》(GB/T 14685—2022)对粗骨料的技术性能要求如下。

### 1. 最大粒径($D_{max}$)

粗骨料公称粒级的上限称为该粒级的最大粒径。粗骨料的最大粒径增大，则其总表面积相应减小，包裹粗骨料所需的水泥浆量就减少，可节省水泥；或在一定和易性和水泥用量条件下，能减少用水量而提高混凝土强度。故在满足技术要求的前提下，粗骨料的最大粒径应尽量选择大一些。

### 2. 颗粒级配

颗粒级配又称粒度级配，由不同粒度组成的散状物料中各级粒度所占的数量。常以占总量的百分数来表示。由不间断的各级粒度所组成的称为连续级配；只由某几级粒度所组成的称为间断级配。良好的粗骨料，对提高混凝土强度、耐久性，节省水泥是极为有利的。

### 3. 强度

粗骨料在混凝土中要形成坚硬的骨架，故其强度要满足一定的要求。粗骨料的强度有岩石抗压强度和压碎指标两种。

(1)岩石抗压强度。岩石抗压强度是将母岩制成50 mm×50 mm×50 mm的立方体试件或50 mm×50 mm的圆柱体试件，测得其在饱和水状态下的抗压强度值。《建设用卵石、碎石》(GB/T 14685—2022)规定，岩石抗压强度：岩浆岩应不小于80 MPa，变质岩应不小于60 MPa，沉积岩应不小于45 MPa。

(2)压碎指标。压碎指标是对粒状粗骨料强度的另一种测定方法。压碎指标表示石子抵抗压碎的能力，以间接地推测其相应的强度，其值越小，表明骨料抵抗受压碎裂的能力越强。碎石和卵石的抗压强度与压碎指标应符合表2-4、表2-5的规定。

表2-4 岩石抗压强度指标

| 类别 | 岩浆岩 | 变质岩 | 沉积岩 |
|---|---|---|---|
| 岩石抗压强度/MPa | ≥80 | ≥60 | ≥45 |

表2-5 压碎指标

| 类别 | | Ⅰ类 | Ⅱ类 | Ⅲ类 |
|---|---|---|---|---|
| 压碎指标/% | 碎石 | ≤10 | ≤20 | ≤30 |
| | 卵石 | ≤12 | ≤14 | ≤16 |

### 4. 坚固性

坚固性是指卵石、碎石在外界物理化学因素作用下抵抗破裂的能力。采用硫酸钠溶液法进行试验，卵石和碎石经5次循环后，其质量损失应符合表2-6的规定。

表 2-6　坚固性指标

| 类别 | Ⅰ类 | Ⅱ类 | Ⅲ类 |
| --- | --- | --- | --- |
| 质量损失率/% | ≤5 | ≤8 | ≤12 |

### 5. 针、片状颗粒

卵石和碎石颗粒的长度大于该颗粒所属相应粒级的平均粒径 2.4 倍者为针状颗粒；厚度小于平均粒径 0.4 倍者为片状颗粒(平均粒径是指该粒级上、下限粒径的平均值)。针、片状颗粒易折断，且会增大骨料的空隙率和总表面积，使混凝土拌合物的和易性、强度、耐久性降低。其含量应符合表 2-7 的规定。

表 2-7　针、片状颗粒含量

| 类别 | Ⅰ类 | Ⅱ类 | Ⅲ类 |
| --- | --- | --- | --- |
| 针、片状颗粒含量(质量分数)/% | ≤5 | ≤8 | ≤15 |

### 6. 含泥量和泥块含量

粗骨料中含泥量是指粒径小于 75 μm 的黏土颗粒含量；泥块含量是指原粒径大于 4.75 mm，经水浸泡、淘洗处理后小于 2.36 mm 的颗粒含量。

### 7. 有害物质

卵石和碎石中不应混有草根、树叶、树枝、塑料、煤块和炉渣等杂物。卵石和碎石中如含有有机物、硫化物及硫酸盐，其含量应符合表 2-8 的规定。

表 2-8　有害物质含量

| 类别 | Ⅰ类 | Ⅱ类 | Ⅲ类 |
| --- | --- | --- | --- |
| 有机物含量 | 合格 | | |
| 硫化物及硫酸盐含量(以 $SO_3$ 质量计)/% | ≤0.5 | ≤1.0 | |

## 三、建筑用石材

### 1. 石材的基本知识

石材的优点是抗压强度高，耐久性、耐磨性、装饰性好，资源丰富；石材的缺点是表观密度大，脆性大，开采、加工费用高。目前，在结构应用方面，石材逐步被混凝土所取代；在装饰应用方面，石材仍在继续发展，同时，也正被其他更适宜的装饰材料所逐步取代。利用岩石还可以生产岩棉、铸石等建材产品。

(1)岩石的组成。岩石是由一种或多种矿物构成的。由一种矿物构成的岩石称为单成岩(如石灰岩)，其性质由其矿物组成及结构构造决定；由几种矿物集合组成的岩石称为复成岩(如花岗石)，其性质由其组成矿物的相对含量及结构构造决定。岩石没有确定的化学组成和物理性质。

岩石的主要造岩矿物有石英(结晶状 $SiO_2$)、长石(结晶的铝硅酸盐)、云母(片状铝硅酸盐)、角闪石、辉石、橄榄石(结晶的铁镁硅酸盐)、方解石(结晶状 $CaCO_3$)、白云石(结晶的碳酸钙镁复盐)等。

大多岩石的结构属于结晶结构，少数具有玻璃质结构。岩石的构造有块状(花岗石、正长岩、大理岩、石英岩)、层片状(砂岩、板岩、片麻岩)、流纹状、斑状、杏仁状、结核状、气孔状(浮石、玄武岩、火山凝灰岩)。

(2)岩石的分类。根据地质形成条件不同,岩石可分为岩浆岩、沉积岩、变质岩。地表岩石中三者的分布情况:沉积岩占75%,岩浆岩和变质岩占25%。它们具有显著不同的组成、构造和性质。

1)岩浆岩。岩浆岩又称火成岩,是地壳内的熔融岩浆在地下或喷出地面后冷凝而成的岩石。根据不同的形成条件,岩浆岩可分为深成岩、喷出岩和火山岩。

2)沉积岩。沉积岩又称水成岩,由地表岩石经风化后沉积再造而成。根据成因和物质成分不同,可分为机械沉积岩(如页岩、砂岩、砾岩)、化学沉积岩(如石膏、菱镁石、白云岩)、生物沉积岩(如石灰岩、白垩、硅藻土)。

3)变质岩。变质岩是地壳中原有的各类岩石,在地层的压力或温度作用下,原岩石在固体状态下发生再结晶作用,其矿物成分、结构构造,以及化学成分发生部分或全部改变而形成的新岩石。一般由岩浆岩变质而成的称正变质岩,如片麻岩等;由沉积岩变质而成的称副变质岩,如大理岩、石英岩等。

### 2. 常用石材

建筑常用石材包括建筑饰面石材和砌筑用石材。常用建筑饰面石材包括花岗石和大理岩;砌筑用石材包括毛石和料石。

(1)建筑饰面石材。

①岩石学所说的花岗石是指由石英、长石及少量的云母和暗色矿物组成全晶质的岩石;而建筑上所说的花岗石泛指具有装饰功能并可磨光、抛光的各类岩浆岩及少量其他类岩石,包括花岗石、闪长岩、正长岩、辉长岩、辉绿岩、玄武岩、安山岩、片麻岩等。花岗石呈块状构造或粗晶嵌入玻璃质结构中的斑状构造,强度高、硬度大。花岗石抗压强度为120~250 MPa,使用年限为75~200年。产品质量应符合《天然花岗石建筑板材》(GB/T 18601—2009)的规定。用于建筑物内外饰面及构筑。

②岩石学所说的大理岩是由石灰岩或白云岩变质而成的,主要造岩矿物是方解石或白云石;而建筑上所说的大理岩泛指具有装饰功能并可磨光、抛光的各种沉积岩和变质岩,包括大理岩、致密石灰岩、白云岩、石英岩、蛇纹岩、砂岩、石膏岩等。大理岩质地均匀、硬度小、易于加工和磨光。大理岩抗压强度为70~110 MPa,使用年限为40~100年。产品质量应符合《天然大理石建筑板材》(GB/T 19766—2016)的规定。用于建筑物室内饰面。图2-4所示为常用建筑饰面石材。

图 2-4 建筑饰面石材
(a)花岗石;(b)大理岩

(2)砌筑用石材。

1)毛石(又称片石或块石)是由爆破直接得到的石块。按其表面的平整程度可分为乱毛石和平毛石。乱毛石是形状不规则的毛石,常用于砌筑基础、勒脚、墙身、堤坝、挡土墙等,也可用作毛石混凝土的骨料;平毛石是乱毛石略经加工而成的石块,形状较整齐,表面粗糙,其中部厚度不应小于200 mm。

2)料石(又称条石)是由人工或机械开拆出的较规则的六面体石块。料石常用致密的砂岩、石灰岩、花岗石等开采凿制,至少应有一个面的边角整齐,以便相互合缝。料石常用于砌筑墙身、地坪、踏步、拱和纪念碑等;形状复杂的料石制品可用于柱头、柱基、窗台板、栏杆和其他装饰等。图2-5所示为常见砌筑用石材。

(a)　　　　　　　　　　　　(b)

**图2-5　常见砌筑用石材**
(a)毛石;(b)料石

## 任务二　砂的粗细及颗粒级配检测

### 学习目标

(1)掌握砂的筛分析试验步骤。
(2)掌握砂细度模数的计算,并评定砂的颗粒级配情况。

### 核心概念

(1)**砂的粗细程度:**不同粒径的砂粒混合在一起后总体的粗细程度。
(2)**砂的颗粒级配:**表示砂大小颗粒的搭配情况。
(3)**分计筛余量:**物料过筛后,某号筛上残留物的质量占试样总质量的百分数。
(4)**累计筛余量:**某号筛的分计筛余百分率与大于该号筛的各筛分计筛余百分率之总和。

### 基本知识

砂的粗细程度是指不同粒径的砂粒混合在一起后总体的粗细程度,通常有粗砂、中砂与细砂之分。砂的颗粒级配，即表示砂大小颗粒的搭配情况。在配制混凝土时，这两个因素应同时考虑。控制砂的颗粒级配和粗细程度有很大的技术经济意义，它们是评定砂质量的重要指标。一般用级配去表示砂的颗粒级配，用细度模数表示砂的粗细程度。

砂的粗细程度和颗粒级配，常用筛分析方法进行评定。称取试样 500 g，将试样倒入按孔径大小从上到下组合的套筛（附筛底）上进行筛分，然后称取各筛上的筛余量，计算各筛的分计筛余百分率 $a_1$、$a_2$、$a_3$、$a_4$、$a_5$、$a_6$ 及累计筛余百分率 $A_1$、$A_2$、$A_3$、$A_4$、$A_5$、$A_6$。其计算关系见表 2-9。

表 2-9 累计筛余百分率与分计筛余百分率计算关系

| 筛孔尺寸 | 筛余量/g | 分计筛余百分率/% | 累计筛余百分率/% |
|---|---|---|---|
| 4.75 mm | $m_1$ | $a_1=(m_1/500)\times100\%$ | $A_1=a_1$ |
| 2.36 mm | $m_2$ | $a_2=(m_2/500)\times100\%$ | $A_2=a_1+a_2$ |
| 1.18 mm | $m_3$ | $a_3=(m_3/500)\times100\%$ | $A_3=a_1+a_2+a_3$ |
| 600 μm | $m_4$ | $a_4=(m_4/500)\times100\%$ | $A_4=a_1+a_2+a_3+a_4$ |
| 300 μm | $m_5$ | $a_5=(m_5/500)\times100\%$ | $A_5=a_1+a_2+a_3+a_4+a_5$ |
| 150 μm | $m_6$ | $a_6=(m_6/500)\times100\%$ | $A_6=a_1+a_2+a_3+a_4+a_5+a_6$ |

由筛分试验得出的 6 个累计筛余百分率来计算砂的细度模数 $M_x$ 和检验砂的颗粒级配是否合格。

砂的粗细程度用细度模数 $M_x$ 表示，其计算公式如下：

$$M_x=\frac{(A_2+A_3+A_4+A_5+A_6)-5A_1}{100-A_1} \tag{2-1}$$

式中 $M_x$——砂的细度模数；

$A_1$、$A_2$、$A_3$、$A_4$、$A_5$、$A_6$——分别为 4.75 mm、2.36 mm、1.18 mm、0.60 mm、0.30 mm、0.15 mm 筛的累计筛分百分率。

细度模数越大，表示砂越粗。砂按细度模数 $M_x$ 可分为粗砂、中砂、细砂和特细砂，见表 2-10。

表 2-10 砂的分类表

| 分类 | 粗砂 | 中砂 | 细砂 | 特细砂 |
|---|---|---|---|---|
| 细度模数 | 3.1～3.7 | 2.3～3.0 | 1.6～2.2 | 0.7～1.5 |

砂的颗粒级配用级配区表示，以级配区或级配曲线判定砂级配的合格性。对细度模数为 1.6～3.7 的建设用砂，根据 600 μm 筛的累计筛余百分率分成 3 个级配区，见表 2-11、表 2-12。

表 2-11 建设用砂的累计筛余（GB/T 14684—2022）

| 砂的分类 | 天然砂 | | | 机制砂、混合砂 | | |
|---|---|---|---|---|---|---|
| 级配区 | 1 区 | 2 区 | 3 区 | 1 区 | 2 区 | 3 区 |
| 方筛孔尺寸/mm | 累计筛余/% | | | | | |
| 4.75 | 0～10 | 0～10 | 0～10 | 0～5 | 0～5 | 0～5 |
| 2.36 | 5～35 | 0～25 | 0～15 | 5～35 | 0～25 | 0～15 |

续表

| 砂的分类 | 天然砂 | | | 机制砂、混合砂 | | |
|---|---|---|---|---|---|---|
| 1.18 | 35～65 | 10～50 | 0～25 | 35～65 | 10～50 | 0～25 |
| 0.60 | 71～85 | 41～70 | 16～40 | 71～85 | 41～70 | 16～40 |
| 0.30 | 80～95 | 70～92 | 55～85 | 80～95 | 70～92 | 55～85 |
| 0.15 | 90～100 | 90～100 | 90～100 | 85～97 | 80～94 | 75～94 |

表 2-12　建设用砂的分计筛余

| 方筛孔尺寸/mm | 4.75[a] | 2.36 | 1.18 | 0.60 | 0.30 | 0.15[b] | 筛底[c] |
|---|---|---|---|---|---|---|---|
| 分计筛余/% | 0～10 | 10～15 | 10～25 | 20～31 | 20～30 | 5～15 | 0～20 |

a. 对于机制砂，4.75 mm 筛的分计筛余不应大于 5%；
b. 对于 $MB>1.4$ 的机制砂，0.15 mm 筛和筛底的分计筛余之和不应大于 25%；
c. 对于天然砂，筛底的分计筛余不应大于 10%。

为了更直观地反映砂的颗粒级配，以累计筛余百分率为纵坐标，筛孔尺寸为横坐标，根据表 2-11 的数值可以绘制出砂子 3 个级配区的级配曲线，如图 2-6 所示。

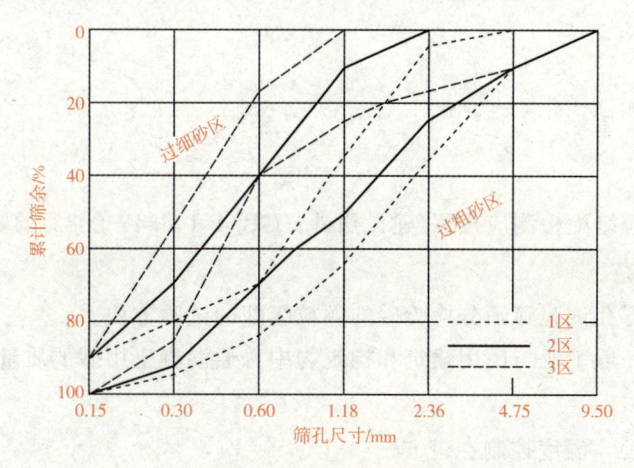

图 2-6　砂的级配曲线图

配制混凝土时宜优先选用 2 区砂，其粗细适中，级配较好，能使混凝土拌合物获得良好的和易性。采用 1 区砂(较粗砂)时，应适当提高砂率，保证足够水泥用量，以满足和易性要求；采用 3 区砂(较细砂)时，应适当降低砂率，以保证混凝土强度。当砂的细度模数不符合级配区要求时，可人工改善，即将粗砂、细砂按适当比例试配，掺和使用，或将砂过筛，筛除过粗或过细的颗粒。

【例 2-1】用 500 g 烘干砂进行筛分试验，其结果见表 2-13。试分析该砂的粗细程度与颗粒级配。

表 2-13　砂样筛分结果

| 筛孔尺寸 | 筛余量/g | 分计筛余百分率/% | 累计筛余百分率/% |
|---|---|---|---|
| 4.75 mm | 27.5 | 5.5 | 5.5 |
| 2.36 mm | 42 | 8.4 | 13.9 |

续表

| 筛孔尺寸 | 筛余量/g | 分计筛余百分率/% | 累计筛余百分率/% |
| --- | --- | --- | --- |
| 1.18 mm | 47 | 9.4 | 23.3 |
| 600 μm | 191.5 | 38.3 | 61.6 |
| 300 μm | 102.5 | 20.5 | 82.1 |
| 150 μm | 82 | 16.4 | 98.5 |
| < 150 μm | 7.5 | 1.5 | 100 |

【解】 计算细度模数 $M_x$：

$$M_x = \frac{(A_2+A_3+A_4+A_5+A_6)-5A_1}{100-A_1}$$

$$= \frac{(13.9+23.3+61.6+82.1+98.5)-5\times5.5}{100-5.5} = 2.66$$

评定结果：将累计筛余百分率与表 2-10 作对照，或绘制出级配曲线，此砂处于 2 区，级配良好；细度模数为 2.66，属中砂。

# 能力训练

## 一、操作条件

### 1. 检测依据

砂的粗细及颗粒级配检测应按照《建设用砂》(GB/T 14684—2022)的要求操作。

### 2. 目的及适用范围

本方法规定用方孔试验筛筛分检验砂的颗粒级配的试验方法。

本方法适用于一般工业与民用建筑和构筑物中普通混凝土用砂的质量要求和检验。

### 3. 仪器设备

(1) 烘箱(图 2-7)：温度控制在(105±5)℃。

(2) 电子秤(图 2-8)：量程不小于 1 000 g，分度值不大于 1 g。

(3) 试验筛(图 2-9)：规格为 0.15 mm、0.30 mm、0.60 mm、1.18 mm、2.36 mm、4.75 mm 及 9.50 mm 的筛，并附有筛底和筛盖，并应符合《试验筛 技术要求和检验 第 1 部分：金属丝编织网试验筛》(GB/T 6003.1—2022)和《试验筛 技术要求和检验 第 2 部分：金属穿孔板试验筛》(GB/T 6003.2—2012)中方孔试验筛的规定。

图 2-7 烘箱 　　图 2-8 电子秤 　　图 2-9 试验筛

(4)摇筛机(图 2-10)。

(5)装砂工具：浅盘和毛刷(图 2-11)、料铲(图 2-12)。

图 2-10　摇筛机　　　　图 2-11　浅盘和毛刷　　　　图 2-12　料铲

**4. 样品要求**

(1)进行颗粒级配试验取样应不少于 4 400 g。

(2)在料堆上取样时，取样部位应均匀分布。取样前先将取样部位表层铲除，然后从不同部位随机抽取大致等量的砂 8 份，组成一组样品。

(3)从皮带运输机上取样时，应全断面定时随机抽取大致等量的砂 4 份，组成一组样品。

(4)从火车、汽车、货船上取样时，从不同部位和深度随机抽取大致等量的砂 8 份，组成一组样品。

## 二、操作过程

砂的筛分析试验步骤见表 2-14。

表 2-14　砂的筛分析试验步骤

| 序号 | 步骤 | 操作方法及说明 | 质量标准 |
|---|---|---|---|
| 1 | 试验准备 | (1)按规定取样不少于 4 400 g，筛除大于 9.50 mm 的颗粒(图 1)，并计算出其筛余百分率，并将试样缩分至约 1 100 g(图 2)，放在烘箱中于(105±5)℃下烘干至恒重，待冷却至室温后，平均分 2 份备用。<br><br>图 1　试样过 9.5 mm 筛　　图 2　四分法缩分<br><br>(2)检查筛孔顺序。<br>(3)校准天平。<br>(4)环境准备：检查环境温度、湿度并记录 | 能正确称量试样 |

续表

| 序号 | 步骤 | 操作方法及说明 | 质量标准 |
|---|---|---|---|
| 2 | 筛分 | （1）称取试样 500 g，精确至 1 g。将试样倒入按孔径大小从上到下组合的套筛(附筛底)上，然后进行筛分(图3)。<br>（2）将套筛置于摇筛机上，摇筛 10 min；取下套筛，按筛孔大小顺序再逐个用手筛，筛至每分钟通过量小于试样总量 0.1％为止。通过的试样并入下一号筛中，并和下一号筛中的试样一起过筛，按这样的顺序进行，直至各号筛全部筛完为止。称出各号筛的筛余量，精确至 1 g(图4、图5)。<br><br>图3 将砂放入套筛　　图4 摇筛机筛分　　图5 手筛 | （1）能正确称取试样。<br>（2）能正确使用仪器设备 |

## ■ 三、检测结果

（1）计算分计筛余百分率。各号筛的筛余量与试样总量之比，计算精确至 0.1％。

（2）计算累计筛余百分率。该号筛的分计筛余百分率加上该号筛以上各分计筛余百分率之和，精确至 0.1％。筛分后，当每号筛的筛余量与筛底的剩余量之和同原试样质量之差超过 1％时，应重新试验。

（3）计算砂的细度模数。砂的细度模数应按式(2-1)计算，并精确至 0.01。

（4）分计筛余、累计筛余百分率取两次试验结果的算术平均值，精确至 1％。细度模数取 2 次试验结果的算术平均值，精确至 0.1；当 2 次试验的细度模数之差超过 0.20 时，应重新试验。

（5）砂的粗细程度及颗粒级配判定。根据试验数据及计算结果填写建设用砂筛分试验检测记录表(干筛法)(表 2-15)并绘制级配曲线图，判断砂的级配区间。

砂样取样数量_____g。

表 2-15 砂的筛分试验检测记录表

| 筛孔尺寸/mm | 10 | 5 | 2.5 | 1.25 | 0.63 | 0.315 | 0.16 | 筛底 |
|---|---|---|---|---|---|---|---|---|
| 筛余质量/g |  |  |  |  |  |  |  |  |
| 分计筛余量 $a$/％ |  |  |  |  |  |  |  |  |
| 累计筛余量 $A$/％ |  |  |  |  |  |  |  |  |
| _____砂样细度 $M_x=$ ||||||||

结论：根据《普通混凝土用砂、石质量及检验方法标准（附条文说明）》(JGJ 52—2006)（粗砂 3.1～3.7；中砂 2.3～3.0；细砂 1.6～2.2；特细砂 0.7～1.5）。

按 $M_x$ 该砂样属于_____砂，级配按 0.63 mm 筛孔的累计筛余属于_____区；级配情况_____。

### ■ 四、学习结果评价

| 序号 | 评价内容 | 评价标准 | 评价结果 |
| --- | --- | --- | --- |
| 1 | 砂的颗粒级配 | 能正确操作试验步骤 | 是/否 |
| | | 能计算分计筛余百分率、累计筛余百分率、细度模数，能判断砂的颗粒级配和粗细程度。 | 是/否 |

## 任务三　石子的粗细及颗粒级配检测

### 学习目标

（1）掌握碎石、卵石的筛分析试验步骤。

（2）通过试验测定碎石或卵石的颗粒级配、粒级规格，作为混凝土配合比设计及使用依据。

### 核心概念

（1）**分计筛余量**：物料过筛后，某号筛上残留物的质量占试样总质量的百分数。

（2）**累计筛余量**：某号筛的分计筛余百分率与大于该号筛的各筛分计筛余百分率之总和。

### 基本知识

#### ■ 一、最大粒径

粗骨料中公称粒级的上限称为该粒级的最大粒径。当骨料粒径增大时，其比表面积随之减小，因此，保证一定厚度润滑层所需的水泥浆或砂浆的数量也相应减少，所以，粗骨料的最大粒径应在条件许可下，尽量选用得大些。

由试验研究证明，最佳的最大粒径取决于混凝土的水泥用量。在水泥用量少的混凝土中（每 1 m³ 混凝土的水泥用量不大于 170 kg），采用大骨料是有利的。在普通配合比的结构混凝土中，骨料粒径大于 40 mm 并没有好处。骨料最大粒径还受结构形式和配筋疏密限制。在钢筋混凝土结构中，粗骨料的最大粒径不得大于混凝土结构截面最小尺寸的 1/4，并不得大于钢筋最小净距的 3/4。对于混凝土实心板，其最大粒径不宜大于板厚的 1/3，并不得超过 40 mm。泵送混凝土采用的碎石不应大于输送管内径的 1/3，卵石不应大于输送管内径的 2/5。

石子的级配也通过筛分试验来确定，石子的标准筛有孔径为 2.5、5、10、16、20、25、31.5、40、50、63、80 及 100(mm) 的 12 个筛子。分计筛余百分率和累计筛余百分率计算均与砂的相同。

## 二、颗粒级配

石子级配好坏对节约水泥和保证混凝土具有良好的和易性有很大关系，特别是拌制高强度混凝土，石子级配更为重要。良好的粗骨料对提高混凝土强度、耐久性，节省水泥是极为有利的。

粗骨料的颗粒级配可分为连续粒级和单粒粒级两种。其中，单粒粒级的骨料一般用于组合成具有要求级配的连续粒级，它也可以与连续粒级的碎石或卵石混合使用，以改善其级配。如资源受限必须使用单粒粒级骨料时，则应采取措施避免混凝土发生离析。粗骨料颗粒级配好坏的判定也是通过筛分析法进行的。根据《建设用卵石、碎石》(GB/T 14685—2022)的规定，建设用卵石、碎石的颗粒级配应符合表 2-16 的规定。

表 2-16　建设用卵石、碎石颗粒级配

| 公称粒级/mm | | 累计筛余/% |||||||||||
|---|---|---|---|---|---|---|---|---|---|---|---|---|
| | | 方孔筛孔径/mm |||||||||||
| | | 2.36 | 4.75 | 9.50 | 16.0 | 19.0 | 26.5 | 31.5 | 37.5 | 53.0 | 63.0 | 75.0 | 90 |
| 连续粒级 | 5～16 | 95～100 | 85～100 | 30～60 | 0～10 | 0 | — | — | — | — | — | — | — |
| | 5～20 | 95～100 | 90～100 | 40～80 | — | 0～10 | 0 | — | — | — | — | — | — |
| | 5～25 | 95～100 | 90～100 | — | 30～70 | — | 0～5 | 0 | — | — | — | — | — |
| | 5～31.5 | 95～100 | 90～100 | 70～90 | — | 15～45 | — | 0～5 | 0 | — | — | — | — |
| | 5～40 | — | 95～100 | 70～90 | — | 30～65 | — | — | 0～5 | 0 | — | — | — |
| | 5～10 | 95～100 | 80～100 | 0～15 | 0 | — | — | — | — | — | — | — | — |
| | 10～16 | — | 95～100 | 80～100 | 0～15 | 0 | — | — | — | — | — | — | — |
| | 10～20 | — | 95～100 | 85～100 | — | 0～15 | — | — | — | — | — | — | — |
| | 16～25 | — | — | 95～100 | 55～70 | 25～40 | 0～10 | 0 | — | — | — | — | — |
| | 16～31.5 | — | 95～100 | — | 85～100 | — | — | 0～10 | 0 | — | — | — | — |
| | 20～40 | — | — | 95～100 | — | 80～100 | — | — | 0～10 | 0 | — | — | — |
| | 25～31.5 | — | — | — | 95～100 | 80～100 | 0～10 | — | — | — | — | — | — |
| | 40～80 | — | — | — | — | 95～100 | — | — | 70～100 | — | 30～60 | 0～10 | 0 |

注："—"表示该孔径累计筛余不做要求；"0"表示该孔径累计筛余为 0。

# 能力训练

## 一、操作条件

### 1. 检测依据
石子的粗细及颗粒级配检测是按照《建设用卵石、碎石》(GB/T 14685—2022)的要求操作。

### 2. 目的及适用范围
本方法规定用方孔试验筛筛分检验卵石、碎石的颗粒级配的试验方法。

本方法适用于一般工业与民用建筑和构筑物中普通混凝土用石的质量要求和检验。

### 3. 仪器设备
(1)烘箱：温度控制在(105±5)℃。

(2)天平：分度值不大于最少试样质量的0.1%。

(3)试验筛：孔径为 2.36 mm、4.75 mm、9.50 mm、16.0 mm、19.0 mm、26.5 mm、31.5 mm、37.5 mm、53.0 mm、63.0 mm、75.0 mm 及 90 mm 的方孔筛，并附有筛底和筛盖，筛框内径为 300 mm。

(4)摇筛机。

(5)浅盘。

### 4. 样品要求
(1)单项试验的最少取样质量应符合表 2-17 的规定。若进行几项试验时，如能保证试样经一项试验后不致影响另一项试验的结果，可用同一试样进行几项不同的试验。

表 2-17 单项试验取样质量

| 序号 | 试验项目 | 最少取样质量/kg 最大粒径/mm ||||||| |
|---|---|---|---|---|---|---|---|---|
| | | 9.5 | 16.0 | 19.0 | 26.5 | 31.5 | 37.5 | 63.0 | ≥75.0 |
| 1 | 颗粒级配 | 9.5 | 16.0 | 19.0 | 25.0 | 31.5 | 37.5 | 63.0 | 80.0 |
| 2 | 卵石含泥量、碎石泥粉含量 | 8.0 | 8.0 | 24.0 | 24.0 | 40.0 | 40.0 | 80.0 | 80.0 |
| 3 | 泥块含量 | 8.0 | 8.0 | 24.0 | 24.0 | 40.0 | 40.0 | 80.0 | 80.0 |
| 4 | 针、片状颗粒含量 | 1.2 | 4.0 | 8.0 | 12.0 | 20.0 | 40.0 | 40.0 | 40.0 |
| 5 | 不规则颗粒含量 | 8.0 | 16.0 | 16.0 | 24.0 | 40.0 | 80.0 | 80.0 | 80.0 |
| 6 | 有机物含量 | 按试验要求的粒级和质量取样 ||||||| |
| 7 | 硫化物及硫酸盐含量 | 按试验要求的粒级和质量取样 ||||||| |
| 8 | 坚固性 | 按试验要求的粒级和质量取样 ||||||| |
| 9 | 岩石抗压强度 | 选取有代表性的完整石块，按试验要求锯切或钻取成试验用样品 ||||||| |

续表

| 序号 | 试验项目 | 最少取样质量/kg ||||||||
|---|---|---|---|---|---|---|---|---|---|
| | | 最大粒径/mm ||||||||
| | | 9.5 | 16.0 | 19.0 | 26.5 | 31.5 | 37.5 | 63.0 | ≥75.0 |
| 10 | 压碎指标 | 按试验要求的粒级和质量取样 ||||||||
| 11 | 表观密度 | 8.0 | 8.0 | 8.0 | 8.0 | 12.0 | 16.0 | 24.0 | 24.0 |
| 12 | 堆积密度与空隙率 | 40.0 | 40.0 | 40.0 | 40.0 | 8.0 | 8.0 | 120.0 | 120.0 |
| 13 | 吸水率 | 8.0 | 8.0 | 16.0 | 16.0 | 16.0 | 24.0 | 24.0 | 32.0 |
| 14 | 碱骨料反应 | 20.0 | 20.0 | 20.0 | 20.0 | 20.0 | 20.0 | 20.0 | 20.0 |
| 15 | 放射性 | 10.0 | 10.0 | 10.0 | 10.0 | 10.0 | 10.0 | 10.0 | 10.0 |
| 16 | 含水率 | 16.0 | 16.0 | 16.0 | 16.0 | 16.0 | 16.0 | 16.0 | 16.0 |

(2)在料堆上取样时，取样部位应均匀分布。取样前先将取样部位表层铲除，然后从不同部位随机抽取大致等量的石子15份。抽取时应在料堆的顶部、中部和底部均匀分布的15个不同部位取得，组成一组样品。

(3)从皮带运输机上取样时，应全断面定时随机抽取大致等量的石子8份，组成一组样品。

(4)从火车、汽车、货船上取样时，从不同部位和深度随机抽取大致等量的石子15份，组成一组样品。

## ■ 二、操作过程

石子的筛分试验步骤见表2-18。

表2-18　石子的筛分试验步骤

| 序号 | 步骤 | 操作方法及说明 | 质量标准 |
|---|---|---|---|
| 1 | 试验准备 | (1)按规定取样不少于20 000 g(图1)，并将试样用四分法缩分至约5 000 g(图2)，放在烘箱中于(105±5)℃下烘干至恒重，待冷却至室温后取出备用。<br><br>图1　称取试样　　图2　四分法缩分<br><br>(2)检查筛孔顺序。<br>(3)校准天平。<br>(4)环境准备：检查环境温湿度并填写《环境温湿度记录表》 | 能正确称量试样 |

续表

| 序号 | 步骤 | 操作方法及说明 | 质量标准 |
|---|---|---|---|
| 2 | 筛分 | (1)称取试样不少于5 000 g,精确至1 g。将试样倒入按孔径大小从上到下组合的套筛(附筛底)上,然后进行筛分(图3)。<br>(2)将套筛置于摇筛机上,摇10 min;取下套筛,按筛孔大小顺序再逐个用手筛,筛至每分钟通过量小于试样总量0.1%为止。通过的试样并入下一号筛中,并和下一号筛中的试样一起过筛,按这样的顺序进行,直至各号筛全部筛完为止。当筛余颗粒的粒径大于19.0 mm时,在筛分过程中,允许用手指拨动颗粒。称出各号筛的筛余量,精确至1 g(图4、图5)<br><br>图3 将石子放入套筛　　图4 摇筛机筛分　　图5 手筛 | (1)能正确称取试样。<br>(2)能正确使用仪器设备 |

## ■ 三、检测结果

(1)计算分计筛余百分率。各号筛的筛余量与试样总质量之比,应精确至0.1%。

(2)计算累计筛余百分率。该号筛及以上各号筛的分计筛余百分率之和,应精确至1%。筛分后,如每号筛的筛余量及筛底的筛余量之和与筛分前试样质量之差超过1%时,应重新试验。

(3)石子的粗细程度及颗粒级配判定。根据试验数据及计算结果填写石子筛分试验检测记录表(表2-19)并绘制级配曲线图,判断石子的级配区间。

表2-19 石子筛分试验检测记录表

| 筛前试样总质量/g | 第一组 ||||  第二组 |||| 平均累计筛余百分率/% | 规定级配范围/% | |
|---|---|---|---|---|---|---|---|---|---|---|---|
| 筛孔尺寸/mm | 筛上质量/g | 分计筛余/g | 累计筛余/g | 通过百分率/% | 筛上质量/g | 分计筛余/g | 累计筛余/g | 通过百分率/% | | | 石子级配曲线 |
| | | | | | | | | | | | |
| | | | | | | | | | | | |
| | | | | | | | | | | | |
| | | | | | | | | | | | |
| | | | | | | | | | | | |
| | | | | | | | | | | | |

· 33 ·

续表

| 筛前试样总质量/g | 第一组 | | | | 第二组 | | | | 平均累计筛分百分率/% | 规定级配范围/% | |
|---|---|---|---|---|---|---|---|---|---|---|---|
| 筛孔尺寸/mm | 筛上质量/g | 分计筛余/g | 累计筛余/g | 通过百分率/% | 筛上质量/g | 分计筛余/g | 累计筛余/g | 通过百分率/% | | | 石子级配曲线 |
| | | | | | | | | | | | |
| | | | | | | | | | | | |
| | | | | | | | | | | | |
| | | | | | | | | | | | |
| 筛分后质量/g | | | | | | | | | | | |
| 损耗/g | | | | | | | | | | | |
| 损耗率/% | | | | | | | | | | | |
| 备注 | | | | | | | | | | | |

■ 四、学习结果评价

| 序号 | 评价内容 | 评价标准 | 评价结果 |
|---|---|---|---|
| 1 | 石的颗粒级配 | 能正确操作试验步骤 | 是/否 |
| | | 能计算分计筛余百分率、累计筛余百分率、细度模数，能判断石的颗粒级配和粗细程度 | 是/否 |

# 任务四　砂石的含泥量检测

## 学习目标

(1) 掌握砂的含泥量的检测。
(2) 能判定砂的清洁程度，作为混凝土拌和使用依据。

## 核心概念

**含泥量：**天然砂中粒径小于 75 $\mu m$ 的颗粒含量。

## 基本知识

配制混凝土的细骨料要求清洁不含杂质，以保证混凝土的质量。而砂中常含有一些有害杂质，如云母、黏土、淤泥、粉砂等，黏附在砂的表面，妨碍水泥与砂的黏结，降低混凝土强度；同时，还增加混凝土的用水量，从而加大混凝土的收缩，降低抗冻性和抗渗性。

石粉含量是指人工砂中粒径小于 75 μm 的颗粒含量；石粉的粒径虽小，但与天然砂中的泥成分不同，粒径分布也不同。过多的石粉含量会妨碍水泥与骨料的黏结，对混凝土无益；但适量的石粉含量不仅可以弥补人工砂颗粒多棱角对混凝土带来的不利，还可以完善混凝土的细骨料颗粒级配，提高混凝土的密实性，进而提高混凝土的综合性能，但其掺量也要适宜。

天然砂的含泥量、泥块含量应符合表 2-20 的规定。粗骨料中含泥量和泥块含量应符合表 2-21 的规定。机制砂的石粉含量应符合表 2-22 的规定。

表 2-20 天然砂的含泥量和泥块含量

| 项目 | Ⅰ类 | Ⅱ类 | Ⅲ类 |
| --- | --- | --- | --- |
| 含泥量(按质量计)/% | ≤1.0 | ≤3.0 | ≤5.0 |
| 泥块含量(按质量计)/% | ≤0.2 | ≤1.0 | ≤2.0 |

表 2-21 卵石含泥量、碎石泥粉含量和泥块含量

| 类别 | Ⅰ类 | Ⅱ类 | Ⅲ类 |
| --- | --- | --- | --- |
| 卵石含泥量(质量分数)% | ≤0.5 | ≤1.0 | ≤1.5 |
| 碎石泥粉含量(质量分数)% | ≤0.5 | ≤1.5 | ≤2.0 |
| 泥块含量(质量分数)% | ≤0.1 | ≤0.2 | ≤0.7 |

表 2-22 机制砂的石粉含量

| 类别 | 亚甲蓝值(MB) | 石粉含量(质量分数)% |
| --- | --- | --- |
| Ⅰ类 | MB≤0.5 | ≤15.0 |
|  | 0.5<MB≤1.0 | ≤10.0 |
|  | 1.0<MB≤1.4，或快速试验合格 | ≤5.0 |
|  | MB>1.4，或快速试验不合格 | ≤1.0[a] |
| Ⅱ类 | MB≤1.0 | ≤15.0 |
|  | 1.0<MB≤1.4，或快速试验合格 | ≤10.0 |
|  | MB>1.4，或快速试验不合格 | ≤3.0[a] |
| Ⅲ类 | MB≤1.4，或快速试验合格 | ≤15.0 |
|  | MB>1.4，或快速试验不合格 | ≤5.0[a] |

注：砂浆用砂的石粉含量不做限制。
a. 根据使用环境和用途，经试验验证，由供需双方协商确定，Ⅰ类砂石粉含量可放宽至不大于 3.0%，Ⅱ类砂石粉含量可放宽至不大于 5.0%，Ⅲ类砂石粉含量可放宽至不大于 7.0%。

## 能力训练

### 一、操作条件

**1. 检测依据**

砂的含泥量检验应按照《建设用砂》(GB/T 14684—2022)的要求操作。

**2. 目的及适用范围**

本方法适用于测定细砂、中砂、粗砂的含泥量。

本方法适用于一般工业与民用建筑和构筑物中普通混凝土用砂的质量要求和检验。

**3. 仪器设备**

(1)烘箱:温度控制在(105±5)℃。

(2)电子秤:量程不小于1 000 g,分度值不大于0.1 g。

(3)装砂工具:浅盘和毛刷。

(4)试验筛:孔径为75 μm及1.18 mm的方孔筛。

(5)淘洗容器(图2-13):深度大于250 mm,淘洗试样时保持试样不溅出。

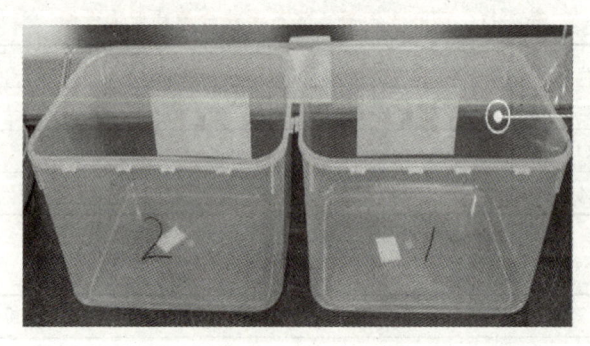

图 2-13　淘洗容器

**4. 样品要求**

(1)进行含泥量试验取样应不少于4 400 g。

(2)在料堆上取样时,取样部位应均匀分布。取样前先将取样部位表层铲除,然后从不同部位随机抽取大致等量的砂8份,组成一组样品。

(3)从皮带运输机上取样时,应全断面定时随机抽取大致等量的砂4份,组成一组样品。

(4)从火车、汽车、货船上取样时,从不同部位和深度随机抽取大致等量的砂8份,组成一组样品。

## 二、操作过程

砂石的含泥量试验步骤见表 2-23。

表 2-23 砂石的含泥量试验步骤

| 序号 | 步骤 | 操作方法及说明 | 质量标准 |
|---|---|---|---|
| 1 | 试验准备 | (1)按规定取样不少于 4 400 g，将所取样品置于平板上，在潮湿状态下拌和均匀，并堆成厚度约为 20 mm 的圆饼，然后沿互相垂直的两条直径把圆饼平均分成 4 份，取其中对角线的 2 份重新拌匀，再堆成圆饼。重复上述过程，直至把样品缩分到试验所需量为止(图 1、图 2)。<br><br>图 1　称取试样　　图 2　四分法缩分<br><br>(2)将试样置于(105±5)℃的烘箱中烘干至恒重(在相邻两次称量间隔时间不少于 3 h 的情况下，前后两次称量之差小于该项试验所要求的称量精度)。<br>(3)取出试样待冷却至室温后，分成大致相等的两份备用。<br>(4)环境准备：检查环境温度、湿度并记录 | 能正确称量试样 |
| 2 | 筛分 | (1)称取试样 500 g，精确至 0.1 g，记录为 $m_{a0}$ (图 3)。将试样倒入淘洗容器中，注入清水，使水面高于试样面约 150 mm，充分搅拌均匀后，浸泡 2 h(图 4)，然后用手在水中淘洗试样(图 5)，使尘屑、淤泥和黏土与砂粒分离。将 1.18 mm 筛放在 75 μm 筛上面，把浑水缓缓倒入套筛中，滤去小于 75 μm 的颗粒(图 6)。试验前筛子的两面应先用水润湿，在整个过程中应防止砂粒流失。<br><br>图 3　称量　　图 4　浸泡<br>图 5　淘洗　　图 6　套筛过滤<br><br>(2)再向容器注入清水，重复上述操作，直至容器内的水目测清澈为止。<br>(3)用水淋洗剩余在筛上的细粒，并将 75 μm 筛放在水中，水面高出筛中砂粒的上表面，来回摇动，以充分洗掉小于 75 μm 的颗粒。然后将两只筛的筛余颗粒和清洗容器中已经洗净的试样一并倒入浅盘，放在烘箱中于(105±5)℃下烘干至恒重，待冷却至室温后，称出其质量($m_{a1}$)，精确至 0.1 g。 | (1)能正确称取试样并进行淘洗。<br>(2)能正确使用仪器设备 |

## 三、检测结果

（1）含泥量计算。

$$Q_a = \frac{m_{a0} - m_{a1}}{m_{a0}} \times 100\% \tag{2-2}$$

式中  $Q_a$——含泥量，并精确至0.1%；

$m_{a0}$——试验前烘干试样的质量(g)；

$m_{a1}$——试验后烘干试样的质量(g)。

（2）含泥量取2个试样的试验结果算术平均值作为测定值，精确到0.1%；如2次结果的差值超过0.2%时，应重新取样进行试验。

## 四、学习结果评价

| 序号 | 评价内容 | 评价标准 | 评价结果 |
| --- | --- | --- | --- |
| 1 | 砂的含泥量 | 能正确操作试验步骤 | 是/否 |
|   |   | 能计算含泥量，能判断砂的清洁程度 | 是/否 |

### 项目小结

粒径在0.16～5 mm的骨料为细骨料（砂）。一般采用天然砂，它是岩石风化后所形成的大小不等、由不同矿物散粒组成的混合物，一般有河砂、海砂及山砂。配制混凝土时所采用的细骨料的质量要求有有害杂质、表面特征、粗细程度等。

普通混凝土常用的粗骨料有碎石和卵石。由天然岩石或卵石经破碎、筛分而得的，粒径大于5 mm的岩石颗粒，称为碎石或碎卵石。岩石由于自然条件作用而形成的，粒径大于5 mm的颗粒，称为卵石。配制混凝土的粗骨料的质量要求有有害杂质、表面特征、颗粒级配、强度和坚固性等。

砂石是建筑行业的重要原材料，也是非常重要的战略资源。砂石是我国基础设施建设用量最大、不可或缺、不可替代的原材料，年消耗量约为200亿吨。一直以来，开采河道砂和建材用普通石料矿资源加工而成的砂石骨料都与人类社会生存和发展息息相关，砂石因其良好的硬度和稳定的化学性质，是建筑、道路、桥梁、水利、水电等基础设施建设用量最大、不可替代、不可或缺的材料。砂石是继水之后，我国消耗最多的第二大自然资源。砂石材料的性能好坏直接影响所拌制混凝土质量的好坏，在使用之前一定要测定砂石的粗细程度和含泥量、有害杂质含量等指标。

### 课后习题

**一、填空题**

1. 混凝土是由 _____、_____、_____ 和 _____ 拌和，经硬化而成的一种人造石材。

2. 石材的优点是 _____；缺点是 _____。

3. 根据地质形成条件不同,岩石可分为_____、_____和沉积岩。
4. 建筑常用石材包括_____和构筑用石材。常用建筑饰面石材包括花岗石和_____。构筑用石材包括毛石和_____。
5. 普通混凝土常用的粗骨料有_____及_____两种。
6. 砂的粗细程度是指_____。
7. 粗骨料公称粒级的上限称为该粒级的_____。
8. 细度模数越大,表示砂越粗。砂按细度模数($M_x$)分为_____、_____、_____和特细砂。
9. 砂的颗粒级配是指_____。
10. 与碎石相比,卵石的表面_____,拌制的混凝土比碎石混凝土流动性较大,但与水泥砂浆的粘结力差,故强度_____。
11. 集料分为粗骨料和细骨料两类,在水泥混凝土里凡粒径小于_____称为细骨料,凡粒径大于_____称为粗骨料。
12. 细骨料的粗细程度可以用_____表示。

## 二、选择题

1. 建筑用砂主要是指混凝土中的细骨料——砂。细骨料是指粒径小于(    )mm的岩石颗粒,通常称为砂。
   A. 4.5          B. 4.75          C. 5          D. 7
2. 砂、石在混凝土中起骨架作用,称为骨料或集料,其中粒径大于(    )mm的骨料称为粗骨料。
   A. 4           B. 5            C. 6          D. 7
3. 在钢筋混凝土结构中,粗骨料的最大粒径不得大于混凝土结构截面最小尺寸的(    ),并不得大于钢筋最小净距的3/4。
   A. 1/3         B. 1/4           C. 1/5        D. 1/6
4. 对于混凝土实心板,其最大粒径不宜大于板厚的(    ),并不得超过40 mm。
   A. 1/2         B. 1/3           C. 1/4        D. 1/5
5. 泵送混凝土用的碎石,不应大于输送管内径的(    ),卵石不应大于输送管内径的(    )。
   A. 1/2;1/3                     B. 2/5;1/3
   C. 1/3;2/5                     D. 1/3;1/2

## 三、判断题

1. 对于长期处于潮湿环境的重要混凝土结构所用的砂、石,应进行碱活性检验。(    )
2. 砂的粗细程度按细度模数分为粗、中、细三级。(    )
3. 配制泵送混凝土,宜选用中砂。(    )
4. 对于钢筋混凝土用砂,其氯离子含量不得大于0.06%。(    )
5. 混凝土强度等级为C30时,混凝土所用砂的含泥量不应大于5.0%。(    )
6. 混凝土强度等级为C30时,混凝土所用砂的泥块含量不应大于1.0%。(    )
7. 混凝土强度等级为C45时,混凝土所用石的含泥量不应大于2.0%。(    )
8. 混凝土强度等级为C45时,混凝土所用石的针片状颗粒含量不应大于15%。(    )

9. 对于有抗冻、抗渗或其他特殊要求的混凝土，其所用碎石或卵石的含泥量不应大于1％。（　　）
10. 碎石的强度可用岩石的抗压强度和压碎指标表示。（　　）
11. 每验收批砂石至少应进行颗粒级配、含泥量、泥块含量检验。（　　）
12. 当砂和石的质量比较稳定、进量又较大时，可以1 000 t为一验收批。（　　）
13. 碎石或卵石的级配情况共分为连续粒级和单粒级。（　　）
14. 砂石的所检项目存在不合格时，均应加倍取样进行复检。（　　）
15. 细度模数最后结果应精确到0.01。（　　）
16. 砂的含泥量以两个试样试验结果的算术平均值作为测定值，两次结果之差大于0.2％时，应重新取样进行试验。（　　）
17. 砂中氯离子含量最终结果应精确到0.01％。（　　）
18. 石的筛分析试验应采用方孔筛。（　　）
19. 砂的细度模数：2.3～3.0为中砂。（　　）
20. 采用海砂配制混凝土时，对预应力钢筋混凝土，海沙中的氯离子含重不应大于0.06％。（　　）
21. 砂的粗细程度按细度模数分为三个级配区。（　　）

## 四、简答题

1. 混凝土中四种组成部分各自作用是什么？
2. 砂的粗细及级配对混凝土有何影响？
3. 在钢筋混凝土结构中，对粗骨料的最大粒径有何规定？
4. 简述砂的筛分试验步骤。

# 项目三 水泥

水泥被广泛运用到土木工程中,是一种粉末状无机水硬性胶凝材料,加水拌和后可形成塑性浆体,经物理化学作用可变成坚硬的石状体,并能将砂、石等材料胶结成为整体。

传统硅酸盐水泥在"两磨一烧"的加工工艺中会产生很大的污染,所以,水泥厂原属于高污染、高能耗、高耗水的"三高"企业。当前,各级政府贯彻落实习近平总书记提出的"绿水青山就是金山银山"理念,国家也出台了加大环境保护力度、绿色发展理念、"无废城市"建设等一系列治理政策和发展战略,因此,中国水泥行业也开始注重提高资源利用率、践行绿色低碳环保,以实现高质量可持续发展,利用燃料渣(如煤矸石)、粉煤灰、冶金渣(如高炉矿渣)、化学工业废渣、采矿废石和尾矿等各种制造业固体垃圾作为混合材料制造建筑水泥。现今,水泥产业已成为我国最大的工业生产固体废弃物和日常生活废弃物处理业,每年消纳6亿吨以上工业生产废弃物,并为多条熟料生产线配备了余热发电装置。水泥企业逐渐走上了绿色发展道路,有了"城市净化器"之称。

课件:水泥

本项目包含水泥细度检测、水泥标准稠度用水量检测、水泥体积安定性检测、水泥凝结时间检测和水泥胶砂强度检测等内容,学生在动手实践过程中,要严格按工程相关标准和规范规定的步骤操作实施,做到细致认真、沉稳耐心,对于检测数据的记录及计算务必保证准确、真实、有效,追求求真务实、勇于求索的工作作风。

## 任务一 熟悉水泥

### 学习目标

(1)了解水泥的种类。
(2)掌握常用水泥的基本性质。

### 核心概念

(1)**细度**:水泥颗粒的粗细程度。
(2)**初凝时间**:自水泥加水拌和时起到水泥浆(标准稠度)开始失去可塑性为止所需的时间。

· 41 ·

（3）**终凝时间**：自水泥加水拌和时起到水泥浆完全失去可塑性并开始产生强度所需的时间。

（4）**体积安定性**：水泥在凝结硬化过程中，体积变化的均匀性。

# 基本知识

## 一、硅酸盐水泥的生产工艺

### 1. 硅酸盐水泥生产原料

硅酸盐水泥的生产原料主要是石灰质原料和黏土质原料两类。石灰质原料（如石灰石、白垩、石灰质凝灰岩等）主要提供 CaO；黏土质原料（如黏土、黏土质页岩、黄土等）主要提供 $SiO_2$、$Al_2O_3$ 及 $Fe_2O_3$。有时两种原料化学组成不能满足要求，还要加入少量校正原料（如黄铁矿渣等）调整。

### 2. 硅酸盐水泥生产工艺

硅酸盐水泥的生产工艺，概括起来为"两磨一烧"。其生产流程如图 3-1 所示。

图 3-1 水泥生产流程图

## 二、水泥的种类

水泥按性能和用途可分为通用水泥、特种水泥。其中，特种水泥在工程中可分为专用水泥和特性水泥，见表 3-1。

表 3-1 水泥按性能和用途分类

| 水泥品种 | | 性能及用途 | 主要品种 |
| --- | --- | --- | --- |
| 通用水泥 | | 一般土木工程中常使用的水泥，产量大，适用范围广 | 硅酸盐水泥、普通硅酸盐水泥、矿渣硅酸盐水泥、火山灰质硅酸盐水泥、粉煤灰硅酸盐水泥和复合硅酸盐水泥共六大品种 |
| 特种水泥 | 专用水泥 | 具有专门用途的水泥 | 如砌筑水泥、道路水泥、油井水泥等 |
| | 特性水泥 | 某种性能比较突出的水泥 | 如快硬硅酸盐水泥、自应力硅酸盐水泥、白色硅酸盐水泥等 |

## 三、通用硅酸盐水泥的组分

目前，我国工程中的通用硅酸盐水泥主要有硅酸盐水泥、普通硅酸盐水泥及掺混合材料的硅酸盐水泥。在硅酸盐水泥中掺入一定量的混合材料旨在调节水泥强度等级，扩大工程使用范围，改善水泥的某些性能，增加水泥的品种和产量，充分利用工业废料，降低水泥成本。混合材料掺量一般在15%以上，主要品种包括矿渣硅酸盐水泥、火山灰质硅酸盐水泥、粉煤灰硅酸盐水泥和复合硅酸盐水泥。各个品种水泥对应代号和组分见表3-2。

表3-2　通用硅酸盐水泥组分及其代号　　　　　　　　　　　　　　　　　　　　%

| 品种 | 代号 | 熟料+石膏 | 粒化高炉矿渣 | 火山灰质混合材料 | 粉煤灰 | 石灰石 | 替代组分 |
|---|---|---|---|---|---|---|---|
| 硅酸盐水泥 | P·I | 100 | — | — | — | — | — |
|  |  | 95~100 | 0~5 | — | — | — | — |
|  | P·II | 95~100 | — | — | — | 0~5 | — |
| 普通硅酸盐水泥 | P·O | 80~95 | 5~20 |  |  | — | 0~5 |
| 矿渣硅酸盐水泥 | P·S·A | 50~80 | 20~50 | — | — | — | 0~8 |
|  | P·S·B | 0~30 | 50~70 | — | — | — | 0~8 |
| 火山灰质硅酸盐水泥 | P·P | 60~80 | — | 20~40 | — | — | — |
| 粉煤灰硅酸盐水泥 | P·F | 60~80 | — | — | 20~40 | — | — |
| 复合硅酸盐水泥 | P·C | 50~80 | 20~50 |  |  | — | 0~8 |

## 四、硅酸盐水泥熟料的矿物组成及其特性

硅酸盐水泥熟料是由主要含$CaO$、$SiO_2$、$Al_2O_3$及$Fe_2O_3$的原料，按适当比例磨成细粉烧至部分熔融所得以硅酸钙为主要矿物成分的水硬性胶凝物质。其中，硅酸钙矿物含量（质量分数）不小于66%，氧化钙和氧化硅质量比不小于2.0。

经过高温煅烧后，$CaO$、$SiO_2$、$Al_2O_3$、$Fe_2O_3$四种成分化合为熟料中的主要矿物组成（表3-3）。

表3-3　硅酸盐水泥熟料的主要矿物组成及其含量

| 矿物名称 | 氧化物成分 | 缩写 | 含量 |
|---|---|---|---|
| 硅酸三钙 | $3CaO·SiO_2$ | $C_3S$ | 36%~60% |
| 硅酸二钙 | $2CaO·SiO_2$ | $C_2S$ | 15%~37% |
| 铝酸三钙 | $3CaO·Al_2O_3$ | $C_3A$ | 7%~15% |
| 铁铝酸四钙 | $4CaO·Al_2O_3·Fe_2O_3$ | $C_4AF$ | 10%~18% |

水泥熟料经过磨细之后均能与水发生化学反应，表现较强的水硬性，每种矿物水化都具有一定的特性。水泥熟料主要矿物及其特性见表3-4。

表3-4 水泥熟料主要矿物及其特性

| 性能指标 | | 熟料矿物 | | | |
|---|---|---|---|---|---|
| | | $C_3S$ | $C_2S$ | $C_3A$ | $C_4AF$ |
| 水化速率 | | 快 | 慢 | 最快 | 快 |
| 水化热 | | 较高 | 低 | 最高 | 中 |
| 强度 | 早期 | 高 | 低 | 低 | 低 |
| | 后期 | 高 | 高 | 低 | 低 |

水泥熟料是由四种不同特性的矿物所组成的混合物。因此，改变熟料矿物成分之间的比例，水泥的性质即发生相应的变化。例如，要使水泥具有凝结硬化快、强度高的性能，就必须适当提高熟料中$C_3S$和$C_3A$的含量；要使用水泥具有较低的水化热，就应降低$C_3A$和$C_3S$的含量。硅酸三钙和硅酸二钙是决定水泥强度的主要矿物，因此，这类熟料称为硅酸盐水泥熟料。

### ■ 五、硅酸盐水泥凝结与硬化

水泥加水拌和后，最初形成具有可塑性又有流动性的浆体，经过一段时间，水泥浆体逐渐变稠失去塑性，这一过程称为凝结。

随着时间继续增长产生强度，强度逐渐提高，并变成坚硬的石状物体——水泥石，这一过程称为硬化。

水泥凝结与硬化是一个连续的、复杂的物理化学变化过程，这些变化决定了水泥一系列的技术性能。水泥的水化反应是由颗粒表面逐渐深入到内层的。当水化物增多时，堆积在水泥颗粒周围的水化物不断增加，以致阻碍水分继续透入，使水泥颗粒内部的水化越来越困难，经过长时间（几个月，甚至几年）的水化以后，多数颗粒仍处于尚未水化的内核。因此，硬化后的水泥石是由凝胶体（凝胶和晶体）、未水化水泥颗粒内核和毛细孔组成的不匀质结构体组成。

### ■ 六、硅酸盐水泥的技术性质与应用

水泥作为大宗应用的建筑材料，在建筑工程上主要用以配制砂浆和混凝土，《通用硅酸盐水泥》(GB 175—2007)、《水泥标准稠度用水量、凝结时间、安定性检验方法》(GB/T 1346—2011)对通用硅酸盐水泥各项性能有着明确的规定和要求。

**1. 细度**

细度是指水泥颗粒的粗细程度。水泥颗粒的粗细对水泥的性质有很大的影响。

**2. 凝结时间**

水泥的凝结时间可分为初凝时间和终凝时间。初凝时间为自水泥加水拌和时起到水泥浆（标准稠度）开始失去可塑性为止所需的时间；终凝时间为自水泥加水拌和时起至水泥浆完全失去可塑性并开始产生强度所需的时间。

《通用硅酸盐水泥》(GB 175—2007)规定，硅酸盐水泥的初凝时间不小于45 min，终凝时间不大于390 min。普通硅酸盐水泥、矿渣硅酸盐水泥、火山灰质硅酸盐水泥、粉煤灰硅酸盐水泥、复合硅酸盐水泥的初凝时间不小45 min，终凝时间不大于600 min。

水泥的凝结时间在施工中具有重要的意义。初凝时间不宜过快，以保证有足够的时间进行施工操作，如搅拌、运输和浇筑等。当施工完毕之后，则要求水泥尽快凝结硬化，产生强度，以利于下一步施工工序的进行。为此，水泥终凝时间又不宜过迟。

### 3. 体积安定性(安定性)

水泥的体积安定性是指水泥在凝结硬化过程中体积变化的均匀性。如水泥硬化后产生不均匀的体积变化，即体积安定性不良。引起体积安定性不良的原因是水泥中过多的游离氧化钙 f−CaO、游离氧化镁 f−MgO 和水泥粉磨时所掺入石膏超量造成的。

熟料中的 f−CaO 和 f−MgO 是在高温下生成的，属于过烧的，熟化很慢，在水泥凝结硬化后才进行水化，这时产生体积膨胀，水泥石出现龟裂、弯曲、松脆、崩溃等现象。当水泥熟料中石膏掺量过多时，在水泥硬化后，其三氧化硫离子还会继续与固态的水化铝酸钙反应生成水化硫铝酸钙，体积膨胀引起水泥石开裂。

《水泥标准稠度用水量、凝结时间、安定性检验方法》(GB/T 1346—2011)规定，f−CaO 引起的水泥安定性不良，必须采用沸煮法检验。试验过程可分为试饼法和雷氏法。当试饼法与雷氏法有争议时以雷氏法为准；f−MgO 引起的安定性不良，必须采用压蒸法才能检验出来。《通用硅酸盐水泥》(GB 175—2007)规定，硅酸盐水泥和普通硅酸盐水泥中氧化镁含量不得超过 6.0%，三氧化硫含量不得超过 3.5%。

### 4. 标准稠度用水量

水泥标准稠度通过试验不同含水量水泥净浆的穿透性，以确定水泥标准稠度净浆中所需加入的水量，即标准稠度用水量。标准稠度用水量是作为测定水泥的凝结时间和安定性所用净浆的拌合水量的依据，也是水泥基本性能指标之一。硅酸盐水泥的标准稠度需水量与矿物组成及细度有关，一般在 23%～31%。

### 5. 强度

水泥的强度是水泥性能的主要技术指标，也是评定水泥等级的依据。水泥的强度等级按规定龄期的抗压强度和抗折强度来划分。

根据《通用硅酸盐水泥》(GB 175—2007)的规定，根据 3 d 和 28 d 的抗折强度及抗压强度将通用硅酸盐水泥分为 42.5、42.5R、52.5、52.5R、62.5、62.5R 六个强度等级。

# 任务二　水泥细度的检测

## 学习目标

(1)掌握筛析法的试验步骤。
(2)掌握水泥细度的判定。

### 核心概念

(1)**细度**：水泥颗粒的粗细程度。

(2)**负压筛析法**：用负压筛析仪，通过负压源产生的恒定气流，在规定筛析时间内使试验筛内的水泥达到筛分。

(3)**水筛法**：将试验筛放在水筛座上，用规定压力的水流，在规定时间内使试验筛内的水泥达到筛分。

(4)**手工筛析法**：将试验筛放在接料盘(底盘)上，用手工按照规定的拍打速度和转动角度，对水泥进行筛析试验。

### 基本知识

细度是水泥颗粒的粗细程度。水泥颗粒越细，水化时与水的接触面越大，水化速度越快，早期强度越高，凝结速度越快，但颗粒过细，硬化后收缩变形大，易产生裂缝，且成本增加，不宜长期贮存。因此，对水泥细度必须予以合理控制。水泥细度有以下两种表示方法：

(1)筛析法：以 45 μm 方孔筛上的筛余质量百分率表示。

(2)比表面积法：以每千克水泥所具有的总表面积($m^2$)表示。

《通用硅酸盐水泥》(GB 175—2007)规定：比表面积法(勃氏法)不适用于多孔材料和超细材料。硅酸盐水泥的细度以比表面积表示，不低于 300 $m^2$/kg 但不大于 400 $m^2$/kg。普通硅酸盐水泥、矿渣硅酸盐水泥、粉煤灰硅酸盐水泥、火山灰质硅酸盐水泥和复合硅酸盐水泥的细度以 45 μm 方孔筛筛余表示，不小于 5%。

### 能力训练

#### 一、操作条件

**1. 检测依据**

水泥细度的检验是按照《水泥细度检验方法筛析法》(GB/T 1345—2005)的要求操作。在此标准中规定了 45 μm 方孔标准筛和 80 μm 方孔标准筛的水泥细度试验方法，下面主要介绍 45 μm 方孔标准筛的水泥细度试验方法。

**2. 目的及适用范围**

本方法规定用 45 μm 筛检验水泥细度的试验方法。

本方法适用于硅酸盐水泥、普通硅酸盐水泥、矿渣硅酸盐水泥、粉煤灰硅酸盐水泥、火山灰质硅酸盐水泥、复合硅酸盐水泥及指定采用本方法的其他品种水泥。

**3. 仪器设备**

(1)试验筛：由圆形筛框和筛网组成，筛网应符合《试验筛 金属丝编织网、穿孔板和电成型薄板 筛孔的基本尺寸》(GB/T 6005—2008)R20/3 45 μm 的要求，负压筛和水筛如图3-2和图3-3所示。

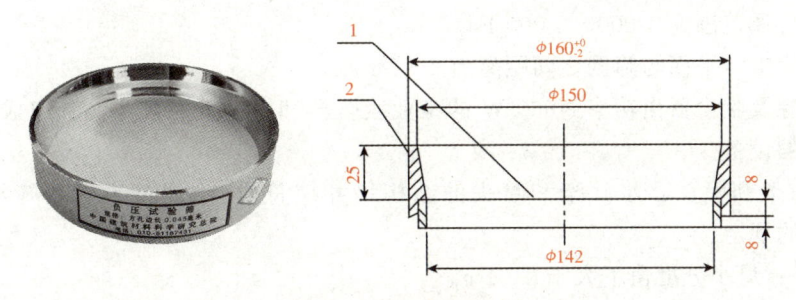

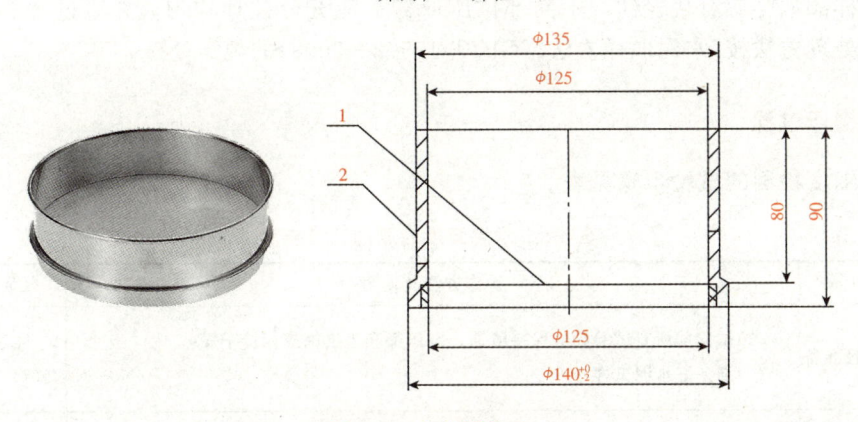

图 3-2 负压筛及尺寸
1—筛网；2—筛框

图 3-3 水筛及尺寸
1—筛网；2—筛框

负压筛应附有透明筛盖，筛盖与筛上口应有良好的密封性。由于物料会对筛网产生磨损，试验筛每使用 100 次后需要重新标定。

(2)负压筛析仪。

1)负压筛析仪由筛座、负压筛、负压源及收尘器组成，如图 3-4 所示。其中，筛座由转速为 30 r/min±2 r/min 的喷气嘴、负压表、控制板、微电机及壳体等构成，如图 3-5 所示。

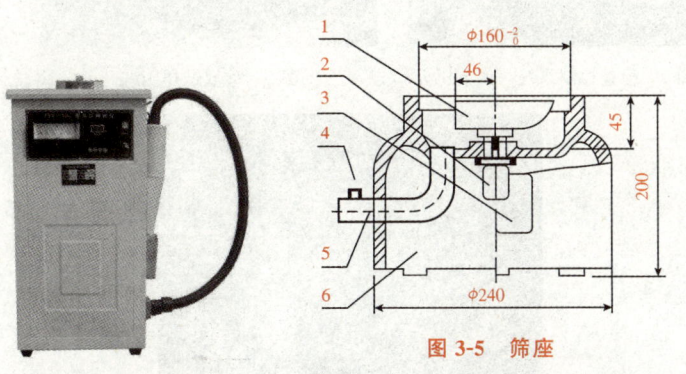

图 3-4 负压筛析仪

图 3-5 筛座
1—喷气嘴；2—微电机；3—控制板开口；
4—负压表接口；5—负压源及收尘器接口；6—壳体

2)负压可调范围为 4 000～6 000 Pa。

3)喷气嘴上口平面与筛网之间距离为 2～8 mm。

4)负压源及收尘器由功率≥600 W 的工业吸尘器和小型旋风收尘筒等组成或用其他具有相当功能的设备。

(3)水筛架和喷头：水筛架和喷头的结构尺寸应符合《水泥标准筛和筛析仪》(JC/T 728—2005)的规定。

(4)天平：最小分度值不大于 0.01 g。

### 4. 样品要求

水泥样品取样应有代表性，不同部位所取样品应充分搅拌均匀，并通过 0.9 mm 方孔筛。样品处理方法按《水泥取样方法》(GB/T 12573—2008)的规定处理。

## 二、操作过程

水泥细度检测的试验步骤见表 3-5。

表 3-5  水泥细度检测的试验步骤

| 序号 | 步骤 | 操作方法及说明 | 质量标准 |
|---|---|---|---|
| 1 | 试验准备 | (1)试验前所有试验筛应保持清洁，负压筛和手工筛应保持干燥。<br>(2)准备好水泥试样 | 能正确选择试验筛 |
| 2 | 负压筛析法 | (1)将负压筛放在筛座上，盖上筛盖，接通电源，检查控制系统，调节负压到 4 000～6 000 Pa 范围内(图1)。<br>(2)称取试样 10 g，精确至 0.01 g(图2)，置于洁净的负压筛中，放在筛座上，盖上筛盖(图3)，开动筛析仪连续筛析 2 min，在此期间如有试样附着在筛盖上，可轻轻敲击筛盖使试样落下。筛毕，用天平称量筛余物。<br>图 1  检查控制系统，调节压力　　图 2  称取试样 10 g<br>图 3  负压筛放在筛座上，盖上筛盖<br>(3)当工作负压小于 4 000 Pa 时，应清理吸尘器内水泥，使负压恢复正常 | (1)能正确称取试样。<br>(2)能正确使用仪器设备 |

续表

| 序号 | 步骤 | 操作方法及说明 | 质量标准 |
|---|---|---|---|
| 3 | 水筛法 | (1)筛析试验前,检查水中无泥、砂,调整好水压及水筛架的位置,使其能正常运转,并控制喷头底面和筛网之间距离为35~75 mm。<br>(2)称取试样精确至0.01 g,置于洁净的水筛中,立即用淡水冲洗至大部分细粉通过后,放在水筛架上,用水压为0.05 MPa±0.02 MPa的喷头连续冲洗3 min。筛毕,用少量水把筛余物冲至蒸发皿中。<br>(3)待水泥颗粒全部沉淀后,小心倒出清水,烘干并用天平称量全部筛余物 | (1)能正确称取试样。<br>(2)能正确使用仪器设备 |
| 4 | 手工筛析法 | (1)称取水泥试样精确至0.01 g,倒入手工筛内。<br>(2)用一只手持筛往复摇动,另一只手轻轻拍打,往复摇动和拍打过程应保持近于水平。拍打速度每分钟约120次,每40次向同一方向转动60°,使试样均匀分布在筛网上,直至每分钟通过的试样量不超过0.03 g为止。<br>(3)称量全部筛余物 | (1)能正确称取试样。<br>(2)能按要求正确操作 |
| 5 | 试验结果计算 | $F=R_S/W\times 100\%$<br>式中 $F$——水泥试样的筛余百分率(%);<br>$R_S$——水泥筛余物的质量(g);<br>$W$——水泥试样的质量(g)。<br>结果计算至0.1%。 | (1)能正确计算水泥试样筛余百分数。<br>(2)能根据实际情况对结果进行修正 |

## ■ 三、检测结果

试验筛的筛网会在试验中磨损,因此筛析结果应进行修正。

(1)水泥试样筛余百分数结果修正按式(3-1)计算:

$$F_c = C \cdot F \qquad (3-1)$$

式中 $F_c$——水泥试样修正后的筛余百分数(%);
$C$——试验筛修正系数;
$F$——水泥试样修正前的筛余百分数(%)。

其中,修正系数按式(3-2)计算:

$$C = F_s/F_t \qquad (3-2)$$

式中 $C$——试验筛修正系数;
$F_s$——标准样品的筛余标准值(%);
$F_t$——标准样品在试验筛上的筛余值(%)。计算至0.01。

(2)合格评定时,每个样品应称取两个试样分别筛析,取筛余平均值为筛析结果。若两次筛余结果绝对误差大于0.5%时(筛余值大于5.0%时可放至1.0%),应再做一次试验,取两次相近结果的算术平均值作为最终结果。

(3)负压筛法、水筛法、手工筛析法测定的结果发生争议时,以负压筛法为准。

## 四、学习结果评价

| 序号 | 评价内容 | 评价标准 | 评价结果 |
| --- | --- | --- | --- |
| 1 | 水泥细度的检测 | 能正确操作试验步骤 | 是/否 |
| | | 能计算水泥试样筛余百分数,判定水泥的细度 | |

## 任务三 水泥标准稠度用水量、凝结时间、体积安定性的检测步骤

### 学习目标

(1)掌握水泥标准稠度用水量的检测。
(2)掌握水泥凝结时间的测定方法与步骤。
(3)掌握水泥体积安定性的检测。

### 核心概念

(1)**水泥标准稠度**:表示水泥净浆的稀稠程度,是水泥净浆达到标准稠度时用水量与水泥质量之比。水泥净浆中加水太多就变稀,太稀抹涂时易流淌;净浆中加水过少就变稠,太稠抹涂时不易抹平。
(2)**水泥标准稠度用水量**:水泥浆体达到标准稠度的用水量,以水占水泥质量的百分数表示。
(3)**初凝时间**:水泥从加水开始到水泥浆开始失去可塑性所需的时间。
(4)**终凝时间**:水泥从加水开始到水泥浆完全失去可塑性所需的时间。
(5)**水泥体积安定性**:表征水泥硬化后体积变化均匀性的物理性能指标。

### 基本知识

#### 一、水泥标准稠度

水泥净浆是指水泥加水拌和而成的均匀浆体。为使水泥凝结时间和安定性的测定结果具有可比性,必须采用同一稠度的水泥净浆,该稠度称为标准稠度。
按《水泥标准稠度用水量、凝结时间、安定性检验方法》(GB/T 1346—2011)规定,水泥净浆稠度采用维卡仪测定,以试杆沉入净浆并距底板 6 mm±1 mm 的稠度为"标准稠度",此时的用水量为标准稠度用水量。

#### 二、水泥的凝结硬化

水泥加水拌和后成为水泥浆,经过一定时间,浆体逐渐失去塑性,进而硬化产生强度,

这个物理化学过程可分为以下四个阶段来描述。

(1)初始反应期。水泥与水接触后立即发生水化反应。初期 $C_3S$ 水化，释放出 $Ca(OH)_2$，立即溶解于溶液中，使其 pH 值增大至 14，浓度达到饱和后，$Ca(OH)_2$ 结晶析出。暴露在水泥颗粒表面的 $C_3A$ 也溶解于水，并与已溶解的石膏发生反应，生成钙矾石结晶析出。

(2)诱导期。在初始反应期后，水泥微粒表面覆盖一层以 CSH 凝胶为主的渗透膜，使水化反应缓慢进行。这期间生成的水化产物数量不多，水泥颗粒仍然分散，水泥浆体基本保持塑性。

(3)凝结期。由于渗透压的作用，包裹在水泥微粒表面的渗透膜破裂，水泥微粒进一步水化，除继续生成 $Ca(OH)_2$ 及钙矾石外，还生成了大量 CSH 凝胶。水化产物不断填充了水泥颗粒之间的空隙，随着接触点的增多，结构趋向密实，使水泥浆逐渐失去塑性。

(4)硬化期。凝结期后，水泥继续水化，水化铝酸钙和水化铁酸钙也开始形成，硅酸钙继续进行水化。水化生成物以凝胶与结晶状态进一步填充孔隙，水泥浆体逐渐产生强度，进入硬化阶段。只要温度、湿度合适，而且无外界腐蚀，水泥强度在几年甚至几十年还会继续增长。

## 三、凝结时间

硅酸盐水泥初凝时间不小于 45 min，终凝时间不大于 390 min。

普通硅酸盐水泥、矿渣硅酸盐水泥、火山灰质硅酸盐水泥、粉煤灰硅酸盐水泥和复合硅酸盐水泥初凝时间不小于 45 min，终凝时间不大于 600 min。

## 四、体积安定性

水泥体积安定性是表征水泥硬化后体积变化均匀性的物理性能指标。各种水泥在凝结硬化过程中，如果产生不均匀变形或变形过大，使构件产生膨胀裂缝，就是水泥体积安定性不良，将影响工程质量，甚至造成结构物破坏。

影响水泥体积安定性的因素主要为熟料中氧化镁的含量；水泥中三氧化硫的含量。

安定性的测试方法有沸煮法和试饼法。其中，沸煮法为标准法，试饼法为代用法。安定性的技术要求为沸煮法合格。

## 能力训练

### 一、操作条件

**1. 检测依据**

水泥标准稠度用水量的检验是按照《水泥标准稠度用水量、凝结时间、安定性检验方法》(GB/T 1346—2011)的要求操作。

**2. 目的及适用范围**

测定水泥净浆达到标准稠度时的用水量、水泥的初凝时间和终凝时间、水泥的体积安定性是否满足要求。

该测定适用于硅酸盐水泥、普通硅酸盐水泥、矿渣硅酸盐水泥、粉煤灰硅酸盐水泥、火山灰质硅酸盐水泥、复合硅酸盐水泥及指定采用本方法的其他品种水泥。

**3. 仪器设备**

(1)水泥净浆搅拌机应符合《水泥净浆搅拌机》(JC/T 729—2005)的要求,如图 3-6 所示。

(2)标准法维卡仪,如图 3-7 所示。标准稠度试杆由有效长度为 50 mm±1 mm,直径为 $\phi$10 mm±0.05 mm 的圆柱形耐腐蚀金属制成。初凝用试针,如图 3-8 所示,由钢制成,有效长度初凝针为 50 mm±1 mm,终凝针为 30 mm±1 mm,直径为 $\phi$1.13 mm±0.05 mm。滑动部分的总质量为 300 g±1 g。与试杆、试针联结的滑动杆表面应光滑,能靠重力自由下落,不得有紧涩和晃动现象。

图 3-6 水泥净浆搅拌机 　　图 3-7 标准法维卡仪 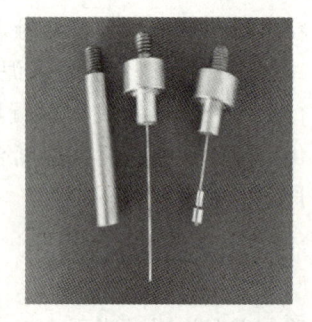　　图 3-8 维卡试杆初凝针、终凝针

(3)盛装水泥净浆的试模由耐腐蚀的、有足够硬度的金属制成。试模为深 40 mm±0.2 mm,顶内径 $\phi$65 mm±0.5 mm、底内径 $\phi$75 mm±0.5 mm 的截顶圆锥体。每个试模应配备一个边长或直径约为 100 mm、厚度为 4～5 mm 的平板玻璃底板或金属底板。

(4)雷氏夹由铜质材料制成,如图 3-9 所示。当一根指针的根部先悬挂在一根金属丝或尼龙丝上,另一根指针的根部再挂上 300 g 质量砝码时,两根指针针尖的距离增加应在 17.5 mm±2.5 mm 范围内,即 $2x=17.5$ mm±2.5 mm,如图 3-10 所示;当去掉砝码后针尖的距离能恢复至挂砝码前的状态,如图 3-11 所示。

(5)水泥安定性试验沸煮箱,应符合《水泥安定性试验用沸煮箱》(JC/T 955—2005)的要求。

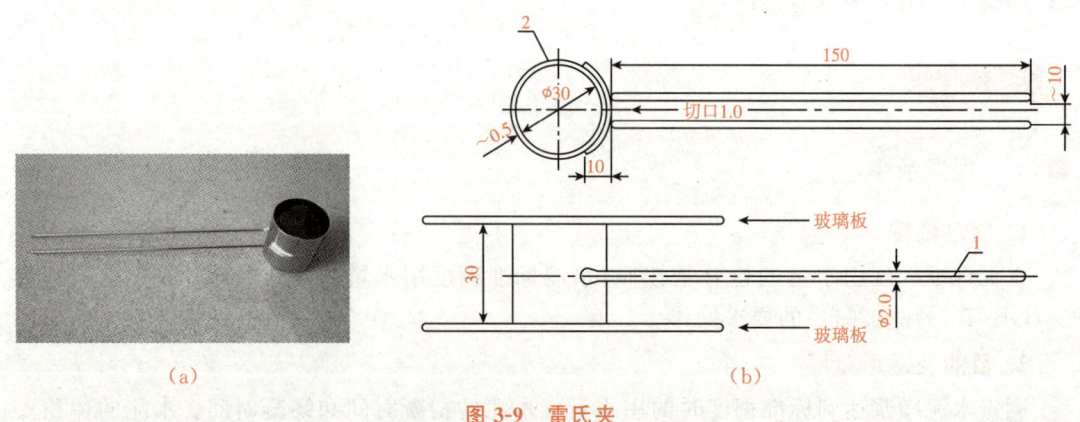

图 3-9 雷氏夹
(a)雷氏夹实物图;(b)雷氏夹尺寸图

(6)雷氏夹膨胀测定仪,如图3-10所示。标尺最小刻度为0.5 mm。
(7)量筒或滴定管,精度±0.5 mL。
(8)天平,最大称量不小于1 000 g,分度值不大于1 g。

图3-10 雷氏夹膨胀测定仪　　图3-11 去掉砝码后雷氏夹针尖的距离能恢复到10 mm

### 4. 试验要求

(1)试验用水应是洁净的饮用水,如有争议时应以蒸馏水为准。
(2)试验室温度为20 ℃±2 ℃,相对湿度应不低于50%;水泥试样、拌和水、仪器和用具的温度应与实验室一致。
(3)湿气养护箱的温度为20 ℃±1 ℃,相对湿度应不低于90%。

## 二、操作过程

水泥标准稠度用水量、凝结时间、体积安定性检测见表3-6。

表3-6 水泥标准稠度用水量、凝结时间、体积安定性检测

| 序号 | 步骤 | 操作方法及说明 | 质量标准 |
| --- | --- | --- | --- |
| 1 | 试验准备 | (1)维卡仪的滑动杆能自由滑动。试模和玻璃底板用湿布擦拭,将试模放在底板上。<br>(2)调整至试杆接触玻璃板时指针对准零点。<br>(3)搅拌机运行正常 | 能正确将试验仪器调试好 |
| 2 | 水泥净浆拌制 | (1)准备好水泥净浆搅拌机,搅拌锅和搅拌叶片先用湿布擦过。<br>(2)拌和水倒入搅拌锅内,然后在5～10 s内小心将称好的500 g水泥加入水中,防止水和水泥溅出。<br>(3)将锅放在搅拌机的锅座上,升至搅拌位置,启动搅拌机,低速搅拌120 s,停15 s,同时将叶片和锅壁上的水泥浆刮入锅中间。<br>(4)继续高速搅拌120 s停机 | 能正确拌制水泥净浆 |

续表

| 序号 | 步骤 | 操作方法及说明 | 质量标准 |
|---|---|---|---|
| 3 | 标准稠度用水量的测定 | (1)拌和结束后，取适量水泥净浆一次性将其装入已置于玻璃底板上的试模中，如图1所示。<br><br>图1　将水泥净浆装入试模<br><br>(2)用宽约25 mm的直边刀轻轻拍打超出试模部分的浆体5次以排除浆体中的空隙，然后在试模表面约1/3处，略倾斜于试模分别向外轻轻锯掉多余净浆，再从试模边沿轻抹顶部一次，使净浆表面光滑，如图2所示。在去除多余净浆和抹平的操作过程中，注意不要压实净浆。<br>(3)抹平后迅速将试模和底板移到维卡仪上，并将其中心定在试杆上，降低试杆直至与水泥净浆表面接触，如图3所示。<br><br>图2　从试模边沿轻抹顶部一次　　图3　试模和底板移到维卡仪<br><br>(4)拧紧螺线1～2 s后，突然放松，使试杆垂直自由地沉入水泥净浆中，如图4所示。<br>(5)在试杆停止沉入或释放试杆30 s时记录试杆距底板之间的距离(图5)，升起试杆后，立即擦净。<br><br>图4　试杆沉入水泥净浆　　图5　记录试杆距底板距离<br><br>(6)整个操作应在搅拌后1.5 min内完成。以试杆沉入净浆并距底板6 mm±1 mm的水泥净浆为标准稠度净浆。其拌和水量为该水泥的标准稠度用水量($P$)，按水泥质量的百分比计 | (1)能正确装模。<br>(2)能正确使用维卡仪。<br>(3)能正确记录试验数据 |

续表

| 序号 | 步骤 | 操作方法及说明 | 质量标准 |
|---|---|---|---|
| 4 | 水泥初凝时间测定 | (1)以标准稠度用水量按上述净浆拌制方法制成标准稠度净浆,同时记录水泥全部加入水中的时间作为凝结时间的起始时间。<br>(2)按标准稠度用水量的操作步骤装模和刮平后,立即放入湿气养护箱中。<br>(3)调整凝结时间测定仪的试针接触玻璃板时指针对准零点。<br>(4)试件在湿气养护箱中养护30 min时进行第一次测定。测定时,从湿气养护箱中取出试模放到试针下,降低试针与水泥净浆表面接触。拧紧螺丝1~2 s后突然放松,试针垂直自由地沉入水泥净浆。观察试针停止下沉或释放试针30 s时指针的读数。<br>(5)临近初凝时间时每隔5 min(或更短时间)测定一次,当试针沉至距底板4 mm±1 mm时,为水泥达到初凝状态(图6、图7)。<br><br>图6 初凝针与净浆表面接触　图7 初凝测定以后的针孔<br>(6)由水泥全部加入水中至初凝状态的时间为水泥的初凝时间,用min表示 | (1)能正确制备测试用水泥净浆。<br>(2)能按要求对试验净浆进行养护。<br>(3)能对初凝结时间进行测定 |
| 5 | 水泥终凝时间测定 | (1)在完成初凝时间测定后,立即将试模连同浆体以平移的方式从玻璃板取下,翻转180°,直径大端向上、小端向下放在玻璃板上,再放入湿气养护箱中继续养护。<br>(2)临近终凝时间时每隔15 min(或更短时间)测定一次,当试针沉入试体0.5 mm时,即环形附件开始不能在试体上留下痕迹时,为水泥达到终凝状态,由水泥全部加入水中至终凝状态的时间为水泥的终凝时间,用"min"表示(图8、图9)<br><br>图8 终凝针与净浆表面接触　图9 终凝测定以后的针孔 | (1)能正确计算水泥试样筛余百分数。<br>(2)能根据实际情况对结果进行修正 |

续表

| 序号 | 步骤 | 操作方法及说明 | 质量标准 |
|---|---|---|---|
| 6 | 水泥体积安定性测定 | （1）试验前准备工作。每个试样需成型两个试件，每个雷氏夹需配备两个边长或直径约80 mm、厚度为4～5 mm的玻璃板，凡与水泥净浆接触的玻璃板和雷氏夹内表面都要稍稍涂上一层油。<br>（2）将预先准备好的雷氏夹放在已稍擦油的玻璃板上，立即将已制好的标准稠度水泥净浆一次性装满雷氏夹，装浆时一只手轻轻扶持雷氏夹，另一只手用宽度约25 mm的直边刀在浆体表面轻轻插捣3次，然后抹平，盖上稍擦油的玻璃板，接着立即将试件移至湿气养护箱内养护24 h±2 h(图10)。<br>图10 雷氏夹试件的成型<br>（3）调整好煮沸箱内水位，使能保证在整个沸煮过程中都能超过试件，不需中途添补试验用水，同时又能保证在30 min±5 min内升至沸腾。<br>（4）脱去玻璃板取下试件，先测量雷氏夹指针尖端间的距离($A$)，精确到0.5 mm，接着将试件放入沸煮箱中的试件架上，指针朝上，然后在30 min±5 min内加热至沸并恒沸180 min±5 min。<br>（5）沸煮结束后，立即放掉箱中的热水，打开箱盖，待箱体冷却至室温，取出试件进行判别。测定雷氏夹指针尖端的距离($C$)，精确到0.5 mm | （1）能正确制备试件。<br>（2）能按要求对试件进行养护。<br>（3）能正确测定距离 |

■ 三、检测结果

当两个试件煮后指针尖端增加的距离($C-A$)的平均值不大于5.0 mm时，即认为该水泥安定性合格。当两个试件煮后增加距离($C-A$)的平均值差大于5.0 mm时，应用同一样品立即重做一次试验，以复检结果为准。

■ 四、学习结果评价

| 序号 | 评价内容 | 评价标准 | 评价结果 |
|---|---|---|---|
| 1 | 水泥标准稠度用水量的检测 | 能正确操作试验步骤 | 是/否 |
| | | 能确定试验所用水泥的标准稠度用水量 | 是/否 |
| 2 | 水泥凝结时间的检测 | 能正确操作试验步骤 | 是/否 |
| | | 能测定水泥的初凝时间和终凝时间 | 是/否 |
| 3 | 水泥体积安定性的检测 | 能正确操作试验步骤 | 是/否 |
| | | 能判定水泥体积安定性是否满足要求 | 是/否 |

# 任务四　水泥胶砂强度的检测

## 学习目标

(1)掌握水泥胶砂强度的试验步骤。
(2)掌握水泥强度的计算。

## 核心概念

**强度：**《水泥胶砂强度检验方法(ISO 法)》(GB/T 17671—2021)规定，以水泥、标准砂及水按规定比例拌制成塑性水泥胶砂，并按规定方法制成 40 mm×40 mm×160 mm 的标准试件，在标准养护条件下(温度 20 ℃±1 ℃，相对湿度不低于 90%)的水中养护，测定其规定龄期的抗折强度及抗压强度，即水泥的强度等级。

## 基本知识

按《通用硅酸盐水泥》(GB 175—2007)的规定，根据 3 d 和 28 d 的抗折强度及抗压强度将通用硅酸盐水泥分为 42.5、42.5R、52.5、52.5R、62.5、62.5R 六个强度等级，各类型水泥的强度等级不得低于表 3-7 所示数值。

表 3-7　通用硅酸盐水泥不同龄期的强度要求　　　　　　　　　　MPa

| 品种 | 强度等级 | 抗压强度 3 d | 抗压强度 28 d | 抗折强度 3 d | 抗折强度 28 d |
| --- | --- | --- | --- | --- | --- |
| 硅酸盐水泥 | 42.5 | ≥17.0 | ≥42.5 | ≥3.5 | ≥6.5 |
| | 42.5R | ≥22.0 | | ≥4.0 | |
| | 52.5 | ≥23.0 | ≥52.5 | ≥4.0 | ≥7.0 |
| | 52.5R | ≥27.0 | | ≥5.0 | |
| | 62.5 | ≥28.0 | ≥62.5 | ≥5.0 | ≥8.0 |
| | 62.5R | ≥32.0 | | ≥5.5 | |
| 普通硅酸盐水泥 | 42.5 | ≥17.0 | ≥42.5 | ≥3.5 | ≥6.5 |
| | 42.5R | ≥22.0 | | ≥4.0 | |
| | 52.5 | ≥23.0 | ≥52.5 | ≥4.0 | ≥7.0 |
| | 52.5R | ≥27.0 | | ≥5.0 | |
| 矿渣硅酸盐水泥 火山灰质硅酸盐水泥 粉煤灰硅酸盐水泥 复合硅酸盐水泥 | 32.5 | ≥10.0 | ≥32.5 | ≥2.5 | ≥5.5 |
| | 32.5R | ≥15.0 | | ≥3.5 | |
| | 42.5 | ≥15.0 | ≥42.5 | ≥3.5 | ≥6.5 |
| | 42.5R | ≥19.0 | | ≥4.0 | |
| | 52.5 | ≥21.0 | ≥52.5 | ≥4.0 | ≥7.0 |
| | 52.5R | ≥23.0 | | ≥4.5 | |

注：表中 R 为早强型。

水泥的强度主要取决于熟料的矿物组成和细度,熟料中四种主要矿物的强度各不相同,它们的相对含量改变时,水泥强度及增长速度也随之变化,硅酸三钙含量多,粉磨较细的水泥,强度增长较快,最终强度也较高。另外,水胶比、试件制作方法、养护条件和养护时间也有一定影响。

## 能力训练

### 一、操作条件

#### 1. 检测依据

水泥胶砂的强度检测是按照《水泥胶砂强度检验方法(ISO法)》(GB/T 17671—2021)的要求操作。

#### 2. 目的及适用范围

本方法适用于硅酸盐水泥、石灰石硅酸盐水泥胶砂抗折与抗压强度的检验,其他水泥和材料可参考使用。本试验方法可能对一些品种水泥胶砂强度检验不适用,如初凝时间很短的水泥。

#### 3. 仪器设备

(1)胶砂搅拌机属行星式,应符合《行星式水泥胶砂搅拌机》(JC/T 681—2022)的规定,如图3-12所示。叶片与锅之间的间隙,是指叶片与锅壁最近的距离,应每月检查一次。

(2)振实台,如图3-13所示,应符合《水泥胶砂试体成型振实台》(JC/T 682—2022)的规定。振实台应安装在高度约400 mm的混凝土基座上。混凝土体积约为0.25 m³时,质量约为600 kg。需防外部振动影响振实效果时,可在整个混凝土基座下放置一层厚度约为5 mm天然橡胶弹性衬垫。将仪器用地脚螺栓固定在基座上,安装后设备成水平状态,仪器底座与基座之间要铺设一层砂浆以保证它们的完全接触。

图3-12 胶砂搅拌机　　　　图3-13 水泥胶砂振实台

(3)试模制造质量应符合《水泥砂浆试模》(JC/T 726—2005)的规定。试模由3个水平的模槽组成,如图3-14(a)所示,可同时成型三条截面为40 mm×40 mm×160 mm的棱形试件。

在组装试模时,应用黄干油等密封材料涂覆模型的外接缝。试模的内表面应涂上一薄层模型油或机油,如图3-14(b)、(c)所示。

(a)　　　　　　　　　　　　　(b)　　　　　　　　　　　　　(c)

**图 3-14　试模准备工作**
(a)成型前将试模擦净；(b)四周模板及底座涂刷黄油；(c)内壁涂刷机油

成型操作时，应在试模上面加有一个壁高 20 mm 的金属模套，当从上往下看时，模套壁与模型内壁应该重叠，超出内壁不应大于 1 mm。

为了控制料层厚度和刮平胶砂，应备有图 3-15 所示的两个播料器和一金属刮平直尺。

(4)抗折试验机应符合《水泥胶砂电动抗折试验机》(JC/T 724—2005)的要求，如图 3-16 所示。

(5)抗压试验机的最大荷载以 200~300 kN 为宜。抗压试验机，在较大的 4/5 量程范围内使用时，记录的荷载应有±1.0%的精度，并具有按 2 400 N/s±200 N/s 速率的加荷能力，应具有一个能指示试件破坏时荷载的指示器。

压力机的活塞竖向轴应与压力机的竖向轴重合，在加荷时也不例外，而且活塞作用的合力要通过试件中心。压力机的下压板表面应与该机的轴线垂直并在加荷过程中一直保持不变。

当需要使用抗压夹具时，应把它放在压力机的上下压板之间并与压力机处于同一轴线，以便将压力机的荷载传递至胶砂试件表面。抗压夹具由硬质钢材制成，应符合《40 mm×40 mm 水泥抗压夹具》(JC/T 683—2005)的要求，受压面积为 40 mm×40 mm，并应符合《40 mm×40 mm 水泥抗压夹具》(JC/T 683—2005)的规定，如图 3-17 所示。

**图 3-15　大小播料器** 　　　　　**图 3-16　抗折、抗压试验机** 　　　　　**图 3-17　抗压夹具**

(6)天平：感量为 1 g。

### 4. 样品要求

(1)试验水泥从取样到试验要保持 24 h 以上时，应将其储存在基本装满和气密的容器中，这个容器不能与水泥反应。

(2)ISO 标准砂。各国生产的 ISO 标准砂都可以用来按本方法测定水泥强度。我国标准砂应符合国际标准 ISO 697 的要求，其质量控制按《水泥胶砂强度检验方法（ISO 法）》（GB/T 14684—2022）进行。

(3)试验用水为饮用水。仲裁试验时用蒸馏水。

## 二、操作过程

水泥胶砂强度检测的试验步骤见表 3-8。

表 3-8　水泥胶砂强度检测的试验步骤

| 序号 | 步骤 | 操作方法及说明 | 质量标准 |
|---|---|---|---|
| 1 | 试验准备 | (1)配合比。胶砂的质量配合比应为 1 份水泥 3 份标准砂和半份水（水胶比为 0.5）。一锅胶砂成型 3 条试体，每锅材料需要量为水泥 450 g±2 g；标准砂 1 350 g±5 g；水 225 g±1 g。<br>(2)配料。水泥试样、ISO 标准砂、拌和水和试验用具的温度应与试验室相同，称量用的天平精度应为±1 g。当用自动滴管加 225 mL 水时，滴管精度应达到±1 mL | 能按要求准备好试验材料 |
| 2 | 胶砂制备 | (1)搅拌。将水加入锅中，再加入水泥，把锅放在固定架上并上升至固定位置（图 1）。<br>(2)立即开动机器，低速搅拌 30 s 后（图 2）。<br>(3)在第二个 30 s 开始的同时均匀将砂子加入（图 3）。当砂是分级装时，应从最粗粒级开始，依次加入，再高速搅拌 30 s（图 4）。<br><br>图 1　锅放在固定位置　　图 2　低速搅拌 30 s<br><br>图 3　第二个 30 s 开始加入砂子　　图 4　高速搅拌 30 s<br><br>(4)停拌 90 s，在停拌中的第一个 15 s 内用胶皮刮具将叶片和锅壁上的胶砂刮入锅中。在高速下继续搅拌 60 s。各个阶段时间误差应在±1 s 内 | (1)能正确使用仪器设备。<br>(2)能正确制备胶砂 |

续表

| 序号 | 步骤 | 操作方法及说明 | 质量标准 |
|---|---|---|---|
| 3 | 试件制备 | (1)将空试模和模套固定在振实台上(图5)。<br>(2)用适当的勺子直接从搅拌锅中将胶砂分两层装入试模。装第一层时，每个槽里约放 300 g 砂浆，用大播料器垂直架在模套顶部，沿每个模槽来回一次将料层播平，接着振实60次(图6、图7)。<br><br>图5 空试模和模套固定在振实台　　图6 来回一次将料层播平<br><br>图7 振实60次<br><br>(3)再装入第二层胶砂，用小播料器播平，再振实60次(图8~图10)。<br><br>图8 装入第二层胶砂　　图9 小播料器播平<br><br>图10 再振实60次 | (1)能正确使用仪器设备。<br>(2)能正确制备试块 |

续表

| 序号 | 步骤 | 操作方法及说明 | 质量标准 |
|---|---|---|---|
| 3 | 试件制备 | (4)移走模套,从振实台上取下试模,用一金属直尺以近似90°的角度架在试模模顶的一端,沿试模长度方向以横向锯割动作慢慢向另一端移动,一次将超过试模部分的胶砂刮去,并用同一直尺以近乎水平的情况下将试体表面抹平(图11)。 <br><br>图11 用刮尺以90°的角度刮去多余胶砂<br><br>(5)在试模上做标记或加字条标明试件的编号和试件相对于振实台的位置(图12) 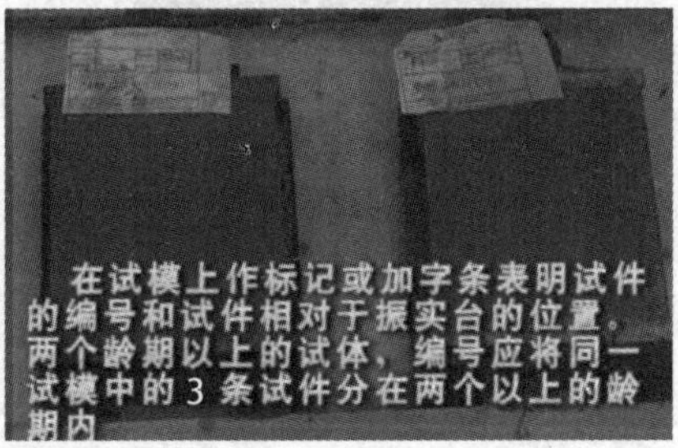<br><br>图12 在试模上做标记 | (1)能正确使用仪器设备。<br>(2)能正确制备试块 |
| 4 | 试件养护 | (1)脱模前的处理和养护。将作好标记的试模放入雾室或湿箱的水平架子上养护,湿空气应能与试模各边接触。养护时不应将试模放在其他试模上。一直养护到规定的脱模时间时取出脱模,如图13所示。<br>(2)脱模。脱模应非常小心(可用塑料锤或橡皮锤等)。对于24 h龄期的,应在成型试验前20 min内脱模;对于24 h以上龄期的,应在成型后20~24 h脱模(图14)。  <br><br>图13 将试模放入养护箱养护　　图14 试块脱模<br>注:如经24 h养护,会因脱模对强度造成损害时,可以延迟到24 h以后脱模,但在试验报告中应予说明。已确定作为24 h龄期试验(或其他不下水直接做试验)的已脱模试体,应用湿布覆盖至做试时为止。 | (1)能正确脱模。<br>(2)能正确养护 |

续表

| 序号 | 步骤 | 操作方法及说明 | 质量标准 |
|---|---|---|---|
| 4 | 试件养护 | (3)水中养护。将做好标记的试件立即水平或竖直放在 20 ℃±1 ℃水中养护，水平放置时刮平面应朝上(图15)。<br>试件放在不易腐烂的篦子上，并彼此间保持一定间距，以使水与试件的六个面接触。养护期间试件之间间隔或试体上表面的水深不得小于 5 mm。<br>每个养护池只养护同类型的水泥试件。<br>最初用自来水装满养护池(或容器)，随后随时加水保持适当的恒定水位，不允许在养护期间全部换水。<br>图15 放入水槽中养护<br>除 24 h 龄期或延迟至 48 h 脱模的试体外，任何到龄期的试件应在试验(破型)前 15 min 从水中取出。揩去试体表面沉积物，并用湿布覆盖至试验为止。<br>(4)试体龄期是从水泥加水搅拌开始试验时算起。不同龄期强度试验在下列时间里进行。<br>——24 h±15 min；<br>——48 h±30 min；<br>——72 h±45 min；<br>——7 d±2 h；<br>——≥28 d±8 h | (1)能正确脱模。<br>(2)能正确养护。 |
| 5 | 抗折强度试验 | (1)将试体一个侧面放在试验机支撑圆柱上，试体长轴垂直于支撑圆柱。<br>(2)通过加荷圆柱以 50 N/s±10 N/s 的速度均匀地将荷载垂直地加在棱柱体相对侧面上，直至折断。保持两个半截棱柱体处于潮湿状态直至抗压试验(图16)。<br>图16 恒应力抗折试验机加载试验 | (1)能正确使用试验设备。<br>(2)能正确记录试验数据 |
| 6 | 抗压强度试验 | (1)抗折试验后的断块应立即进行抗压试验，抗压试验在半截棱柱体的侧面上进行。<br>(2)试验前应清除试件受压面与加压板间的砂粒或杂物。<br>(3)半截棱柱体中心与压力机压板受压中心差应在±0.5 mm 内，棱柱体露在压板外的部分约有 10 mm(试件的底面靠紧夹具定位销)(图17)。<br>(4)在整个加荷过程中以 2 400 N/s±200 N/s 的速率均匀地加荷直至破坏(图18)。<br>图17 断块试件应对准抗压夹具中心　　图18 加压 | (1)能正确使用试验设备。<br>(2)能正确记录试验数据 |

· 63 ·

### 三、检测结果

(1)抗折强度按式(3-3)计算:

$$R_f = \frac{1.5F_f L}{b^3} \tag{3-3}$$

式中 $R_f$——抗折强度(MPa);
$F_f$——破坏荷载(N);
$L$——支撑圆柱中心距,为 100 mm;
$b$——棱柱体正方形截面的边长,为 40 mm。

抗折强度计算值精确至 0.1 MPa。

抗折强度结果取三个试件平均值,精确至 0.1 MPa。当三个强度值中有超出平均值 ±10%的,应剔除后再取平均值,以平均值作为抗折强度试验结果。

(2)抗压强度 $R_c$ 以 MPa 为单位,按式(3-4)计算:

$$R_c = \frac{F_c}{A} \tag{3-4}$$

式中 $R_c$——抗压强度(MPa);
$F_c$——破坏荷载(N);
$A$——受压面积,$40 \times 40 = 1\,600(mm^2)$。

抗压强度计算值精确至 0.1 MPa。

抗压强度结果为一组 6 个断块试件抗压强度的算术平均值,精确至 0.1 MPa。如果 6 个强度值中有一个值超过平均值±10%的,应剔除后以剩下 5 个值的算术平均值作为最后结果。如果 5 个值中再有超过平均值±10%的,则此组试件无效。

### 四、学习结果评价

| 序号 | 评价内容 | 评价标准 | 评价结果 |
|---|---|---|---|
| 1 | 水泥强度的检测 | 能正确操作试验步骤 | 是/否 |
|   |   | 能计算水泥抗折及抗压强度 | 是/否 |

## 任务五 水泥的选用、验收、运输与储存

**学习目标**

(1)掌握不同水泥的特性及使用范围。
(2)掌握水泥的验收、运输和储存的要求。

## 核心概念

(1)**矿渣硅酸盐水泥**：凡由硅酸盐水泥熟料和粒化高炉矿渣、适量石膏磨细制成的水硬性胶凝材料称为矿渣硅酸盐水泥(简称矿渣水泥)，代号P·S。

(2)**火山灰质硅酸盐水泥**：凡由硅酸盐水泥熟料和火山灰质混合材料、适量石膏磨细制成的水硬性胶凝材料称为火山灰质硅酸盐水泥(简称火山灰水泥)，代号P·P。

(3)**粉煤灰硅酸盐水泥**：凡由硅酸盐水泥熟料和粉煤灰、适量石膏磨细制成的水硬性胶凝材料称为粉煤灰硅酸盐水泥(简称粉煤灰水泥)，代号P·F。

(4)**复合硅酸盐水泥**：由硅酸盐水泥熟料、两种或两种以上规定的混合材料、适量石膏磨细制成的水硬性胶凝材料，称为复合硅酸盐水泥(简称复合水泥)，代号P·C。

## 基本知识

### 一、矿渣硅酸盐水泥

根据《通用硅酸盐水泥》(GB 175—2007)，矿渣硅酸盐水泥中粒化高炉矿渣掺加量按质量百分比计为20%～70%。允许用火山灰质混合材料(包括粉煤灰)、石灰石、窑灰来替代矿渣，但替代的数量不得超过水泥质量的8%。替代后水泥中的粒化高炉矿渣不得少于20%。

矿渣硅酸盐水泥加水后，其水化反应分两步进行。第一步是水泥熟料矿物与水作用，生成氢氧化钙、水化硅酸钙、水化铝酸钙等水化产物。这一过程与硅酸盐水泥水化时基本相同。第二步是生成的氢氧化钙与矿渣中的活性氧化硅和活性氧化铝进行二次反应，生成水化硅酸钙和水化铝酸钙。矿渣水泥中加入的石膏，一方面可调节水泥的凝结时间；另一方面又是激发矿渣活性的激发剂。因此，石膏的掺加量可比硅酸盐水泥稍多一些。矿渣硅酸盐水泥中的三氧化硫的含量不得超过4%。

矿渣硅酸盐水泥的密度一般在3.0～3.1，对于细度、凝结时间和体积安定性的技术要求与硅酸盐水泥相同。

与硅酸盐水泥相比，矿渣硅酸盐水泥具有如下特点。

(1)早期强度低，后期强度高。矿渣硅酸盐水泥的水化首先是熟料矿物水化，然后生成的氢氧化钙才与矿渣中的活性氧化硅和活性氧化铝发生反应。同时，由于矿渣硅酸盐水泥中含有粒化高炉矿渣，相应熟料含量较少，因此凝结稍慢，早期(3 d、7 d)强度较低。但在硬化后期，28 d以后的强度发展将超过硅酸盐水泥。一般矿渣掺入量越多，早期强度越低，但后期强度增长率越大。为了保证其强度不断增长，应长时间在潮湿环境下养护。

另外，矿渣硅酸盐水泥受温度影响的敏感性较硅酸盐水泥大。在低温下硬化很慢，显著降低早期强度；而采用蒸汽养护等湿热处理方法，则能加快硬化速度，并且不影响后期强度的发展。因此，矿渣硅酸盐水泥适用于采用蒸汽养护的预制构件，而不宜用于早期强度要求高的混凝土工程。

(2)具有较强的抗溶出性侵蚀及抗硫酸盐侵蚀的能力。由于水泥熟料中的氢氧化钙与矿渣中的活性氧化硅和活性氧化铝发生二次反应，使水泥中易受腐蚀的氢氧化钙大为减少。

同时，因掺入矿渣而使水泥中易受硫酸盐侵蚀的铝酸三钙含量也相对降低。因而，矿渣水泥抗溶出性侵蚀能力及抗硫酸盐侵蚀能力较强。矿渣水泥可用于受溶出性侵蚀，以及受硫酸盐侵蚀的水工及海工混凝土。

（3）水化热低。矿渣水泥中硅酸三钙和铝酸三钙的含量相对减少，水化速度较慢，故水化热也相应较低。此种水泥适用于大体积混凝土工程。

## 二、火山灰质硅酸盐水泥

火山灰质硅酸盐水泥各龄期的强度要求与矿渣水泥相同。细度、凝结时间及体积安定性的要求与硅酸盐水泥相同。火山灰质硅酸盐水泥标准稠度需水量较大。火山灰质硅酸盐水泥加水后，其水化反应和矿渣水泥一样，也是分两步进行的。火山灰质硅酸盐水泥和矿渣水泥在性能方面有许多共同点，如早期强度较低，后期强度增长率较大，水化热低，耐蚀性较强，抗冻性差等。

火山灰质硅酸盐水泥常因所掺混合材料的品种、质量及硬化环境的不同而有其本身的特点。

（1）抗渗性及耐水性高。火山灰质硅酸盐水泥颗粒较细，泌水性小，当处在潮湿环境中或在水中养护时，火山灰质混合材料和氢氧化钙作用，生成较多的水化硅酸钙胶体，使水泥石结构致密，因而具有较高的抗渗性和耐水性。

（2）在干燥环境中易产生裂缝。火山灰质硅酸盐水泥在硬化过程中干缩现象较矿渣水泥更显著。当处在干燥空气中时，形成的水化硅酸钙胶体会逐渐干燥，产生干缩裂缝。在水泥石的表面上，由于空气中的二氧化碳能使水化硅酸钙凝胶分解成碳酸钙和氧化硅的粉状混合物，使已经硬化的水泥石表面产生"起粉"现象。因此，在施工时，应特别注意加强养护，需要较长时间保持潮湿状态，以免产生干缩裂缝和起粉。

（3）耐蚀性较强。火山灰质硅酸盐水泥耐蚀性较强的原理与矿渣硅酸盐水泥相同。但如果混合材料中活性氧化铝含量较高时，在硬化过程中，氢氧化钙与氧化铝相互作用生成水化铝酸钙，在此种情况下则不能很好地抵抗硫酸盐侵蚀。

火山灰质硅酸盐水泥除适用于蒸汽养护的混凝土构件、大体积工程、抗软水和硫酸盐侵蚀的工程外，特别适用于有抗渗要求的混凝土结构。其不宜用于干燥地区及高温车间，以及有抗冻要求的工程。由于火山灰质硅酸盐水泥中所掺的混合材料种类很多，所以必须区别出不同混合材料所产生的不同性能，使用时加以具体分析。

## 三、粉煤灰硅酸盐水泥

根据《通用硅酸盐水泥》（GB 175—2007），水泥中粉煤灰掺加量按质量百分比计为20%～40%。

粉煤灰硅酸盐水泥各龄期的强度要求与矿渣硅酸盐水泥和火山灰质硅酸盐水泥相同。细度、凝结时间、体积安定性的要求与硅酸盐水泥相同。

粉煤灰本身就是一种火山灰质混合材料，因此，实质上粉煤灰硅酸盐水泥就是一种火山灰水泥。粉煤灰硅酸盐水泥凝结硬化过程及性质与火山灰质硅酸盐水泥极为相似，但由于粉煤灰的化学组成和矿物结构与其他火山灰质混合材料有所差异，因而构成了粉煤灰硅酸盐水泥的特点。

(1)早期强度低。粉煤灰呈球形颗粒，表面致密，内比表面积小，不易水化。粉煤灰活性的发挥主要在后期，所以，这种水泥早期强度发展速率比矿渣硅酸盐水泥和火山灰质硅酸盐水泥更低，但后期可明显地超过硅酸盐水泥。

(2)干缩小，抗裂性高。由于粉煤灰表面呈致密球形，吸水能力弱，与其他掺混合材料水泥比较，标准稠度需水量较小，干缩性也小，因而抗裂性较高。但球形颗粒的保水性差，泌水较快，若处理不当易引起混凝土产生失水裂缝。

由上述可知，粉煤灰硅酸盐水泥适用于大体积水工混凝土工程及地下和海港工程。对承受荷载较迟的工程更为有利。

## 四、复合硅酸盐水泥

根据《通用硅酸盐水泥》(GB 175—2007)，水泥中混合材料总掺加量按质量百分比应大于20%，不超过50%。复合硅酸盐水泥由于掺入了两种或两种以上的混合材料，多种材料互掺可弥补一种混合材料性能的不足，明显改善水泥的性能，使用范围更广。

复合硅酸盐水泥的性能一般受所用混合材料的种类、掺量及比例等因素影响，早期强度高于矿渣硅酸盐水泥、火山灰质硅酸盐水泥和粉煤灰硅酸盐水泥，大体上的性能与上述三种水泥相似，适用范围较广。

## 五、通用硅酸盐水泥的应用

通用硅酸盐水泥的主要特性和适用范围见表 3-9 和表 3-10。

表 3-9 通用硅酸盐水泥的主要技术性质

| 品种 | 硅酸盐水泥 | 普通硅酸盐水泥 | 矿渣硅酸盐水泥 | 火山灰质硅酸盐水泥 | 粉煤灰硅酸盐水泥 | 复合硅酸盐水泥 |
|---|---|---|---|---|---|---|
| 主要特性 | (1)凝结硬化快；<br>(2)早期强度高；<br>(3)水化热大；<br>(4)抗冻性好；<br>(5)干缩性好；<br>(6)耐蚀性差；<br>(7)耐热性好 | (1)凝结硬化较；<br>(2)早期强度较高；<br>(3)水化热较大；<br>(4)抗冻性较好；<br>(5)干缩性较小；<br>(6)耐蚀性较差；<br>(7)耐热性较差 | (1)凝结硬化慢；<br>(2)早期强度低，后期增长较快；<br>(3)水化热低；<br>(4)抗冻性差；<br>(5)干缩性大；<br>(6)耐蚀性较好；<br>(7)耐热性好；<br>(8)泌水性大 | (1)凝结硬化慢；<br>(2)早期强度低，后期增长较快；<br>(3)水化热较低；<br>(4)抗冻性差；<br>(5)干缩性大；<br>(6)耐蚀性较好；<br>(7)耐热性较好；<br>(8)抗渗性较好 | (1)凝结硬化慢；<br>(2)早期强度低，后期增长较快；<br>(3)水化热较低；<br>(4)抗冻性差；<br>(5)干缩行较小，抗裂性较好；<br>(6)耐蚀性较好；<br>(7)耐热性较好 | 与所掺混合材料的种类、掺量有关，其特性基本与矿渣硅酸盐水泥、火山灰质硅酸盐水泥、粉煤灰硅酸盐水泥的特性相似 |

表 3-10　通用硅酸盐水泥的选用

| | 混凝土工程特点或所处环境条件 | 优先选用 | 可以使用 | 不得使用 |
|---|---|---|---|---|
| 环境条件 | 在普通气候环境中的混凝土 | 普通硅酸盐水泥 | 矿渣硅酸盐水泥、火山灰质硅酸盐水泥、粉煤灰硅酸盐水泥 | |
| | 在干燥环境中的混凝土 | 普通硅酸盐水泥 | 矿渣硅酸盐水泥 | 火山灰质硅酸盐水泥、粉煤灰硅酸盐水泥 |
| | 在高湿度环境中或永远处在水下的混凝土 | 矿渣硅酸盐水泥 | 普通硅酸盐水泥、火山灰质硅酸盐水泥、粉煤灰硅酸盐水泥 | |
| | 严寒地区的露天混凝土、寒冷地区的处在水位升降范围内的混凝土 | 普通硅酸盐水泥 | 矿渣硅酸盐水泥 | 火山灰质硅酸盐水泥、粉煤灰硅酸盐水泥 |
| | 严寒地区处在水位升降范围内的混凝土 | 普通硅酸盐水泥 | | 火山灰质硅酸盐水泥、粉煤灰硅酸盐水泥 |
| | 厚大体积的混凝土 | 粉煤灰硅酸盐水泥、矿渣硅酸盐水泥 | 普通硅酸盐水泥、火山灰质硅酸盐水泥 | 硅酸盐水泥、快硬硅酸盐水泥 |
| 工程特点 | 要求快硬的混凝土 | 快硬硅酸盐水泥、硅酸盐水泥 | 普通硅酸盐水泥 | 矿渣硅酸盐水泥、火山灰质硅酸盐水泥、粉煤灰硅酸盐水泥 |
| | 高强(大于C60)的混凝土 | 硅酸盐水泥 | 普通硅酸盐水泥、矿渣硅酸盐水泥 | 火山灰质硅酸盐水泥、粉煤灰硅酸盐水泥 |
| | 有抗渗性要求的混凝土 | 普通硅酸盐水泥、火山灰质硅酸盐水泥 | | 矿渣硅酸盐水泥 |
| | 有耐磨性要求的混凝土 | 硅酸盐水泥、普通硅酸盐水泥 | 矿渣硅酸盐水泥 | 火山灰质硅酸盐水泥、粉煤灰硅酸盐水泥 |

注：1. 蒸汽养护时用的水泥品牌，宜根据具体条件通过试验确定。
　　2. 复合硅酸盐水泥选用应根据其混合划的比例确定。

## 六、特性水泥

在实际建筑施工过程中，往往遇到一些特殊要求的工程，如紧急抢修工程、具有鲜艳颜色的工程、耐热耐酸工程、新旧混凝土搭接工程等。下面介绍几种特性水泥，如铝酸盐水泥、快硬硅酸盐水泥、白色硅酸盐水泥、膨胀水泥等。

(1)铝酸盐水泥。铝酸盐水泥也称矾土水泥，是以铝矾土和石灰石为原料，经高温煅烧得到以铝酸钙为主要成分的熟料，经磨细而成的水硬性胶凝材料，代号为CA。这种水泥与上述的硅酸盐水泥不同，属于铝酸盐系列的水泥，它是一种快硬、早强、耐腐蚀、耐热的水泥。

根据《铝酸盐水泥》(GB/T 201—2015)规定，铝酸盐水泥按照 $Al_2O_3$ 含量百分数分为四类：CA50：$50\% \leqslant Al_2O_3 < 60\%$；CA60：$60\% \leqslant Al_2O_3 < 68\%$；CA70：$68\% \leqslant Al_2O_3 < 77\%$；CA80：$Al_2O_3 \geqslant 77\%$。高铝水泥的强度发展很快，以 1 d、3 d 抗压、抗折强度确定

其强度等级。

(2)快硬硅酸盐水泥。凡以适当成分的生料,烧至部分熔融,所得以硅酸钙为主要成分的硅酸盐水泥熟料,加入适量石膏,磨细制成具有早期强度增长率较高的,以 3d 抗压强度表示强度等级的水硬性胶凝材料,称为快硬硅酸盐水泥,简称快硬水泥。

快硬水泥有 32.5、37.5、42.5 三个强度等级,其强度指标值见表 3-11。快硬水泥硬化速度快,早期强度高,故适用于配制早强、高强度等级混凝土及紧急抢修工程,低温施工工程和高强度预应力钢筋混凝土或混凝土预制构件等。不宜用于大体积工程。其缺点是干缩变形大,容易吸湿降低强度,贮存期超过一个月,须重新检验。

表 3-11　快硬硅酸盐水泥强度指标值　　　　　　　　MPa

| 强度等级 | 抗压强度 | | | 抗折强度 | | |
| --- | --- | --- | --- | --- | --- | --- |
|  | 1 d | 3 d | 28 d | 1 d | 3 d | 28 d |
| 32.5 | 15.0 | 32.5 | 52.5 | 3.5 | 5.0 | 7.2 |
| 37.5 | 17.0 | 37.5 | 57.5 | 4.0 | 6.0 | 7.6 |
| 42.5 | 19.0 | 42.5 | 62.5 | 4.5 | 6.4 | 8.0 |

快硬水泥的水化热较高,是由于水泥细度高,水化活性大,硅酸三钙和铝酸三钙的含量较高之故。快硬水泥的早期干缩率较大。由于水泥石比较致密,不透水性和抗冻性往往优于硅酸盐水泥。由于快硬水泥凝结硬化快,早期强度增长率较快,故适用于紧急抢修工程、军事工程、冬期施工的工程及预应力钢筋混凝土构件。

(3)白色硅酸盐水泥。白色硅酸盐水泥是白色水泥中最主要的品种,是以氧化铁和其他有色金属氧化物含量低的石灰石、黏土、硅石为主要原料,经高温煅烧、淬冷成水泥熟料,加入适量石膏(也可加入少量白色石灰石代替部分熟料),在装有石质(或耐磨金属)衬板和研磨体的磨机内磨细而成的一种硅酸盐水泥,代号 P·W。

《白色硅酸盐水泥》(GB/T 2015—2017)将白色硅酸盐水泥分成 32.5、42.5、52.5 三个强度等级,各强度等级水泥不同龄期的强度要求不得低于表 3-12 规定的数值。

表 3-12　白色硅酸盐水泥各龄期的强度值　　　　　　　　MPa

| 强度等级 | 抗折强度 | | 抗压强度 | |
| --- | --- | --- | --- | --- |
|  | 3 d | 28 d | 3 d | 28 d |
| 32.5 | ≥3.0 | ≥6.0 | ≥12.0 | ≥32.5 |
| 42.5 | ≥3.5 | ≥6.5 | ≥17.0 | ≥42.5 |
| 52.5 | ≥4.0 | ≥7.0 | ≥22.0 | ≥52.5 |

(4)膨胀水泥。膨胀水泥是指在水化和硬化过程中产生体积膨胀的水泥,一般硅酸盐水泥在空气中硬化时,体积会发生收缩。收缩会使水泥石结构产生微裂缝,降低水泥石结构的密实性,影响结构的抗渗、抗冻、抗腐蚀等。膨胀水泥在硬化过程中体积不会发生收缩,还略有膨胀,可以解决由于收缩带来的不利后果。膨胀水泥用途广泛。

膨胀水泥混凝土抗渗强度等级大于 S30,又称自防水混凝土。用该水泥配制自防水混凝土,省工省料、缩短工期且耐久性好;新型膨胀水泥早期强度高,后期强度增长较大,长期强度稳定上升；膨胀水泥配制的混凝土因内部建立有膨胀自应力，与钢筋产生更强的握裹力；不含氯盐，对钢筋无锈蚀。膨胀混凝土是用膨胀水泥或膨胀剂配制的水泥混凝土。除具有补偿收缩和产生自应力功能外，还具有抗渗性强、早期快硬、后期强度高（或超过100 MPa）、耐硫酸盐性能好等特点。其适用于地下、防水、贮罐、路面、屋面、楼板、墙板、管道、接缝、锚固、大跨与高层建筑、水利工程、海水工程、冬期施工工程、抢修工程等。

### 七、水泥的包装、标志、储运

(1)包装：水泥可以袋装或散装，袋装水泥每袋净含量 50 kg，且不少于标志质量的99％，随机抽取 20 袋，总质量（含包装袋）不得少于 1 000 kg。其他包装形式由供需双方协商确定，但有关袋装质量要求必须符合上述原则。

(2)标志：水泥包装袋应清楚标明：执行标准、水泥品种、代号、强度等级、生产者名称、生产许可证标志(QS)及编号、出厂编号、包装日期、净含量。包装两侧应根据水泥品种采用不同的颜色印刷名称和强度等级，硅酸盐水泥和普通硅酸盐水泥采用红色、矿渣硅酸盐水泥采用绿色；火山灰质硅酸盐水泥、粉煤灰硅酸盐水泥和复合硅酸盐水泥采用黑色或蓝色。

散装发运时应提交与袋装标志相同内容的卡片。

(3)储运中注意：防潮；防混合：水泥不得和石灰、石膏、化肥等粉状物混存同一仓库内；储存分类；环境要求；时间限制。

(4)水泥在运输和储存时不得受潮混入杂质，储存期不能过长，通用水泥存储期不超过三个月，若超过三个月，水泥会受潮结块，强度大幅度降低，从而影响水泥的使用。受潮处理方法见表 3-13。过期水泥应按照规定进行取样复验，并按照复验结果使用，但不允许用于重要工程和工程的重要部位。

**表 3-13 水泥受潮处理方法**

| 受潮程度 | 处理方法 | 使用场合 |
| --- | --- | --- |
| 只有粉块，手捏可成粉 | 压碎粉块 | 通过试验，按实际强度使用 |
| 部分结成硬块 | 筛除硬块，压碎粉块 | 通过试验，按实际强度使用于非重要部位或用于砂浆 |
| 大部分结成硬块 | 粉碎磨细 | 不作为水泥，作为混料掺入砂浆（≤25％） |

### 项目小结

目前我国水泥品种虽然很多，但大量使用的是硅酸盐水泥、普通硅酸盐水泥、矿渣硅酸盐水泥、火山灰质硅酸盐水泥、粉煤灰硅酸盐水泥和复合硅酸盐水泥。

水泥加水拌和后，最初形成具有可塑性又有流动性的浆体，经过一定时间，水泥浆体逐渐变稠失去塑性，这一过程称为凝结。随时间继续增长产生强度，强度逐渐提高，并变成坚硬的石状物体——水泥石，这一过程称为硬化。水泥凝结与硬化是一个连续的复杂的物理化学变化过程，这些变化决定了水泥一系列的技术性能。

评定水泥性能的主要技术指标有水泥的细度、水泥标准稠度用水量、水泥体积安定性、水泥凝结时间、水泥胶砂强度等。这些技术指标的检测和评定是要求掌握的内容。

在普通硅酸盐水泥中加入不同的掺合料就产生了矿渣硅酸盐水泥、火山灰质硅酸盐水泥、粉煤灰硅酸盐水泥等，以及为了满足特殊情况所使用的特性水泥。不同品种的水泥具有不同的特性，满足不同的使用要求，这也是需要掌握的内容。

水泥一旦受潮以后，其性能就会发生变化，因此，对水泥的包装、运输、储存都有要求。

## 课后习题

1. 水泥是怎样分类的？通用水泥主要包括哪些品种？
2. 硅酸盐水泥的主要矿物成分是什么？这些矿物的特性如何？硅酸盐水泥的水化产物有哪些？
3. 国家标准对普通硅酸盐水泥的细度、体积安定性是如何规定的？
4. 什么是水泥的凝结时间？国家标准对水泥凝结时间的规定有哪些？
5. 现有甲、乙两个品种的硅酸盐水泥熟料，其矿物成分见表3-14。若用它们分别制成硅酸盐水泥，是估计其强度发展情况，说明汽水化放热的差异，阐述其理由。

表3-14 甲、乙两个品种的硅酸盐水泥熟料矿物成分

| 品种及其主要矿物成分 | 熟料矿物组成/% | | | |
|---|---|---|---|---|
| | $C_3S$ | $C_2S$ | $C_3A$ | $C_4AF$ |
| 甲 | 56 | 20 | 11 | 13 |
| 乙 | 44 | 31 | 7 | 18 |

6. 与普通硅酸盐水泥相比，掺有大量混合材料的硅酸盐水泥有哪些共同技术特点？
7. 为什么矿渣硅酸盐水泥、火山灰质硅酸盐水泥、粉煤灰硅酸盐水泥不宜用于早期强度较高或较低温度环境中的施工的工程？
8. 有下列混凝土构件和工程，试分别选用合适的水泥品种，并说明选用的理由：现浇混凝土楼板、梁、柱；采用蒸汽养护的混凝土预制构件；紧急抢修的工程或紧急军事工程；大体积混凝土坝和大型设备基础；有硫酸盐腐蚀的地下工程；高炉基础；海港码头工程；道路工程。
9. 称取25 g某普通水泥做细度试验，称得筛余量为2.0 g。问该水泥的细度是否达到标准要求？
10. 某普通水泥，贮藏期超过3个月。已测得期3 d强度达到强度等级为42.5级的要求。现又测得其28 d抗折、抗压破坏荷载见表3-15。请问该水泥是否能按原强度等级使用？

表3-15 某普通水泥28 d抗折、抗压破坏荷载

| 技术要求 \ 试件编号 | 1 | | 2 | | 3 | |
|---|---|---|---|---|---|---|
| 抗折破坏荷载/kN | 2.9 | | 2.7 | | 2.8 | |
| 抗压破坏荷载/kN | 75.0 | 74.0 | 74.0 | 63.0 | 76.0 | 78.0 |

# 项目四　砂浆

　　建筑砂浆是由水泥基胶凝材料、细骨料、水以及根据性能确定的其他组分按适当比例配合、拌制并经硬化而成的工程材料，可分为施工现场拌制的砂浆和由专业工厂生产的预拌砂浆。建筑砂浆常用于砌筑砌体(如砖、砌块、石)结构，建筑物内外表面(如墙面、地面、顶棚)的抹面，大型墙板和砖石墙的勾缝，以及装饰材料的贴面等。根据用途不同可分为砌筑砂浆、抹灰砂浆和特种砂浆；根据胶凝材料不同可分为水泥砂浆、石灰砂浆、混合砂浆。

课件：砂浆

　　不同用途的砂浆如砌筑砂浆、抹灰砂浆、地面砂浆、砌块专用砂浆等，对材料的抗收缩、抗龟裂、保温、防潮等特殊性能的要求不同，且施工要求的施工性能也不同。这些特性需要按照科学的配方和严格配制才能实现，施工现场很难备齐要求的所有原料，现场的施工设备也无法保证满足质量要求。发展预拌砂浆不仅是水泥工业调整产品结构的需要，也是保证建设工程质量的需要，更是落实节能减排、利废为宝，实现循环经济，以及实现碳达峰碳中和战略的重要举措。生产预拌砂浆可以用一定量的粉煤灰代替水泥作为胶凝材料，用建筑垃圾、尾矿石、矿渣等通过破碎加工成机制砂，经分级作为骨料代替天然砂，这样既减轻开采天然砂对环境造成的影响，又保护了自然资源。预拌砂浆生产使用大量粉煤灰、建筑垃圾、尾矿砂、矿渣等废弃物，从根本上解决了废弃物不乱堆放，真正做到了变废为宝，是循环经济发展的需要。

　　本项目包含砂浆稠度的检测、保水性检测、强度检测等内容，学生在动手实践过程中要严格按工程相关标准和规范规定的步骤进行操作，做到细致认真、沉稳耐心，对于检测数据的记录及计算务必保证准确、真实、有效，追求求真务实、勇于求索的工作作风。

## 任务一　熟悉砌筑砂浆的主要技术性质

### 学习目标

(1)熟悉砌筑砂浆的概念、组成。
(2)掌握砌筑砂浆的技术性质。

### 核心概念

(1)**和易性**：砂浆是否容易在砖石等表面上铺成均匀、连续的薄层，且与基层紧密黏结的性质。它包括粘聚性、流动性和保水性。

(2)**粘聚性**：是指新拌混凝土的组成材料之间有一定的粘聚力，在施工过程中不致发生分层和离析现象的性能。

(3)**流动性（又称稠度）**：表示砂浆在自重或外力作用下产生流动的性质。

(4)**保水性**：新拌砂浆保持内部水分不泌出流失的能力。

(5)**砂浆强度**：用强度等级来表示，根据《建筑砂浆基本性能试验方法标准》(JGJ/T 70—2009)的立方体抗压强度试验测得。

## 基本知识

砌筑砂浆是将砖、石、砌块等块材经砌筑成为砌体，起黏结、衬垫和传力作用的砂浆。

### 一、砌筑砂浆的组成材料

#### 1. 胶凝材料

水泥是砌筑砂浆常用的胶凝材料。通常采用通用硅酸盐水泥或砌筑水泥，且应符合现行《通用硅酸盐水泥》(GB 175—2007)和《砌筑水泥》(GB/T 3183—2017)的规定。水泥强度等级应根据砂浆品种及强度要求进行选择。M15 及以下强度等级的砌筑砂浆宜选用 32.5 级通用硅酸盐水泥或砌筑水泥；M15 以上强度等级的砌筑砂浆宜选用 42.5 级通用硅酸盐水泥。

#### 2. 细骨料

砌筑砂浆用砂宜选用中砂，并应符合《建设用砂》(GB/T 14684—2022)的规定，且应全部通过 4.75 mm 的筛孔。砂中草根等杂物，含泥量、泥块含量、石粉含量过大，不但会降低砌筑砂浆的强度和均匀性，还会使砂浆的收缩值增大、耐久性降低，影响砌筑质量，需要特别关注，水泥砂浆和强度等级不小于 M5 的水泥混合砂浆，含泥量不应超过 5%，强度等级小于 M5 的水泥混合砂浆，不应超过 10%。目前，人工砂的使用越来越广泛，其中石粉含量增大会增加砂浆收缩，使用时应符合《建设用砂》(GB/T 14684—2022)的规定。

#### 3. 水

拌制砂浆用水与混凝土拌合用水要求相同，应满足《混凝土用水标准》(JGJ 63—2006)规定的质量要求。

#### 4. 掺合料与外加剂

为了提高砌筑质量，改善砂浆和易性，调节砂浆的强度，降低成本，配制砂浆时，常掺入适量石灰膏、粉煤灰、粒化高炉矿渣粉等物质作为掺合料。

为了改善砂浆的和易性、硬化后砂浆的性能及节省水泥，可在砂浆中掺入塑化剂、防冻剂、缓凝剂、早强剂等外加剂。外加剂应符合国家现行有关标准。

### 二、砌筑砂浆的主要技术性质

#### 1. 砂浆拌合物的表观密度

砂浆拌合物硬化后，在荷载作用下，会因温度、湿度变化而变形。若变形过大或变形不均匀，砌体会产生沉陷或裂缝，影响砌体质量。因此，砂浆拌合物必须具有一定的表观密度，以保证硬化后的密实度，减少变形影响，满足砌体力学性能的要求。砌筑砂浆拌合物的表观密度宜符合表 4-1 的规定。

表 4-1　砌筑砂浆拌合物表观密度　　　　　　　　　　　　　　　　　kg/m³

| 砂浆种类 | 表观密度 |
| --- | --- |
| 水泥砂浆 | ≥1 900 |
| 水泥混合砂浆 | ≥1 800 |
| 预拌砌筑砂浆 | ≥1 800 |

**2. 和易性**

砂浆的和易性是指砂浆是否容易在砖石等表面上铺成均匀、连续的薄层，且与基层紧密粘结的性质。它包括流动性和保水性两个方面。

(1)流动性。流动性又称稠度，表示砂浆在自重或外力作用下产生流动的性质。用砂浆稠度测定仪测定，以沉入度(mm)表示。沉入度越大，表明砂浆流动性越大。但流动性过大，其硬化后强度会降低；流动性过小又不利于施工操作。影响砂浆稠度的因素主要有胶凝材料种类及用量、用水量、砂子粗细和粒形、级配、搅拌时间等。

(2)保水性。保水性是指新拌砂浆保持内部水分不泌出流失的能力。保水性不好的砂浆在运输、停放和施工中容易产生离析与泌水现象；当铺抹于基底后，水分易被基面很快吸走，从而使砂浆干涩，不便施工，并影响胶凝材料正常水化硬化，使强度与粘结力下降。为提高砂浆的保水性，往往掺入适量石灰膏和保水增稠材料。

**3. 硬化砂浆的强度**

《砌筑砂浆配合比设计规程》(JGJ/T 98—2010)规定，水泥砂浆及预拌砌筑砂浆分为 M5、M7.5、M10、M15、M20、M25、M30 七个强度等级；水泥混合砂浆可分为 M5、M7.5、M10、M15 四个强度等级。

《建筑砂浆基本性能试验方法标准》(JGJ/T 70—2009)规定，砂浆强度等级是以 70.7 mm×70.7 mm×70.7 mm 的 3 个立方体试件，在标准条件(试件在 20 ℃±5 ℃ 的室温下静置 24 h±2 h，拆模后立即放入温度为 20 ℃±2 ℃，相对湿度为 90%以上的标准养护室)下养护 28 d，按标准试验方法测得。

砌筑砂浆试块强度验收时，其强度合格标准应符合下列规定：

(1)同一验收批砂浆试块强度平均值应大于或等于设计强度等级值的 1.10 倍；

(2)同一验收批砂浆试块抗压强度的最小一组平均值应大于或等于设计强度等级值的 85%。

砌筑砂浆的验收批，同一类型、强度等级的砂浆试块不应少于 3 组；同一验收批砂浆只有 1 组或 2 组试块时，每组试块平均值应大于或等于设计强度的 1.10 倍；对于建筑结构的安全等级为一级或设计使用年限为 50 年及以上的房屋，同一验收批砂浆试块的数量不得少于 3 组。

当原材料质量一定时，砂浆强度主要取决于水泥强度和用量，与拌合用水量无关。另外，砂浆强度还受砂、外加剂、掺入的混合材料及砌筑和养护条件等的影响。砂中泥及其他杂质含量多时，砂浆强度也受影响。

## 任务二 熟悉抹灰砂浆的主要技术性质

### 学习目标

(1) 熟悉抹灰砂浆的概念、组成。
(2) 掌握抹灰砂浆的技术性质。

### 核心概念

**拉伸粘结强度**：抹灰层与基体的粘结力指标。

### 基本知识

#### 一、抹灰砂浆的定义及特性

抹灰砂浆（又称抹面砂浆），是指将水泥、细骨料和水及根据性能确定的其他组分按规定比例拌和在一起，配制成砂浆后，大面积涂抹于建筑物的表面，具有保护和找平基体、满足使用要求和增加美观的作用。按组成材料可分为水泥抹灰砂浆、水泥粉煤灰抹灰砂浆、水泥石灰抹灰砂浆、掺塑化剂水泥抹灰砂浆、聚合物水泥抹灰砂浆和石膏抹灰砂浆；按生产方式可分为现场拌制抹灰砂浆和预拌抹灰砂浆。

一般抹灰工程砂浆宜选用预拌抹灰砂浆。预拌抹灰砂浆性能应符合《预拌砂浆》（GB/T 25181—2019）的规定。预拌抹灰砂浆的施工与质量验收应符合《预拌砂浆应用技术规程》（JGJ/T 223—2010）的规定。

抹灰砂浆与砌筑砂浆不同，它是以薄层大面积地涂抹在基层上，对它的主要技术要求不是强度，而是与基层的粘结力，所以需要胶凝材料的数量较多。抹灰砂浆与空气接触面积大，有利于气硬性胶凝材料的硬化，因而具有良好和易性的石灰砂浆得到广泛的应用。当然，在有防水、防潮要求时，仍须使用水泥砂浆。若基层为混凝土，宜使用水泥混合砂浆；若基层为板条，则应在砂浆中掺入适当麻刀等纤维材料，以减少收缩开裂。图 4-1 所示为抹灰工程施工图。

**图 4-1 抹灰工程施工图**

· 75 ·

## 二、抹灰砂浆的基本规定

按《抹灰砂浆技术规程》(JGJ/T 220—2010)要求，抹灰砂浆的基本规定如下。

(1)一般抹灰工程宜选用预拌抹灰砂浆，抹灰砂浆应采用机械搅拌。

(2)抹灰砂浆强度等级不宜比基体材料强度高出两个及以上等级，并应符合下列规定：

1)对于无粘贴饰面砖的外墙，底层抹灰砂浆宜比基体材料高一个强度等级或等于基体材料强度；

2)对于无粘贴饰面砖的内墙，底层抹灰砂浆宜比基体材料低一个强度等级；

3)对于有粘贴饰面砖的内墙和外墙，中层抹灰砂浆宜比基体材料高一个强度等级且不宜低于 M15，并宜选用水泥抹灰砂浆；

4)孔洞填补和窗台、阳台抹面等宜采用 M15 或 M20 水泥抹灰砂浆。

(3)配制强度等级不大于 M20 抹灰砂浆，宜用 32.5 级通用硅酸盐水泥或砌筑水泥；配制强度等级大于 M20 的抹灰砂浆，宜用 42.5 级通用硅酸盐水泥。通用硅酸盐水泥宜采用散装的。

(4)用通用硅酸盐水泥拌制抹灰砂浆时，可掺入适量石灰膏、粉煤灰、粒化高炉矿渣粉、沸石粉等，不应掺入消石灰粉。用砌筑砂浆拌制抹灰砂浆时，不得再掺粉煤灰等矿物掺合料。

(5)根据需要，拌制抹灰砂浆可掺入改善砂浆性能的添加剂。

(6)抹灰砂浆品种宜根据使用部位或基体种类按相应规范规定选用。

(7)抹灰砂浆施工稠度宜按规范选取。聚合物水泥抹灰砂浆的施工稠度宜为 50～60 mm，石膏抹灰砂浆的施工稠度宜为 50～70 mm。

## 三、抹灰砂浆的配合比设计

抹灰砂浆的配合比设计分为如图 4-2 所示的三步。

```
┌─────────────────────────┐
│ 按规程选取配合比的材料用量 │
└─────────────────────────┘
            ↓
┌─────────────────────────┐
│ 按规范进行试配、调整和校正 │
└─────────────────────────┘
            ↓
┌───────────────────────────────┐
│ 得出符合要求且水泥用量最低的设计配合比 │
└───────────────────────────────┘
```

图 4-2 抹灰砂浆的配合比设计

(1)水泥抹灰砂浆的配合比选用。

1)水泥抹灰砂浆的基本规定：强度等级应为 M15、M20、M25、M30；拌合物表观密度不宜小于 1 900 kg/m³；保水率不宜小于 82%，拉伸粘结强度不应小于 0.20 MPa。

2)水泥抹灰砂浆配合比的材料用量可按表 4-2 选用。

表 4-2  水泥抹灰砂浆配合比的材料用量　　　　　　　　　　kg/m³

| 强度等级 | 水泥 | 砂 | 水 |
| --- | --- | --- | --- |
| M15 | 330～380 | 1 m³ 砂的堆积密度值 | 250～300 |
| M20 | 380～450 | | |
| M25 | 400～450 | | |
| M30 | 460～530 | | |

(2)水泥石灰抹灰砂浆的配合比选用。

1)水泥石灰抹灰砂浆的基本规定：强度等级应为 M2.5、M5.0、M7.5、M10；拌合物表观密度不宜小于 1 800 kg/m³；保水率不宜小于 88%，拉伸粘结强度不应小于 0.15 MPa。

2)水泥石灰抹灰砂浆配合比的材料用量可按表 4-3 选用。

表 4-3  水泥石灰抹灰砂浆配合比的材料用量　　　　　　　　kg/m³

| 强度等级 | 水泥 | 石灰膏 | 砂 | 水 |
| --- | --- | --- | --- | --- |
| M2.5 | 200～230 | (350～400)−C | 1 m³ 砂的堆积密度值 | 180～280 |
| M5 | 230～280 | | | |
| M7.5 | 280～330 | | | |
| M10 | 330～380 | | | |

注：表中 C 为水泥用量。

## 四、抹灰砂浆施工构造要求

为保证砂浆与基层粘结牢固、表面平整、不开裂，抹面砂浆通常分为两层或三层进行施工，包括底层、中层、面层，各层的作用与要求不同，所选用的砂浆也不同。

(1)底层：使砂浆与底面牢固黏结，要求良好的和易性、较高的粘结力。

(2)中层：用于找平，有时可省去。

(3)面层：起装饰作用，应达到平整、美观的效果。

确定抹面砂浆组成材料及配合比的主要依据是工程使用部位及基层材料的性质。常用普通抹面砂浆配合比可参照前述步骤进行设计。另外，抹灰层厚度大于 35 mm 时，应采取与基体黏结的加强措施。不同材料的基体交接处应设置加强网，加强网与各基体的搭接宽度不应小于 100 mm。图 4-3 所示为抹灰分层施工图及加强网施工图。

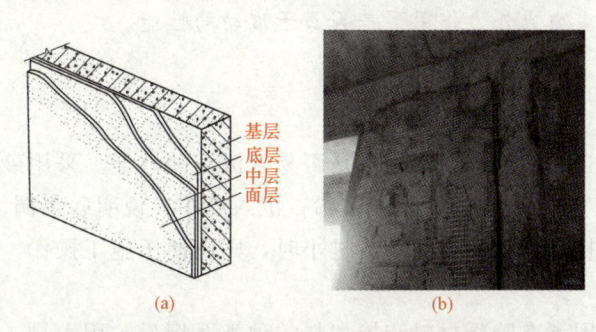

图 4-3  抹灰分层施工及加强网施工图

(a)抹灰分层施工图；(b)加强网施工图

## 五、抹灰砂浆现场拉伸粘结强度

抹灰层拉伸粘结强度检测时，相同砂浆品种、强度等级、施工工艺的外墙、顶棚抹灰工程每 5 000 m² 应为一个检验批，每个检验批应取一组试件进行检测，不足 5 000 m² 的也应取一组。

同验收批的抹灰层拉伸粘结强度平均值应大于或等于表 4-4 中的规定值，且最小值应大于或等于表 4-4 中的规定值的 75%。当同一验收批抹灰层拉伸粘结强度少于 3 组时，每组试件拉伸粘结强度均应大于或等于表 4-4 中的规定值。

检查方法见《抹灰砂浆技术规程》(JGJ/T 220—2010)附录 A 抹灰砂浆现场拉伸粘结强度试验方法。

表 4-4 抹灰层拉伸粘结强度的规定值

| 抹灰砂浆品种 | 拉伸粘结强度/MPa |
| --- | --- |
| 水泥抹灰砂浆 | 0.20 |
| 水泥粉煤灰抹灰砂浆、水泥石灰抹灰砂浆、掺塑化剂水泥抹灰砂浆 | 0.15 |
| 聚合物水泥抹灰砂浆 | 0.30 |
| 预拌抹灰砂浆 | 0.25 |

# 任务三　砂浆的稠度检测

## 学习目标

(1)掌握砂浆稠度试验步骤。
(2)掌握建筑砂浆稠度控制范围。

## 核心概念

**稠度**：砂浆在自重力或外力作用下是否易于流动的性能。

## 基本知识

稠度是指砂浆在自重力或外力作用下是否易于流动的性能。采用砂浆稠度测定仪确定，以沉入度(mm)表示。沉入度大，说明砂浆稀；沉入度小，说明砂浆稠。在砂浆流动性过大时，砂浆容易分层、析水；在砂浆流动性过小时，则不便于施工操作，灰缝不易填充密实，将会降低砌体强度。

影响砂浆稠度的因素有胶凝材料和掺加料的种类及用量、用水量、外加剂品种与掺量、砂子的粗细程度及级配、搅拌时间和环境的温度、湿度等。

砂浆稠度的选择与砌体材料种类、施工条件及施工气候有关。对于多孔吸水的砌体材料和干热天气，要求砂浆流动性大一些；而对于密实不吸水的砌体材料和湿冷天气，则要求砂浆流动性小一些。砌筑砂浆的施工稠度宜按表 4-5 选用。

表 4-5　砌筑砂浆的施工稠度　　　　　　　　　　　　mm

| 砌体种类 | 砂浆稠度 |
| --- | --- |
| 烧结普通砖砌体、粉煤灰砖砌体 | 70～90 |
| 混凝土砖砌体、普通混凝土小型空心砌块砌体、灰砂砖砌体 | 50～70 |
| 烧结多孔砖、烧结空心砖砌体、轻集料小型混凝土空心砌块砌体、蒸压加气混凝土砌块砌体 | 60～80 |
| 石砌体 | 30～50 |

## 能力训练

### 一、操作条件

**1. 检测依据**

砂浆的稠度检测应按照《建筑砂浆基本性能试验方法标准》(JGJ/T 70—2009)的试验步骤来检测。

**2. 目的及适用范围**

本方法适用于确定砂浆的配合比或施工过程中控制砂浆的稠度，以稠度来控制用水量，保证砂浆拌合物的施工性。

**3. 仪器设备**

(1)砂浆稠度仪：由试锥、容器和支座三部分组成。试锥由钢材或铜材制成，试锥高度为 145 mm，锥底直径为 75 mm，试锥连同滑杆的质量应为(300±2)g；盛载砂浆容器由钢板制成，筒高为 180 mm，锥底内径为 150 mm；支座分底座、支架及刻度显示三个部分，由铸铁、钢及其他金属制成(图 4-4、图 4-5)。

(2)钢制捣棒：直径为 10 mm，长度为 350 mm，端部磨圆。

(3)秒表。

图 4-4　砂浆稠度仪实物
(a)指针式；(b)数显式

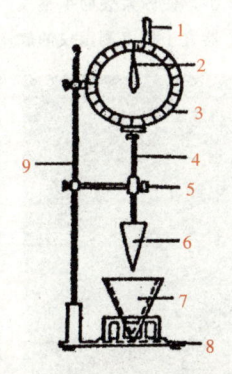

图 4-5　砂浆稠度仪构造组成
1—齿条测杆；2—摆针；3—刻度盘；4—滑杆；
5—制动螺丝；6—试锥；7—盛装容器；8—底座；9—支架

**4. 样品要求**

建筑砂浆试验用料应从同一盘砂浆或同一车砂浆中取样，取样量不应少于试验所需量的 4 倍。为使取样具有代表性，需至少从 3 个部位取样。对于现场取得的试样，为了保证样品的均匀性，试验前应进行人工搅拌。

## ■ 二、操作过程

砂浆的稠度检测试验步骤见表 4-6。

表 4-6 砂浆的稠度检测试验步骤

| 序号 | 步骤 | 操作方法及说明 | 能力目标 |
|---|---|---|---|
| 1 | 检查仪器 | 盛浆容器和试锥表面用湿布擦干净，并用少量润滑油轻擦滑杆后（图1），将滑杆上多余的油用吸油纸吸净，使滑杆能自由滑动。<br><br>图 1　滑杆上油 | 能正确做好试验准备工作 |
| 2 | 取样、装料、拌捣、浆面平整 | (1)准备好砂浆试样。<br>(2)盛浆容器和试锥表面用湿布擦干净(图2)。<br>(3)将砂浆拌合物一次装入容器，使砂浆表面低于容器口 10 mm 左右。<br>(4)用捣棒自容器中心向边缘插捣 25 次(图3)，然后轻轻地将容器摇动或敲击 5~6 下，使砂浆表面平整。<br>(5)将容器置于稠度测定仪的底座上<br><br>图 2　用湿抹布擦干净　　图 3　插捣 | (1)能够按照规范要求正确取样。<br>(2)能够按照规范要求将砂浆拌合物装入盛装容器 |

续表

| 序号 | 步骤 | 操作方法及说明 | 能力目标 |
|---|---|---|---|
| 3 | 测定指针下沉深度 | (1)拧开试锥滑杆的制动螺丝,向下移动滑杆。<br>(2)当试锥尖端与砂浆表面刚接触时,拧紧制动螺钉,使齿条测杆下端刚接触滑杆上端,并将指针对准零点上(图4、图5)。<br>图4 试锥接触砂浆表面　　图5 指针对准零<br>(3)拧开制动螺钉,使试锥垂直自由下落(图6)。<br>(4)同时计时间,待10 s后立即固定螺钉,将齿条测杆下端接触滑杆上端,从刻度上读出下沉深度,即砂浆的稠度值(精确至1 mm)(图7)。<br>图6 放松螺钉　　图7 计时读数 | (1)能正确使用仪器设备。<br>(2)能够读出砂浆的稠度值 |

注:1. 当试锥尖端与砂浆表面刚接触时,拧紧制动螺丝,使齿条测杆下端刚接触滑杆上端,此时若指针不为零点,则读出刻度盘上的读数(精确至1 mm),后续步骤同上。前后两次读数之差即砂浆的稠度值。
2. 拌和砂浆要注意控制时间,拌和前工具要用水润湿。
3. 砂浆稠度仪的试锥在盛装容器未装砂浆前一定要固定好,防止试锥下落损坏尖头。
4. 盛装容器内的砂浆,只允许测定1次稠度,重复测定时,应重新取样。
5. 两次试验值之差如果大于10 mm,则应另取砂浆搅拌后重新测定。

## 三、检测结果

(1)取两次试验结果的算术平均值作为稠度值,计算精确至1 mm。
(2)砌筑砂浆稠度要求见表4-5;抹灰砂浆的施工稠度宜按表4-7选取。聚合物水泥抹灰砂浆的施工稠度宜为50~60 mm,石膏抹灰砂浆的施工稠度宜为50~70 mm。

表4-7 抹灰砂浆的施工稠度　　　　　　　　mm

| 抹灰层 | 施工稠度 |
|---|---|
| 底层 | 90~110 |
| 中层 | 70~90 |
| 面层 | 70~80 |

· 81 ·

## ■ 四、学习结果评价

| 序号 | 评价内容 | 评价标准 | 评价结果 |
|---|---|---|---|
| 1 | 砂浆稠度检测 | 能正确操作试验步骤 | 是/否 |
|  |  | 能测定砂浆稠度值并判断是否符合规范要求 | 是/否 |

# 任务四 砂浆的保水性检测

## 学习目标

(1)掌握砂浆保水性试验步骤。
(2)掌握建筑砂浆保水率计算。

## 核心概念

(1)**保水性**：新拌砂浆保持内部水分不泌出流失的能力。
(2)**保水率**：砂浆保水率就是吸水处理后砂浆中保留的水的质量，并用原始水量的质量百分数来表示。
(3)**分层度**：砂浆的保水性指标，以前后两次稠度之差定为该砂浆的分层度。

## 基本知识

保水性是指新拌砂浆保持内部水分不泌出流失的能力。保水性不好的砂浆在运输、停放和施工中容易产生离析与泌水现象；当铺抹于基底后，水分易被基面很快吸走，从而使砂浆干涩，不便施工，并影响胶凝材料正常水化硬化，使强度与粘结力下降。

对于砌筑砂浆，根据《砌筑砂浆配合比设计规程》(JGJ/T 98—2010)的规定，其保水性用保水率表示。对于抹灰砂浆，根据《抹灰砂浆技术规程》(JGJ/T 220—2010)的规定，抹灰砂浆的保水性用分层度表示，宜为10~20 mm，对于预拌抹灰砂浆，可以按其行业标准要求控制保水率。

砌筑砂浆的保水性并非越高越好，对于不吸水基层的砌筑砂浆，保水性太高会使砂浆内部水分早期无法蒸发释放，不利于砂浆强度的增长，还会增大砂浆的干缩裂缝，降低砌体的整体性。根据《砌筑砂浆配合比设计规程》(JGJ/T 98—2010)的规定，砂浆的保水性用保水率表示。砌筑砂浆保水率应符合表4-8的规定。抹灰砂浆保水率应符合表4-9的规定。

表 4-8　砌筑砂浆保水率　　　　　　　　　　　　　　　　　　　　　　　　　　%

| 砂浆种类 | 保水率 |
| --- | --- |
| 水泥砂浆 | ≥80 |
| 水泥混合砂浆 | ≥84 |
| 预拌砌筑砂浆 | ≥88 |

表 4-9　抹灰砂浆保水率　　　　　　　　　　　　　　　　　　　　　　　　　　%

| 砂浆种类 | 保水率 |
| --- | --- |
| 水泥抹灰砂浆、水泥粉煤灰砂浆 | ≥82 |
| 水泥石灰抹灰砂浆、掺塑化剂水泥抹灰砂浆 | ≥88 |
| 聚合物水泥抹灰砂浆 | ≥99 |

## 能力训练

### 一、操作条件

**1. 检测依据**

保水率应按照《建筑砂浆基本性能试验方法标准》(JGJ/T 70—2009)中保水性试验的试验步骤来检测。

分层度应按照《建筑砂浆基本性能试验方法标准》(JGJ/T 70—2009)的分层度试验的试验步骤来检测。

**2. 目的及适用范围**

测定砂浆保水率、分层度，以确定其保水的能力。分层度试验试用于抹灰砂浆，保水性试验适用于大部分建筑砂浆。

**3. 仪器设备**

(1)金属或硬塑料圆环试模(图 4-6)：内径应为 100 mm，内部高度应为 25 mm。

(2)可密封的取样容器：应清洁、干燥。

(3)2 kg 的重物。

(4)金属滤网(图 4-7)：网格尺寸 45 μm，圆形，直径为 110 mm±1 mm。

(5)超白滤纸(图 4-8)：应采用《化学分析滤纸》(GB/T 1914—2017)规定的中速定性滤纸，直径应为 110 mm，单位面积质量应为 200 g/m²。

(6)2 片金属或玻璃的方形或圆形不透水片，边长或直径应大于 110 mm。

(7)天平：量程为 200 g，感量应为 0.1 g；量程为 2 000 g，感量应为 1 g。

(8)烘箱。

砂浆分层度测定仪如图 4-9 所示。

图 4-6　砂浆保水率试模

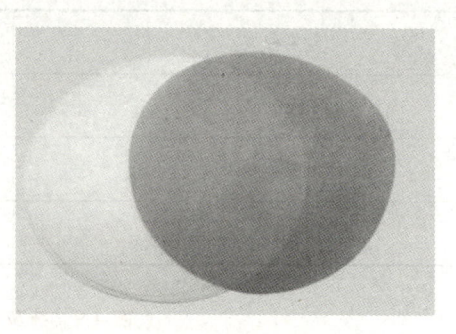

图 4-7　金属滤网

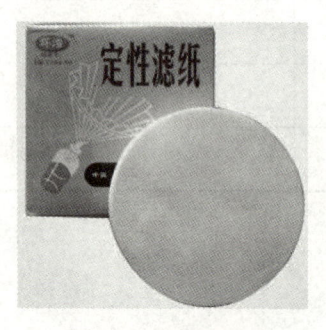

图 4-8　超白滤纸

图 4-9　砂浆分层度测定仪

**4. 样品要求**

建筑砂浆试验用料应从同一盘砂浆或同一车砂浆中取样，取样量不应少于试验所需量的 4 倍。为使取样具有代表性，需至少从三个部位取样。对于现场取得的试样，为了保证样品的均匀性，试验前进行人工搅拌。

## ■ 二、操作过程

保水性试验步骤见表 4-10。分层度试验步骤见表 4-11。

表 4-10　保水性试验步骤

| 序号 | 步骤 | 操作方法及说明 | 能力目标 |
|---|---|---|---|
| 1 | 称量 | (1) 称量底部不透水片与干燥试模质量 $m_1$，精确至 1 g。<br>(2) 称量 15 片中速定性滤纸质量 $m_2$，精确至 0.1 g | 能正确选择天平称量并读取数据 |
| 2 | 砂浆装入试模并称重 | (1) 将砂浆拌合物一次性装入试模，并用抹刀插捣数次，当装入砂浆略高于试模边缘时，用抹刀以 45°一次性将试模表面多余的砂浆刮去，然后再用抹刀以较平的角度在试模表面反方向将砂浆刮平。<br>(2) 抹掉试模边缘的砂浆，称量试模、底部不透水片与砂浆总质量 $m_3$，精确至 1 g | 能够按照规范要求将砂浆装入试模 |

· 84 ·

续表

| 序号 | 步骤 | 操作方法及说明 | 能力目标 |
|---|---|---|---|
| 3 | 滤纸吸水 | (1)用金属滤网覆盖在砂浆表面。<br>(2)在滤网表面放上 15 片滤纸。<br>(3)用上部不透水片盖在滤纸表面。<br>(4)用 2 kg 重物把不透水片压住。<br>(5)静置 2 min 后移走重物及上部不透水片,取出滤纸(不包含滤网),迅速称取滤纸质量 $m_4$,精确至 0.1 g | 能正确选择天平称量并读取数据 |
| 4 | 砂浆含水率 | (1)按照砂浆的配合比及加水量计算砂浆的含水率。<br>(2)当无法计算时,按规范要求测定砂浆的含水率。<br>1)称取砂浆拌合物试样 $m_6$(100±10 g),精确至 1 g;<br>2)置于一干燥并已称重的盘中,在 105 ℃±5 ℃的烘箱中烘干至恒重,记烘干后砂浆样本的质量为 $m_5$,精确至 1 g;<br>3)砂浆含水率 $\alpha = \frac{m_6 - m_5}{m_6} \times 100\%$;<br>4)取两次试验结果的算术平均数作为砂浆的含水率,精确至 0.1%,当两个测定值之差超过 2%时,此组试验结果应为无效 | 能计算砂浆含水率 |

表 4-11 分层度试验步骤

| 序号 | 步骤 | 操作方法及说明 | 能力目标 |
|---|---|---|---|
| 1 | 测砂浆稠度 | 按照任务三的规定测定砂浆拌合物的稠度 | 能测定砂浆拌合物的稠度 |
| 2 | 砂浆装入分层度筒静置 | (1)将砂浆拌合物一次装入分层度筒内,待装满后用木槌在分层度筒周围距离大致相等的四个不同部位轻轻敲击 1~2 下;当砂浆沉落到低于筒口时,应随时添加,然后刮去多余的砂浆并用抹刀抹平。<br>(2)静置 30 min 后,去掉上节 200 mm 砂浆,然后将剩余的 100 mm 砂浆倒在拌合锅内搅拌 2 min。<br>(3)再按照任务三的规定测定砂浆拌合物的稠度 | 能够按照规范要求将砂浆装入试模 |
| 3 | 计算砂浆分层度值 | (1)前后两次测得的砂浆稠度之差即该砂浆的分层度值。<br>(2)取两次试验结果的算术平均数为砂浆的分层度值,精确至 1 mm。当两次分层度试验值之差大于 10 mm 时,应重新取样测定 | 能够判别砂浆分层度是否符合规范要求 |

## ■ 三、检测结果

### 1. 砂浆保水率的计算

砂浆保水率 $W = \left[1 - \dfrac{m_4 - m_2}{\alpha \times (m_3 - m_1)}\right] \times 100\%$

取两次试验结果的算术平均数作为砂浆的保水率,精确至 0.1%,且第二次试验应重新取样测定。当两个测定值之差超过 2%时,此组试验结果应为无效。

砌筑砂浆保水率应符合表 4-8 的规定。抹灰砂浆的保水率应符合表 4-9 的规定。

抹灰砂浆的分层度宜为 10~20 mm。

### 四、学习结果评价

| 序号 | 评价内容 | 评价标准 | 评价结果 |
| --- | --- | --- | --- |
| 1 | 砂浆保水性检测 | 能正确操作砂浆保水性试验步骤 | 是/否 |
|  |  | 能测定砂浆保水率,并判断是否符合规范要求 | 是/否 |

## 任务五　砂浆的强度检测

### 学习目标

(1)掌握砂浆立方体抗压强度试验步骤。
(2)掌握砂浆立方体抗压强度计算。
(3)了解砂浆拉伸粘结强度试验。

### 核心概念

**砂浆强度等级**:用来表示砂浆的强度,砂浆的强度等级是以边长为 70.7 mm 的立方体试块,按标准养护条件养护至 28 d 的抗压强度平均值而确定的。

### 基本知识

砂浆在不同结构中,承受不同荷载。在施工中,砌筑砂浆强度直接关系砌筑质量。

由于砂浆与基层共同构成一个整体,如抹灰砂浆与墙体材料黏结在一起构成一面墙,地面砂浆与楼板黏结在一起构成一层地坪;有的直接以黏结为使用目的,如砌筑砂浆是将各种砖、砌块等黏结为一个整体,因而粘结强度是砂浆的一个非常重要的性能。只有砂浆本身具有一定的粘结力,才能与基层实现有效的黏结,并长期保持这种稳定性,否则,砂浆容易在各种变形引起的拉应力或剪应力作用下,发生空鼓、开裂、脱落等质量问题。

### 能力训练

#### 一、操作条件

**1. 检测依据**

砂浆抗压强度应按照《建筑砂浆基本性能试验方法标准》(JGJ/T 70—2009)的立方体抗压强度试验的试验步骤来检测。

砂浆拉伸粘结强度应按照《建筑砂浆基本性能试验方法标准》(JGJ/T 70—2009)的拉伸粘结强度试验的试验步骤来检测。

### 2. 目的及适用范围

测试砂浆立方体抗压强度，作为调整砂浆配合比和控制砂浆质量的主要依据。

### 3. 仪器设备

(1)试模(图 4-10)：试模规格为(70.7 mm×70.7 mm×70.7 mm)的带底试模。

(2)钢制捣棒：直径为 10 mm，长度为 350 mm，端部磨圆。

(3)压力试验机：精度为 1%，试验破坏荷载应不小于拉力机量程的 20%，且不应大于全量程的 80%。

(4)垫板：用于试验机上、下压板及试件之间衬垫。

(5)振动台：空载中台面的垂直振幅应为 0.5 mm±0.05 mm，空载频率应为 50 Hz±3 Hz，空载台面振幅均匀度不大于 10%，一次试验应至少能固定 3 个试模，如图 4-11 所示。

图 4-10　砂浆全钢三联试模

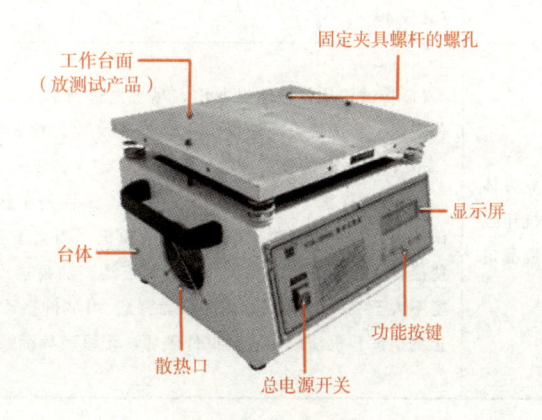

图 4-11　振实台

### 4. 样品要求

每一检验批且不超过 250 m³ 砌体的各类、各强度等级的普通砌筑砂浆，每台搅拌机应至少抽检一次。验收批的预拌砂浆、蒸压加气混凝土砌块专用砂浆，抽检可分为 3 组。

在砂浆搅拌机出料口或湿拌砂浆的储存容器出料口随机取样制作砂浆试块(现场拌制的砂浆，同盘砂浆只应作 1 组试块)，试块标准养护 28 d 后做强度试验。

## ■ 二、操作过程

砂浆立方体抗压强度试验步骤见表 4-12。

表 4-12　砂浆立方体抗压强度试验步骤

| 序号 | 步骤 | 操作方法及说明 | 能力目标 |
| --- | --- | --- | --- |
| 1 | 试模准备 | (1)每组试件应为 3 个。<br>(2)采用黄油等密封材料涂抹试模的外接缝，试模内应涂刷薄层机油或隔离剂。 | 能组装试模 |

续表

| 序号 | 步骤 | 操作方法及说明 | 能力目标 |
|---|---|---|---|
| 2 | 试块成型 | (1)将砂浆拌合物一次性装入试模。<br>(2)根据稠度确定成型方法：<br>1)当稠度大于50 mm时，宜采用人工插捣成型，应采用捣棒均匀地由边缘向中心按螺旋方式插捣25次，插捣过程当砂浆沉落低于试模口时，应随时添加砂浆，可用油灰刀插捣数次，并用手将试模一边抬高5~10 mm各振动5次，砂浆应高出试模顶面6~8 mm。<br>2)当稠度不大于50 mm时，宜采用振动台振实成型，将砂浆一次装满试模，放置到振动台上，振动时试模不得跳动，振动5~10 s或持续到表面泛浆为止，不得过振。<br>(3)待表面水分稍干后，再将高出试模部分的砂浆沿试模顶面刮去并抹平 | 能够按照规范要求制作砂浆试件 |
| 3 | 养护 | (1)在温度为20 ℃±5 ℃的环境下静置24 h±2 h，对试件进行编号、拆模。<br>(2)从搅拌加水开始计时，标准养护龄期为28 d，也可按相关标准要求增加7 d或14 d | 能正确选择天平称量并读取数据 |
| 4 | 立方体抗压强度测定 | (1)将试件从养护地点取出，尽快地进行试验，以免试件内部温湿度发生显著变化。将试块表面擦拭干净，测量尺寸，检查外观，试件尺寸测量精确至1 mm，并据此计算试件的承压面积，记为$A(mm^2)$。<br>(2)将试件置于压力机的下压板上，试件的承压面应与成型时的顶面垂直，试件中心与下压板对准。开动试验机，当上压板与试件接近时，调整球座，使接触面均衡受压，加荷应均匀而连续，加荷速度为0.25~1.5 kN/s(砂浆强度不大于2.5 MPa时，取下限为宜)。当试件接近破坏而开始迅速变形时，停止调整试验机油门，直至试件破坏，记录破坏荷载$N_u$(N) | (1)能正确使用压力试验机。<br>(2)能够正确读取试件破坏荷载 |

### ■ 三、检测结果

#### 1. 砂浆强度的计算

砂浆立方体试件抗压强度 $f_{m,cu} = K \dfrac{N_u}{A}$，换算系数 $K$ 取 1.35，计算结果精确至 0.1 MPa。

应以3个试件测得的算术平均值作为该组试件的砂浆立方体抗压强度平均值($f_2$)，精确至0.1 MPa；当三个测值的最大值或最小值中有一个与中间值的差值超过中间值的15%时，应把最大值及最小值一并舍去，取中间值作为该组试件的抗压强度值；当两个测值与中间值的差值均超过中间值的15%时，该组试验结果应为无效。

#### 2. 砂浆强度的相关规定

对于抹灰砂浆，《抹灰砂浆技术规程》(JGJ/T 220—2010)规定，同一验收批的砂浆试块抗压强度平均值应大于或等于设计强度等级值，且抗压强度最小值应大于或等于设计强度等级值的75%。当同一验收批试块少于3组时，每组试块抗压强度应大于或等于设计强度等级值。

## ■ 四、学习结果评价

| 序号 | 评价内容 | 评价标准 | 评价结果 |
|---|---|---|---|
| 1 | 砂浆立方体抗压强度检测 | 能正确操作砂浆立方体抗压强度检测试验步骤 | 是/否 |
|  |  | 能测定砂浆立方体抗压强度并判断是否符合规范要求 | 是/否 |

## 任务六 砂浆的配合比设计

### 学习目标

掌握砂浆初步配合比设计步骤。

### 核心概念

**配合比设计**：根据砂浆强度等级、耐久性与和易性等要求，并达到经济合理的目的而进行砂浆各组分用量的比例设计。

### 基本知识

砌筑砂浆配合比可通过查阅相关资料或手册来选择，必要时通过计算来确定。现场配制砌筑砂浆是指由水泥、细骨料、水及根据需要加入的石灰、活性掺合料或外加剂在现场配制成的砂浆。其可分为水泥混合砂浆和水泥砂浆。

砌筑砂浆配合比设计的基本要求如下：

(1)砂浆的稠度和保水率应符合施工要求。

(2)砂浆拌合物的表观密度：水泥砂浆应不小于 1 900 kg/m³，水泥混合砂浆和预拌砌筑砂浆应不小于 1 800 kg/m³。

(3)砂浆的强度、耐久性应满足设计要求。

(4)保证质量前提下，应尽量节省水泥和掺合料，降低成本。

砂浆配合比设计时，必检项目为稠度、保水率、强度。现场验收砂浆按相关评定规范。

### 能力训练

#### ■ 一、现场配制水泥混合砂浆的配合比设计

(1)确定砂浆的试配强度($f_{m,0}$)。《砌筑砂浆配合比设计规程》(JGJ/T 98—2010)规定，

砂浆的试配强度按式(4-1)计算：
$$f_{m,0}=kf_2 \tag{4-1}$$

式中 $f_{m,0}$——砂浆的试配强度，应精确至 0.1 MPa；
$f_2$——砂浆的强度等级，应精确至 0.1 MPa；
$k$——系数，按表 4-13 取值。

表 4-13 砂浆强度标准差 $\sigma$ 及 $k$ 值

| 施工水平 \ 强度等级 | 强度标准差 $\sigma$/MPa ||||||| 系数 $k$ |
|---|---|---|---|---|---|---|---|---|
| | M5 | M7.5 | M10 | M15 | M20 | M25 | M30 | |
| 优良 | 1.00 | 1.50 | 2.00 | 3.00 | 4.00 | 5.00 | 6.00 | 1.15 |
| 一般 | 1.25 | 1.88 | 2.50 | 3.75 | 5.00 | 6.25 | 7.50 | 1.20 |
| 较差 | 1.50 | 2.25 | 3.00 | 4.50 | 6.00 | 7.50 | 9.00 | 1.25 |

1) 当有统计资料时，砂浆强度标准差($\sigma$)按式(4-2)计算：

$$\sigma=\sqrt{\frac{\sum_{i=1}^{n}f_{m,i}^2-n\mu_{fm}^2}{n-1}} \tag{4-2}$$

式中 $f_{m,i}$——统计周期内同一品种砂浆第 $i$ 组试件的强度(MPa)；
$\mu_{fm}$——统计周期内同一品种砂浆 $n$ 组试件强度平均值(MPa)；
$n$——统计周期内同一品种砂浆试件的总组数，$n \geqslant 25$。

2) 当无统计资料时，砂浆强度标准差($\sigma$)可按表 4-12 取值。

(2) 确定砂浆的水泥用量($Q_c$)

1) 每立方米砂浆中的水泥用量按式(4-3)计算：

$$Q_c=1\,000(f_{m,0}-\beta)/(\alpha \cdot f_{ce}) \tag{4-3}$$

式中 $Q_c$——每立方米砂浆的水泥用量，应精确至 1 kg；
$\alpha$, $\beta$——砂浆的特征系数，取 $\alpha=3.03$，$\beta=-15.09$；
$f_{ce}$——水泥的实测强度(MPa)，应精确至 0.1 MPa。

2) 在无法取得水泥实测强度 $f_{ce}$ 时，可按式(4-4)计算：

$$f_{ce}=\gamma_c \cdot f_{ce,k} \tag{4-4}$$

式中 $f_{ce,k}$——水泥强度等级值(MPa)；
$\gamma_c$——水泥强度等级值的富余系数，宜按实际统计资料确定；无统计资料时可取 1.00。

(3) 确定砂浆的石灰膏用量($Q_D$)。每立方米砂浆中石灰膏用量按式(4-5)计算：

$$Q_D=Q_A-Q_c \tag{4-5}$$

式中 $Q_D$——每立方米砂浆的石灰膏用量，应精确至 1 kg，石灰膏使用时的稠度宜为 120 mm±5 mm；
$Q_A$——每立方米砂浆中水泥和石灰膏总量，应精确至 1 kg；可为 350 kg；
$Q_c$——每立方米砂浆的水泥用量，应精确至 1 kg。

(4)确定砂浆的砂子用量($Q_s$)。每立方米砂浆中的砂用量,应按砂在干燥状态(含水率小于0.5%)的堆积密度作为计算值(kg/m³),即每立方米砂浆含有堆积体积1 m³ 的砂子。

注:因为水泥浆刚能填充完砂子间的空隙时所用材料最少,最经济。故每1 m³ 砂浆含有堆积体积为 1 m³ 的砂子。堆积体积为1 m³ 的砂的质量,在数量上等于其堆积密度。

(5)确定砂浆的单位用水量($Q_w$)。

1)根据砂浆稠度等要求可选用 210~310 kg;

2)混合砂浆中的用水量不包括石灰膏中的水;

3)当采用细砂或粗砂时,用水量分别取上限或下限;

4)稠度小于 70 mm 时,用水量可小于下限;

5)施工现场气候炎热或干燥时,可酌量增加用水量。

通过上述步骤,可获取水泥、石灰膏、砂和水的用量,得到初步配合比:

$$水泥:石灰膏:砂:水 = Q_c : Q_D : Q_s : Q_w$$

## ■ 二、现场配制水泥砂浆的配合比选用

(1)水泥砂浆配合比选用。水泥砂浆的材料用量可按表 4-14 选用。

表 4-14 每立方米水泥砂浆材料用量    kg/m³

| 强度等级 | 水泥 | 砂 | 用水量 |
|---|---|---|---|
| M5 | 200~230 | 砂的堆积密度值 | 270~330 |
| M7.5 | 230~260 | | |
| M10 | 260~290 | | |
| M15 | 290~330 | | |
| M20 | 340~400 | | |
| M25 | 360~410 | | |
| M30 | 420~480 | | |

注:1. M15 及 M15 以下强度等级水泥砂浆,水泥强度等级为 32.5 级;M15 以上强度等级水泥砂浆,水泥强度等级为 42.5 级。
2. 当采用细砂或粗砂时,用水量分别取上限或下限。
3. 稠度小于 70 mm 时,用水量可小于下限。
4. 施工现场气候炎热或干燥季节,可酌量增加用水量。
5. 试配强度应按本规程式(4-1)计算。

(2)水泥粉煤灰砂浆的配合比选用。水泥粉煤灰砂浆材料用量可按表 4-15 选用。

表 4-15　每立方米水泥粉煤灰砂浆材料用量　　　　　　　　　　kg/m³

| 强度等级 | 水泥粉煤灰总量 | 粉煤灰 | 砂 | 用水量 |
|---|---|---|---|---|
| M5 | 210～240 | 粉煤灰材料可占胶凝材料总量的15%～25% | 砂的堆积密度值 | 砂的堆积密度值 |
| M7.5 | 240～270 | | | |
| M10 | 270～300 | | | |
| M15 | 300～330 | | | |

注：1. 表中水泥强度等级为32.5级。
　　2. 当采用细砂或粗砂时，用水量分别取上限或下限。
　　3. 稠度小于70 mm时，用水量可小于下限。
　　4. 施工现场气候炎热或干燥季节，可酌量增加用水量。
　　5. 试配强度应按本规程式(4-1)计算。

### ■ 三、配合比的试配、调整与确定

(1)试配拌和。试验所用原材料应与现场使用材料一致。按计算或查表所得配合比进行试拌，并采用机械搅拌，搅拌量宜为搅拌机容量的30%～70%，搅拌时间从开始加水算起，水泥砂浆和水泥混合砂浆应不小于120 s，预拌砌筑砂浆和掺粉煤灰、外加剂、保水增稠材料等的砂浆应不小于180 s。

(2)检测和易性，确定基准配合比。砂浆拌合物的稠度和保水率按《建筑砂浆基本性能试验方法标准》(JGJ/T 70—2009)测定。若稠度和保水率不能满足要求，则应调整材料用量，直到符合要求为止，然后确定其为试配时的砂浆基准配合比。

(3)复核强度，确定试配配合比。试配时至少采用三个不同的配合比，其中一个为试配基准配合比，其余两个的水泥用量应分别比试配基准配合比增加及减少10%。按《建筑砂浆基本性能试验方法标准》(JGJ/T 70—2009)分别测定不同配合比砂浆的表观密度 $\rho_c$ 及强度；选定符合强度及和易性要求、水泥用量最低的配合比作为砂浆的试配配合比。

(4)数据校正，确定设计配合比。当砂浆的表观密度实测值 $\rho_c$ 与理论值 $\rho_t$ 之差的绝对值不超过理论值的2%时，可将试配配合比确定为砂浆设计配合比；当超过2%时，应将试配配合比中每项材料用量均乘以校正系数后，才为确定的砂浆设计配合比。

### ■ 四、砂浆配合比设计示例

【例 4-1】　设计用于砌筑砖墙的水泥混合砂浆的配合比，要求强度等级为M7.5，稠度为70～90 mm。施工单位无统计资料，施工水平一般。原材料如下：水泥：32.5级矿渣水泥；细骨料：干燥中砂，堆积密度为1 450 kg/m³；掺合料：石灰膏，稠度为110 mm。

【解】　(1)确定试配强度($f_{m,0}$)。因施工单位无统计资料，施工水平一般，经查表4-13，取系数 $k=1.20$，所以砂浆试配强度如下：

$$f_{m,0}=kf_2=1.20\times7.5=9.0(\text{MPa})$$

(2)确定水泥用量($Q_c$)。由特征系数 $\alpha$、$\beta$ 的规定，取 $\alpha=3.03$，$\beta=-15.09$，故由式(4-3)知，水泥用量为

$$Q_c=1\,000(f_{m,0}-\beta)/(\alpha\cdot f_{ce})=1\,000\times[9-(-15.09)]/(3.03\times32.5)\approx245(\text{kg/m}^3)$$

(3)确定石灰膏用量($Q_D$)。由前述对石灰膏与水泥总量之规定，可取：$Q_A = 350$ kg，所以，标准稠度石灰膏用量如下：

$$Q'_d = Q_A - Q_c = 350 - 245 = 105 \text{(kg)}$$

本例题石灰膏稠度是 110 mm，并非 120 mm 的标准稠度，查《砌体结构工程施工质量验收规范》(GB 50203—2011)，石灰膏稠度为 110 mm 时的换算系为 0.99，故该稠度石灰膏实际用量为

$$Q_D = 0.99 \times Q'_d = 0.99 \times 105 \approx 104 \text{(kg)}$$

(4)确定砂子用量($Q_s$)。因所给干砂堆积密度是 1 450 kg/m³，故砂的用量为

$$Q_s = 1\ 450 \times 1 = 1\ 450 \text{(kg)}$$

(5)确定用水量($Q_w$)。根据对水泥混合砂浆用水量的规定，对于稠度为 70~90 mm 的混合砂浆，可选用 270~330 kg/m³ 的单位用水量。故此处可选用水量 300 kg/m³。即

$$Q_w = 300 \text{ kg/m}^3$$

假如经试配和强度检测，上述材料用量能满足设计要求，则该水泥混合砂浆的设计配合比为

水泥：石灰膏：砂：水 = 245：105：1 450：300 = 1：0.43：5.92：1.22

本例题所得结果，实为初步配合比。必须进一步按砂浆配合比设计的相关要求，调整和易性和强度检验合格，且水泥用量最少，此时的材料用量之比才是满足要求的配合比。

## 项目小结

本项目主要介绍建筑砂浆的概念、组成、主要技术性质及应用。

砌筑砂浆一般可分为现场配制砂浆和预拌砌筑砂浆。现场配制砂浆又可分为水泥砂浆和水泥混合砂浆；预拌砌筑砂浆(商品砂浆)是由专业生产厂生产的湿拌砌筑砂浆和干混砌筑砂浆，它的工作性、耐久性优良，生产时不分水泥砂浆和水泥混合砂浆。砌筑砂浆的配合比设计需要进行配合比的试配、调整与确定，其稠度、保水率、试配抗压强度应同时满足要求。预拌砂浆生产前也应进行配合比设计，试配时稠度及性能应符合《预拌砂浆》(GB/T 25181—2019)。

一般抹灰工程用砂浆宜选用预拌抹灰砂浆。抹灰砂浆在施工前应进行配合比设计，应考虑工程实际需求，其和易性(稠度、分层度、保水率)、抗压强度及拉伸粘结强度应符合相关规范要求。

## 课后习题

一、填空题

1. 建筑砂浆根据用途不同可分为_____、_____和特种砂浆。
2. 用于砌筑砂浆的胶凝材料有_____和_____。
3. 砂浆的和易性包括_____和_____两个方面含义。
4. 混凝土的和易性包括_____、_____和_____三个方面。
5. 抹灰砂浆，又称抹面砂浆，是指_____。
6. 用作防水层的砂浆叫作_____。

7. 为保证砂浆与基层黏结牢固、表面平整、不开裂，抹面砂浆通常分为两层或三层进行施工，包括_____、_____、_____，各层的作用与要求不同，所选用的砂浆也不同。

8. 砂浆立方体抗压强度试验标准试件尺寸为_____。

## 二、选择题

1. 砌筑砂浆用砂应符合建筑用砂的技术性质要求。砌筑砂浆用砂常用的是天然砂，且宜选用(　　)，其中毛石砌体宜选用(　　)。
   A. 中砂；粗砂　　　　　　　　　　B. 粗砂；中砂
   C. 细沙；粗砂　　　　　　　　　　D. 中砂；中砂

2. 因砂中含泥量过大，不但会增加砂浆水泥用量，还会使砂浆收缩值增大、耐久性降低，影响砌筑质量。因此，砌筑砂浆的含泥量应不大于(　　)。
   A. 3%　　　　B. 5%　　　　C. 7%　　　　D. 9%

3. 抹灰砂浆的(　　)可以使砂浆与底面牢固黏结，因此要求其具有良好的和易性、较高的粘结力，保水性要好。
   A. 底层　　　　　　　　　　　　　B. 中层
   C. 面层　　　　　　　　　　　　　D. 施工层

4. 衡量砂浆质量的指标不包括(　　)。
   A. 强度　　　　　　　　　　　　　B. 耐久性
   C. 流动性　　　　　　　　　　　　D. 保水性

## 三、简答题

1. 砌筑砂浆的作用是什么？
2. 混凝土的和易性与新拌砂浆的和易性的区别有哪些？
3. 砂浆配合比的主要步骤有哪些？
4. 简述砂浆稠度检测的主要试验步骤。

# 项目五 混凝土

混凝土具有原料丰富、价格低、生产工艺简单的特点，因而其用量越来越大。目前，建筑工程材料以混凝土为主，混凝土结构为人们提供安全可靠的生活环境，安全性的提升不仅有助于社会经济的稳定发展，对社会的长治久安也具有重要的作用。

课件：混凝土

在建筑工程施工中，加强工程施工质量的管理，能够有效提高混凝土结构的安全性和耐久性。混凝土工程施工中如果采用劣质材料、施工方法不科学等情况，会直接影响混凝土结构的安全性。为此，需要加强工程施工质量的管理工作，严格把关施工过程中的每个环节，保证施工质量满足国家规范和行业标准。另外，工程结束之后，还需要做好验收检查工作，需要有完整的验收检查体系作为支撑，确保工程质量。

本项目包含普通混凝土拌合物和易性检测、普通混凝土强度检测、普通混凝土耐久性检测、普通混凝土配合比设计及混凝土的选用等内容，学生在实际实践的过程中，需严格按相关标准规范执行，做到细致认真、沉稳耐心，对于相关检测数据的记录和计算务必保证准确、真实、有效，追求求真务实、勇于探索的工作作风。

## 任务一 熟悉混凝土

### 学习目标

（1）了解混凝土的种类。
（2）掌握混凝土的组成及特点。

### 核心概念

（1）**混凝土**：是指由胶凝材料将骨料胶结成整体的工程复合材料的统称。通常，混凝土是指用水泥作为胶凝材料，砂、石作为骨料，与水按一定比例配合，经搅拌而得的水泥混凝土，也称普通混凝土，它广泛应用于土木工程。

（2）**胶凝材料**：在建筑材料中，经过一系列物理作用、化学作用，能从浆体变成坚固的石状体，并能将其他固体物料胶结成整体而具有一定机械强度的物质。

## 基本知识

### 一、混凝土的组成

水泥混凝土是由水泥、粗细骨料和水按适当比例混合,在需要时掺加适宜的外加剂、掺合剂等配制而成的。其中,水泥起胶凝和填充作用,骨料起骨架和密实作用。水泥与水发生化学反应生成具有胶凝作用的水化物,将骨料颗粒紧密黏结在一起,经过一定凝结硬化时间后形成人造石材即混凝土。

### 二、混凝土的种类

**1. 按胶凝材料分类**

(1)无机胶凝材料混凝土,如水泥混凝土、石膏混凝土、硅酸盐混凝土、水玻璃混凝土等。

(2)有机胶凝材料混凝土,如沥青混凝土、聚合物混凝土等。

**2. 按表观密度分类**

混凝土按照表观密度的大小可分为重混凝土、普通混凝土、轻质混凝土。这三种混凝土的不同之处在于骨料的不同。

(1)重混凝土。重混凝土是表观密度大于 2 500 kg/m³,用特别密实和特别重的骨料制成的。如重晶石混凝土、钢屑混凝土等,它们具有不透 X 射线和 γ 射线的性能;常由重晶石和铁矿石配制而成。

(2)普通混凝土。普通混凝土是人们在建筑中常用的混凝土,表观密度为 1 950~2 500 kg/m³,主要以砂、石子为主要骨料配制而成,是土木工程中最常用的混凝土品种。

(3)轻质混凝土。轻质混凝土是表观密度小于 1 950 kg/m³ 的混凝土。它又可以分为以下三类:

1)轻骨料混凝土,其表观密度在 800~1 950 kg/m³,轻骨料包括浮石、火山渣、陶粒、膨胀珍珠岩、膨胀矿渣、矿渣等。

2)多孔混凝土(泡沫混凝土、加气混凝土)。其表观密度为 300~1 000 kg/m³。泡沫混凝土是由水泥浆或水泥砂浆与稳定的泡沫制成的。加气混凝土是由水泥、水与发气剂制成的。

3)大孔混凝土(普通大孔混凝土、轻骨料大孔混凝土)。其组成中无细骨料。普通大孔混凝土的表观密度范围为 1 500~1 900 kg/m³,是用碎石、软石、重矿渣作为骨料配制的。轻骨料大孔混凝土的表观密度为 500~1 500 kg/m³,是用陶粒、浮石、碎砖、矿渣等作为骨料配制的。

**3. 按使用功能分类**

按使用功能混凝土可分为结构混凝土、保温混凝土、装饰混凝土、防水混凝土、耐火混凝土、水工混凝土、海工混凝土、道路混凝土、防辐射混凝土等。

**4. 按施工工艺分类**

按施工工艺混凝土可分为离心混凝土、真空混凝土、灌浆混凝土、喷射混凝土、碾压混凝土、挤压混凝土、泵送混凝土等。

**5. 按配筋方式分类**

按配筋方式混凝土可分为素（即无筋）混凝土、钢筋混凝土、钢丝网水泥、纤维混凝土、预应力混凝土等。

**6. 按拌合物的和易性分类**

按拌合物的和易性混凝土可分为干硬性混凝土、半干硬性混凝土、塑性混凝土、流动性混凝土、高流动性混凝土、流态混凝土等。

## 三、混凝土的特点

(1) 耐水性能好，防火性能好。
(2) 组成材料来源丰富，取材容易，经济性好。
(3) 可塑性好，易成为任意形状和尺寸的构件。
(4) 可大量利用工业废料，减少对环境的污染，有利于环保。
(5) 可与钢材复合使用，互补优缺，拓宽了应用范围。
(6) 材料本身自重大，且容易开裂。
(7) 混凝土结构施工工期比较长，易受天气和季节的约束。
(8) 若结构出现问题，修复比较困难和复杂。

# 任务二　普通混凝土组成材料的选用

## 学习目标

(1) 掌握混凝土中各组成材料的性质和要求。
(2) 能根据使用场合选择合适的混凝土。

## 核心概念

(1) **骨料**：混凝土及砂浆中起骨架和填充作用的粒状材料，有细骨料和粗骨料两种。

(2) **强度等级**：结构设计时，混凝土各种力学强度的标准值均可由抗压强度等级经过换算得出，强度等级是各种力学强度标准值的基础。混凝土强度等级是根据立方体抗压强度标准值来确定，表示方法是用符号"C"和"立方体抗压强度标准值"两项内容表示。

## 基本知识

在普通混凝土中，砂、石起骨架作用，其主要作用是节省水泥、承担荷载和限制硬化水泥的收缩；水泥与水形成水泥浆，在混凝土中起润滑作用，赋予拌合物一定的流动性，便于施工操作，硬化后将骨料胶结在一起，形成坚硬的整体。原材料的基本性质将决定成型后混凝土的性质。

## 一、水泥

水泥在混凝土中起胶结作用,对混凝土的性能起着关键性作用,应从水泥品种和强度等级两个方面进行选择。

### 1. 水泥品种

五种常见水泥品种都可以配制普通水泥混凝土,但应根据工程性质和气候环境及施工条件进行合理选择。表 5-1 提供了选择水泥品种的归纳性参考。

表 5-1 水泥品种及其适用性

| 水泥品种 | | 硅酸盐水泥 | 普通硅酸盐水泥 | 矿渣硅酸盐水泥 | 火山灰质硅酸盐水泥 | 粉煤灰硅酸盐水泥 |
|---|---|---|---|---|---|---|
| 环境条件 | 普通气候环境 | 可以使用 | 优先选用 | 可以使用 | 可以使用 | 可以使用 |
| | 干燥环境 | 可以使用 | 优先选用 | — | 不得使用 | 不得使用 |
| | 高湿度环境或水下环境 | 可以使用 | 可以使用 | 优先选用 | 可以选用 | 可以选用 |
| | 严寒地区露天条件或严寒地区处在水位升降范围内的混凝土 | 优先选用 | 优先选用 | 不得使用 | 不得使用 | 不得使用 |
| 工程特点 | 厚大体积混凝土 | 不宜使用 | — | 优先选用 | 优先选用 | 优先选用 |
| | 机场、道路混凝土路面 | 可以使用 | 优先选用 | 不宜使用 | 不宜使用 | 不宜使用 |
| | 要求快硬的混凝土 | 优先选用 | 可以使用 | 不得使用 | 不得使用 | 不得使用 |
| | C40 以上的混凝土 | 优先选用 | 优先选用 | 可以使用 | 可以使用 | 可以使用 |
| | 有抗渗要求的混凝土 | 可以选用 | 优先选用 | 可以选用 | 优先选用 | 可以使用 |
| | 有耐磨要求的混凝土(强度等级≥42.5 MPa) | 优先选用 | 优先选用 | 可以使用 | 不得使用 | 不得使用 |

### 2. 水泥强度等级

应合理选择水泥强度等级,使水泥的强度等级与配制的混凝土强度等级相匹配。要避免高强度等级的混凝土采用过低强度等级的水泥,这样会由于水泥用量过多,不仅不经济,还会引起如收缩性加大、耐磨性降低等不良后果;同样也要避免过低强度等级的混凝土选用过高强度等级的水泥,以免因水泥用量偏少,造成混凝土耐久性不良的问题,并影响到混凝土的工作性和密实度。根据经验,普通混凝土强度等级和水泥强度等级之间大致有 1.0~1.5 倍的匹配关系。

## 二、粗骨料

混凝土用粗骨料包括碎石和卵石,其是混凝土中用量最多的组成材料,对混凝土的强度形成起着重要作用。总体上讲,为保证混凝土的质量,对粗骨料技术性能要求主要体现在具有良好的物理力学性能,以及稳定的化学性能,使骨料与水泥不发生有害反应。

### 1. 力学性质

粗骨料在混凝土中起骨架作用,必须具备足够的承载能力,即具有良好的强度和坚固性，力学性质通常采用岩石的立方体抗压强度或骨料压碎指标来表示。显然，不同抗压强度或压碎指标的原材料可适应不同的混凝土强度要求。根据《建设用卵石、碎石》(GB/T 14685—2022)的规定，按技术要求将卵石、碎石分为三类：Ⅰ类适用于强度等级大于等于C60的混凝土；Ⅱ类适用于强度等级为C30～C60及有抗冻、抗渗或其他要求的混凝土；Ⅲ类适用于强度等级小于等于C30的混凝土及建筑砂浆，见表5-2。

表5-2　混凝土强度等级与细骨料技术等级的关系

| 混凝土强度等级 | ≥C60 | C30～C60 | ＜C30 |
| --- | --- | --- | --- |
| 碎石、卵石技术等级 | Ⅰ类 | Ⅱ类 | Ⅲ类 |

**2. 粒径、颗粒形状及级配**

粗骨料的最大粒径将对混凝土的强度产生一定的影响。考虑最大粒径增加带来的影响，需要对粗骨料的最大粒径给出一定的限定。即混凝土用粗骨料的最大粒径应不大于结构截面最小尺寸的1/4，并且不超过钢筋最小净距的3/4；对于实心混凝土板，骨料的最大粒径不宜超过板厚的1/3，且不得超过31.5 mm。

因粗骨料中针、片状颗粒对混凝土的强度带来消极影响，应针对不同强度等级的混凝土限制粗骨料中针、片状颗粒含量。

采用不同的级配类型配制混凝土将带来不同的影响。连续级配矿料配制的混凝土较为密实，并具有优良的工作性，不易产生离析，是经常采用的级配形式。但连续级配与间断级配相比，配制相同强度等级的混凝土，所需的水泥消耗量较高；而采用间断级配矿料配制混凝土，水泥消耗量较低，并且可以得到密实高强的混凝土。但同时，间断级配混凝土拌合物容易产生离析现象。粗骨料的具体要求详见项目二。

**3. 有害物质**

粗骨料中的有害杂质主要以黏土、泥块、硫化物及硫酸盐、有机质等形式存在，这些杂质会影响到水泥与骨料之间的黏结性，对水泥的水化效果产生消极作用。另外，粗骨料中的一些活性成分，如活性氧化硅、活性炭酸盐等，在水存在的条件下可以与水泥中的碱性成分发生反应，引起混凝土膨胀、开裂，甚至造成严重的破坏，这种现象称为碱-骨料反应。所以，对这些有害物质要加以限制，防止这些成分对水泥水化效果产生消极作用。

### ■ 三、细骨料

混凝土用细骨料应采用级配良好，质地坚硬、颗粒洁净的河砂或海砂。各类砂的技术指标必须合格才能使用，详见项目二的相关介绍。

### ■ 四、拌合用水

根据《混凝土用水标准》(JGJ 63—2006)的规定，凡符合国家标准的生活饮用水均可拌制和养护各种混凝土。混凝土拌合用水水质要求应符合表5-3的规定。地表水、地下水、再生水的放射性应符合《生活饮用水卫生标准》(GB 5749—2022)的规定。混凝土拌合用水不应有漂浮明显的油脂和泡沫，不应有明显的颜色和异味。混凝土企业设备洗刷水不宜用于预应力混凝土、装饰混凝土、加气混凝土和暴露于腐蚀环境的混凝土；不得用于使用碱活性或潜在碱活性骨料的混凝土。在无法获得水源的情况下,海水可用于素混凝土,但不宜用于装饰混凝土,未经处理的海水严禁用于钢筋混凝土和预应力混凝土。

表 5-3　混凝土拌合水水质要求

| 项目 | 预应力混凝土 | 钢筋混凝土 | 素混凝土 |
| --- | --- | --- | --- |
| pH 值 | ≥5.0 | ≥4.5 | ≥4.5 |
| 不溶物/(mg·L$^{-1}$) | ≤2 000 | ≤2 000 | ≤5 000 |
| 可溶物/(mg·L$^{-1}$) | ≤2 000 | ≤5 000 | ≤10 000 |
| 氯化物 Cl$^-$/(mg·L$^{-1}$) | ≤500 | ≤1 000 | ≤3 500 |
| 硫酸盐 SO$_4^{2-}$/(mg·L$^{-1}$) | ≤600 | ≤2 000 | ≤2 700 |
| 碱含量/(mg·L$^{-1}$) | ≤1 500 | ≤1 500 | ≤1 500 |

注：碱含量按 $Na_2O+0.658K_2O$ 计算值来表示。采用非碱活性骨料时,可不检验碱含量。

## 任务三　普通混凝土拌合物和易性的检测

### 学习目标

(1)掌握新拌混凝土的和易性指标。
(2)掌握混凝土拌合物的坍落度试验。
(3)了解混凝土拌合物和易性的判断标准。

### 核心概念

(1)**和易性**:也称混凝土的工作性,是新拌水泥混凝土易于各工序施工操作(搅拌、运输、浇筑、捣实等)并能获得质量均匀、成型密实的性能,其含义包含流动性、黏聚性及保水性。

(2)**坍落度**:是混凝土和易性的测定方法与指标。工地与试验室中,通常是做坍落度试验测定拌合物的流动性,并辅以直观经验评定黏聚性和保水性。坍落度是用一个量化指标来衡量其程度的高低,用于判断施工能否正常进行。

### 基本知识

#### 一、和易性的概念

新拌混凝土的工作性又称和易性,是综合评价混凝土流动性、可塑性、稳定性和易密性状况的一项综合性质和指标。

(1)流动性。流动性是指混凝土拌合物在自重或机械振捣作用下,能产生流动,并均匀密实地填满模板的性能。

(2)可塑性。可塑性是指拌合物在外力作用下产生塑性流动,不发生脆性断裂的性质。

(3)稳定性。稳定性是指拌合物在外力作用下,骨料在水泥浆体中保持均匀分布,不会产生离析或出现泌水现象的性能。

(4)易密性。易密性是指拌合物在捣实或振动过程中克服摩阻力达到密实程度的能力。

由于混凝土拌合物的工作性在很大程度上影响到施工过程和硬化后混凝土的技术性能。因此,较深入地了解混凝土的工作性概念,有效把握影响工作性的相关技术,对保证水泥混凝土的质量和品质有重要的意义。

## 二、和易性的检测方法

常用混凝土拌合物工作性的测定方法有维勃稠度试验和坍落度试验两种。坍落度试验适用于塑性混凝土;维勃稠度试验适用于干硬性混凝土,但无论哪种试验方法都不是一个能够全面反映混凝土拌合物工作性的测定方法。目前,只是在测出混凝土拌合物流动性的同时,通过经验和观察,结合一定的辅助手段综合地评定混凝土的工作性。

### 1. 维勃稠度试验

坍落度试验适用于新拌混凝土具有一定坍落度,并有一定塑性时的情况。当混凝土较为干硬,且坍落度很小时,这种方法就不合适了,这时需要采用维勃稠度试验来评定混凝土的工作性。

维勃稠度试验采用专用维勃稠度仪来进行。维勃稠度仪由振动台、台上固定的标准圆筒和筒上的透明圆盘组成。进行维勃稠度试验,首先按与坍落度试验相同的操作方式将混凝土拌合物装填到放在维勃稠度仪上的圆锥筒中,提起圆锥筒后,将一透明圆盘放置在混凝土拌合物上。开启振动台,同时开始计时,当透明圆盘底面被水泥浆布满的瞬间停止计时,并关闭振动台。以这一过程所需的时间作为维勃试验的结果,以秒为单位。显然,维勃时间越长,混凝土拌合物的坍落度就越小。

### 2. 坍落度试验

能力训练部分内容主要介绍坍落度试验方法。

## 能力训练

### 一、操作条件

#### 1. 检测依据

坍落度试验是按照《普通混凝土拌合物性能试验方法标准》(GB/T 50080—2016)的要求操作。在该规范中规定了坍落度试验和维勃稠度试验方法,此处仅介绍坍落度试验方法。

#### 2. 目的及适用范围

通过坍落度试验,综合评价新拌混凝土的工作性。

坍落度试验适用于坍落度值不小于 10 mm,骨料最大公称粒径不大于 40 mm 的混凝土。

#### 3. 仪器设备

(1)坍落度筒:用 1.5 mm 厚的薄钢板或其他金属制成的圆台形筒,如图 5-1 所示。内壁光滑、无凹凸部位。底面和顶面应相互平行并与椎体的轴线垂直。底部直径为 200 mm±2 mm；顶部直径为 100 mm±2 mm；高度为 300 mm±2 mm；筒壁厚度不小于 1.5 mm。

（2）捣棒：端部应磨圆，直径为 16 mm，长度为 650 mm。

（3）其他：漏斗、小铁铲、标尺、抹刀等。

图 5-1 坍落度筒、漏斗、捣棒和标尺

## 二、操作过程

普通混凝拌合物和易性检测试验步骤见表 5-4。

表 5-4 普通混凝拌合物和易性检测试验步骤

| 序号 | 步骤 | 操作方法及说明 | 质量标准 |
|---|---|---|---|
| 1 | 试验准备 | （1）坍落度筒内壁和底板应润湿无明水。<br>（2）底板应放置在坚实水平面上，并把坍落度筒放在底板中心，然后用脚踩住两边的脚踏板，坍落度筒在装料时应保持在固定的位置 | 能正确安设仪器 |
| 2 | 装料及插捣 | （1）混凝土拌合物试样应分三层均匀地装入坍落度筒内，每装一层混凝土拌合物，应用捣棒由边缘到中心按螺旋形均匀插捣 25 次（图1），捣实后每层混凝土拌合物试样高度约为筒高的 1/3。<br><br>图 1 用捣棒均匀插捣<br><br>（2）插捣底层时，捣棒应贯穿整个深度，插捣第二层和顶层时，捣棒应插透本层至下一层的表面。<br>（3）顶层混凝土拌合物装料应高出筒口，插捣过程中，混凝土拌合物低于筒口时，应随时添加 | （1）能正确分层装料。<br>（2）能正确插捣混凝土拌合物 |
| 3 | 试验过程 | （1）顶层插捣完成后，取下装料漏斗，应将多余混凝土拌合物刮去，并沿筒口抹平。<br>（2）清除筒边底板上的混凝土后，应垂直平稳地提起坍落度筒，并轻放于试样旁边；当试样不再继续坍落或坍落时间达 30 s 时，用标尺或钢尺测量出筒高与坍落后混凝土试体最高点之间的高度差，作为该混凝土拌合物的坍落度值。 | |

续表

| 序号 | 步骤 | 操作方法及说明 | 质量标准 |
|---|---|---|---|
| 3 | 试验过程 | (3)坍落度筒的提离过程宜控制在 3~7 s；从开始装料到提坍落度筒的整个过程应连续进行，并应在 150 s 内完成(图2)<br><br>图 2　坍落度测量 | (1)能正确使用仪器设备。<br>(2)能正确控制试验时间 |
| 4 | 试验结果计算 | 混凝土拌合物坍落度值测量应精确至 1 mm，结果应修约至 5 mm | 能正确测量并修约混凝土拌合物的坍落度 |

## ■ 三、检测结果

(1)将坍落度筒提起后混凝土发生一边崩坍或剪坏现象时，应重新取样另行测定；第二次试验仍出现一边崩坍或剪坏现象，表明该混凝土和易性不好，应予记录说明。

(2)对坍落的拌合物做进一步的观察，用捣棒轻轻敲击拌合物。如在敲击过程中坍落的混凝土体渐渐下沉，表示黏聚性较好；如敲击时混凝土体突然折断或崩解、石子散落，则说明混凝土黏聚性差。

(3)观察整个试验过程中是否有水从拌合物中析出，如混凝土体的底部少有水分析出，混凝土拌合物表面也无泌水现象，则说明混凝土的保水性较好；否则，如果底部明显有水分流出，或混凝土表面出现泌水现象，则表示混凝土的保水性不好。

(4)当混凝土拌合物的坍落度大于 160 mm 时，用钢尺测出混凝土坍落结束扩展后的最大直径和最小直径，在这两个直径之差小于 50 mm 的条件下，用其算术平均值作为坍落扩展度。但两者的差值超出 50 mm 时，此次试验无效。详见《普通混凝土拌合物性能试验方法标准》(GB/T 50080—2016)。

除上述操作外，还可针对所谓的棍度按上、中、下进行描述，对含砂情况采用多、中、少进行评价。由此可见，混凝土拌合物工作性的描述是一种带有经验性的综合评述过程。

## ■ 四、学习结果评价

| 序号 | 评价内容 | 评价标准 | 评价结果 |
|---|---|---|---|
| 1 | 混凝土拌合物的坍落度检测 | 能正确操作混凝土的坍落度试验步骤 | 是/否 |
| | | 能正确测定混凝土的坍落度 | 是/否 |
| | | 能根据试验结果，判断混凝土拌合物的工作性 | 是/否 |

# 任务四　普通混凝土强度的检测

## 学习目标

(1)掌握混凝土试件的制作和养护。
(2)掌握混凝土抗压强度、抗折强度的检测方法。
(3)能判断混凝土的品质。

## 核心概念

(1)**强度**：混凝土最主要的力学性质之一，工程实践中主要关注的有抗压强度和抗折强度。

(2)**混凝土养护**：人为造成一定的湿度和温度条件，使刚浇筑的混凝土得以正常的或加速其硬化和强度增长。混凝土能逐渐硬化和增长强度，是由于水泥水化作用的结果，而水泥的水化需要一定的温度和湿度条件。如周围环境不存在该条件时，则需要人工对混凝土进行养护。

## 基本知识

### 一、普通混凝土试件的制作

#### 1. 试件尺寸及换算系数

常用试件的尺寸及换算系数根据混凝土中骨料的最大粒径按表5-5的规定选定。

表5-5　常用水泥混凝土试模尺寸及换算系数

| 试验内容 | 试模内部尺寸/(mm×mm×mm) | | 骨料最大粒径/mm | 尺寸换算系数(k) |
|---|---|---|---|---|
| 立方体抗压强度 | 标准试件 | 150×150×150 | 31.5 | 1.00 |
| | 非标准试件 | 200×200×200 | 53 | 1.05 |
| | | 100×100×100 | 26.5 | 0.95 |
| 抗折强度 | 标准试件 | 150×150×550(600) | 31.5 | 1.00 |
| | 非标准试件 | 100×100×400 | 26.5 | 0.85 |
| 立方体劈裂抗拉强度 | 标准试件 | 150×150×150 | 31.5 | 1.00 |
| | 非标准试件 | 100×100×100 | 26.5 | 0.85 |

注：将原采用圆孔筛确定的粒径换算为对应方孔筛确定的粒径。

#### 2. 试件尺寸公差要求

(1)试件的承压面的平面度公差不得超过$0.0005d$，$d$为边长。

(2)试件的相邻面间的夹角应为90°,其公差不得超过0.5°。
(3)试件各边长、直径和高的尺寸的公差不得超过1 mm。

## 二、普通混凝土试件的养护

(1)成型好的试模上覆盖湿布,防止水分蒸发。在室温(20±5)℃、相对湿度大于50%的条件下静置1~2 d。时间到达后拆模,进行外观检查、编号,并对局部缺陷进行加工修补。

(2)将试件移至标准养护室的架子上,彼此应有10~20 mm的间距。养护条件温度(20±2)℃,相对湿度95%以上,直至到规定龄期。

## 能力训练

## 一、操作条件

### 1. 检测依据

普通混凝土强度的检测应按照《混凝土物理力学性能试验方法标准》(GB/T 50081—2019)、《混凝土强度检验评定标准》(GB/T 50107—2010)的要求操作。

### 2. 目的及适用范围

通过混凝土抗压强度试验,以确定混凝土强度等级,作为评定混凝土品质的重要指标。

### 3. 仪器设备

(1)压力试验机(图 5-2):压力试验机除应符合《液压式万能试验机》(GB/T 3159—2008)及《试验机 通用技术要求》(GB/T 2611—2022)中技术要求外其测量精度为±1%,试件破坏荷载应大于压力机全量程的20%,且小于压力机全量程的80%。应具有加荷速度指示装置或加荷速度控制装置,并应能均匀连续地加荷。其应具有有效期内的计量检定证书。

(2)振动台:振动台应符合《混凝土试验用振动台》(JG/T 245—2009)中技术要求的规定,并应具有有效期内的计量检定证书。

(3)试模:试模应符合《混凝土试模》(JG/T 237—2008)中技术要求的规定。应定期对试模进行自检,自检周期宜为3个月。试模由铸铁或钢制成,应具有足够的刚度并拆装方便。试模内表面应机械加工,其不平度应不超过0.05 mm/100 mm,组装后各相邻面不垂直度应不超过±0.5°。

(4)捣棒、小铁铲、金属直尺、抹刀等。

图 5-2 压力试验机

## 二、操作过程

普通混凝土强度的检测试验步骤见表 5-6。

**表 5-6　普通混凝土强度的检测试验步骤**

| 序号 | 步骤 | 操作方法及说明 | 质量标准 |
|---|---|---|---|
| 1 | 试验准备 | 装配好试模，避免组装变形或使用变形试模，并在试模内部涂抹薄薄一层脱模剂 | 能正确组装试模 |
| 2 | 试件制作及养护 | (1)将符合工作性要求的拌合物在 15 min 之内装填入试模中。根据混凝土拌合物坍落度高低，选择合适的密实方法：<br>1)当坍落度小于 25 mm 时，可采用 φ25 mm 插入式振捣棒成型。将拌合物一次装入试模并适当高出，过程中还可用抹刀沿各试模壁插捣。用振捣棒距板底 10～20 mm 插入振捣，直至表面出浆为止。应避免过振，防止混凝土离析，振捣时间为 20 s。缓慢拔出振捣棒，避免留下孔洞。用抹刀刮去多余混凝土，在临近初凝时，用抹刀抹平(图1)。<br>图 1　人工成型<br>2)当坍落度大于 25 mm 且小于 90 mm 时，用标准振动台成型(图2)。将已装满且稍有富余拌合物的试模固定在振动台上，接通电源振动至表面出现水泥浆为止，时间一般控制在 90 s。振动结束后，用金属直尺沿试模边缘刮去多余混凝土，用抹刀抹平表面。待试件收浆后，再次用抹刀将试件表面仔细抹平。<br>3)当坍落度大于 90 mm 时，用人工成型。将拌合物分两层装填在试模中，用捣棒以螺旋形从边缘向中心均匀插捣。插捣底层混凝土时，捣棒应达到模底；插捣上层时，捣棒应深入到下层 20～30 mm 处，注意插捣时要以用力下压而不是冲击的方式。每插捣完一层，用橡皮锤敲击试模外壁 10～15 次。100 cm² 截面面积内每层插捣次数不得少于 12 次。<br>图 2　标准振动台成型<br>(2)每种方式成型的试件表面与试模表面边缘高低差不得超过 0.5 mm。<br>(3)养护直至规定龄期 | (1)能正确选择试件制作方法。<br>(2)能正确制作试件 |
| 3 | 试验过程 | 抗压强度试验：<br>(1)将养护到指定龄期的混凝土试件取出，擦除表面水分。检查测量试件外观尺寸，看是否有几何形状变形。试件如有蜂窝缺陷，可以在试验前 3 天用水泥浆填补修整，但需在报告中加以说明。<br>(2)以成型时的侧面作为受压面，将混凝土置于压力机中心并位置对中。施加荷载时，对于强度等级小于 C30 的混凝土，加载速度为 0.3～0.5 MPa/s；对于强度等级大于 C30 小于 C60 的混凝土，取 0.5～0.8 MPa/s 的加载速度；对于强度等级大于 C60 的混凝土，取 0.8～1.0 MPa/s 的加载速度。当试件接近破坏而开始迅速变形时，应停止调整试验机的油门，直到试件破坏，记录破坏时的极限荷载(图3)。<br>图 3　混凝土试块抗压试验 | |

续表

| 序号 | 步骤 | 操作方法及说明 | 质量标准 |
|---|---|---|---|
| 3 | 试验过程 | 抗折强度试验：<br>(1)将达到规定龄期的抗折试件取出，擦干表面，检查试件，如发现试件中部 1/3 长度内有蜂窝等缺陷，则该试件废弃。<br>(2)从试件一端量起，分别在距端部的 50 mm、200 mm、350 mm 和 500 mm 处画出标记，分别作为支点(50 mm 和 500 mm 处)以及加载点(200 mm 和 350 mm 处)的具体位置。<br>(3)调整万能机上两个可移动支座，使其准确对准试验机下压头中心点距离两侧各 225 mm，随后紧固支座。将抗折试件放在支座上，且侧面朝上。<br>(4)施加荷载时应保持均匀、连续。当混凝土的强度等级小于 C30 时，加荷速度为 0.02~0.05 MPa/s；当混凝土的强度等级大于或等于 C30 且小于 C60 时，加荷速度为 0.05~0.08 MPa/s；当混凝土的强度等级大于或等于 C60 时，加荷速度为 0.08~0.10 MPa/s；试件接近破坏而开始迅速变形时，不再增加油门，直至试件破坏(图 4)<br><br>图 4　混凝土试块抗折试验 | (1)能正确使用仪器设备。<br>(2)能正确控制加载速率。<br>(3)能正确判断混凝土破坏标准 |

## ■ 三、检测结果

(1)普通混凝土抗压强度通过下式计算：

$$f_{cu} = k \cdot \frac{F_{\max}}{A_0} \tag{5-1}$$

式中　$f_{cu}$——普通混凝土抗压强度(MPa)；

　　　$F_{\max}$——极限荷载(N)；

　　　$A_0$——试件受压面积($mm^2$)；

　　　$k$——尺寸换算系数(表 5-5)。

(2)普通混凝土抗折强度通过下式计算：

$$f_{cf} = \frac{FL}{bh^2} \tag{5-2}$$

式中　$f_{cf}$——普通混凝土抗折强度(MPa)；

　　　$F$——极限荷载(N)；

　　　$L$——支座间距(450 mm)；

　　　$b$、$h$——试件的宽和高(标准尺寸均为 150 mm)。

(3)试验结果的数据处理:无论是抗压强度还是抗折强度,试验结果均以3个试件的算术平均值作为测定值。如任一个测定值与中值的差超过中值的15%,取中值为测定结果;如两个测定值与中值的差都超过15%时,则该组试验结果作废。

(4)压力机通常有若干加载量程,试验时应选择合适的压力机加载量程,一般要求达到的最大破坏荷载是所选量程的20%~80%,否则可能引起较大的误差。选择的思路是根据混凝土设计强度(或判断可能达到的强度),通过强度计算公式反算出在此强度状况下达到的最大荷载,而能够使该荷载进入某量程的20%以上、80%以下的,则是合适的加载量程。

(5)试验要求的加载速率单位是以 MPa/s 表示,并不是压力机施加的力的单位。应根据加载速率要求和实际试验时试件的受压面积将其换算成压力机可读的力的单位,即 kN/s。如常见的强度等级C30以上的150 mm×150 mm×150 mm抗压试件,根据要求的加载速率为0.5~0.8 MPa/s,则换算成压力机上可读的加载速率为11.25~18.00 kN/s。

(6)试件从养护环境中取出后要尽快进行试验,以免试件内部的湿度发生显著改变而影响测定结果。

(7)对于抗弯拉试验,三个试件中如有一个断面位于加荷点外侧,则混凝土抗折强度按另外两个试件的试验结果计算。如果这两个测值的差值不大于这两个测值中较小值的15%,则这两个测值的平均值为测试结果;否则结果无效。如果有两根试件均出现断裂面位于加荷点外侧,则该组结果也判为无效。

## ■ 四、学习结果评价

| 序号 | 评价内容 | 评价标准 | 评价结果 |
| --- | --- | --- | --- |
| 1 | 非标试件尺寸换算 | 能对非标准尺寸试件进行换算 | 是/否 |
| 2 | 混凝土抗压、抗折强度检测 | 能正确制作试验所需的试件 | 是/否 |
| | | 能正确操作试验步骤 | 是/否 |
| | | 能根据试验结果计算混凝土强度,并判断混凝土是否合格 | 是/否 |

# 任务五 普通混凝土的耐久性

## 学习目标

掌握混凝土耐久性的相关指标。

## 核心概念

**耐久性**:混凝土的耐久性是指材料在外部和内部不利因素的长期作用下,保持其原有性能和作用功能的性质。

## 基本知识

以往人们过于注重混凝土的强度，而在实际应用中，许多混凝土结构的破坏不是由于强度不足，而是在长期遭受了自然界的侵蚀后出现了裂缝、碳化、风化、锈蚀等问题，需要修复、加固，甚至不得不废弃。因此，提高混凝土耐久性，对于延长结构寿命、减少修复工作量、提高经济效益具有重要的意义。

耐久性是反映材料抵抗外界不利因素的综合性质，通常包括混凝土的抗渗性、抗冻性、抗碳化性、抗侵蚀性、碱-骨料反应和表面磨损。

### 一、抗渗性

抗渗性是指混凝土抵抗压力介质（水、油、溶液等）渗透的性能。混凝土的抗渗性是决定混凝土耐久性最主要的因素，抗渗能力的大小主要与其本身的密实度、内部孔隙的大小及构造有关。混凝土渗水（或油）是由于内部存在相互连通的孔隙和裂缝，这些孔道除由于施工振捣不密实外，主要源于水泥浆中多余的水分蒸发和泌水后留下或形成的毛细管孔道及粗骨料下界面聚积的水所形成的孔隙。渗水孔道的多少主要与水胶比有关。水胶比越小，则抗渗性能越好。

混凝土的抗渗性用抗渗等级 P 表示。测定混凝土抗渗等级采用顶面直径为 175 mm、底面直径为 185 mm、高为 150 mm 的圆台体为标准试件，养护 28 d，在标准试验方法下，以每组 6 个试件中 4 个未出现渗水时的最大水压表示，分为 P4、P6、P8、P10、P12 五个等级，分别表示混凝土能抵抗 0.4 MPa、0.6 MPa、0.8 MPa、1.0 MPa、1.2 MPa 的水压力而不渗水。

### 二、抗冻性

抗冻性是指混凝土在使用环境中，能经受多次冻融循环作用而不破坏，同时，不严重降低强度的性能。对于受冻害影响的寒冷地区的混凝土，要求其具有一定的抗冻能力。混凝土吸水饱和受冻，其内部孔隙中的水就会在负温下结冰，产生体积膨胀。当膨胀力超过混凝土的抗拉强度时，混凝土产生细微裂缝。经多次冻融循环，细微裂缝逐渐扩展，使混凝土表面疏松剥落，质量损失，强度降低，直至破坏。混凝土的抗冻性取决于其本身的密实度、孔隙构造和数量、孔隙的充水程度。密实的混凝土和具有封闭孔隙的混凝土，其抗冻性较高。

混凝土抗冻性用抗冻等级 F 表示，它以 28 d 龄期的混凝土标准试件，在饱水后承受反复冻融循环，以抗压强度损失不超过 25%，且质量损失不超过 5% 时的最大循环次数来确定。混凝土的抗冻等级有 F10、F15、F25、F50、F100、F150、F200、F250 和 F300 九个等级，分别表示混凝土能承受冻融循环的最大次数不小于 10、15、25、50、100、150、200、250 和 300。抗冻等级等于或大于 F50 的混凝土称为抗冻混凝土。

### 三、抗碳化性

混凝土碳化作用是二氧化碳或含碳酸的水与混凝土中氢氧化钙作用生成碳酸钙的反应。

碳化过程是外界环境中的 $CO_2$ 通过混凝土表层的孔隙和毛细孔，不断地向内部扩散的过程。由于碳化后碱度降低，减弱了对钢筋的保护作用，混凝土中的钢筋容易发生锈蚀。碳化还会引起混凝土的收缩，导致表面形成细微裂缝，使混凝土的抗拉强度和抗折强度降低。

混凝土的碳化有不利的一面，也有一些有利的一面，即碳化作用产生的碳酸钙填充了水泥石的孔隙，碳化时所放出的水分有助于水泥的水化，从而可提高混凝土碳化层的密实度，对提高混凝土的抗压强度有利。在工程中也常利用碳化来提高混凝土构件的表面硬度。

影响混凝土碳化速度的因素有环境中二氧化碳的浓度、水泥品种、水胶比、环境湿度等。二氧化碳的浓度高，混凝土的碳化速度快；当环境中的相对湿度在50%～75%时，碳化速度最快；当相对湿度小于25%时，碳化作用将停止；水胶比越小，混凝土越密实，二氧化碳和水不易侵入，碳化速度则慢；掺混合材料的水泥碱度降低，碳化速度随混合材料掺量的增多而加快。

碳化深度通常可用无色酚酞试液来鉴定。将无色酚酞涂在断面上，混凝土表层碳化后不呈现红色，而未碳化的混凝土则会变成红色。

### ■ 四、抗侵蚀性

抗侵蚀性是指混凝土抵抗外界侵蚀性介质破坏作用的能力。混凝土在使用过程中会与酸、碱、盐类化学物质接触，这些化学物质会导致水泥石腐蚀，从而降低混凝土的耐久性。混凝土所处环境中含有侵蚀性介质时，混凝土会遭受不同程度的侵蚀，对混凝土必须提出抗侵蚀性要求。对混凝土的侵蚀，通常主要有软水侵蚀、硫酸盐侵蚀、镁盐侵蚀、碳酸侵蚀、一般酸侵蚀和强碱侵蚀等，其侵蚀机理与水泥化学侵蚀相同。随着混凝土在地下工程、海岸与海洋工程等恶劣环境中的大量应用，对混凝土的抗侵蚀性提出了更高的要求。

混凝土的抗侵蚀性与所用水泥品种、混凝土的密实程度和孔隙特征等有关。密实和孔隙封闭的混凝土，环境水不易侵入，其抗侵蚀性则强。提高混凝土抗侵蚀性的主要措施是合理选择水泥品种，尽量降低混凝土的水胶比，掺加实力的活性掺合料，提高混凝土的密实度，改善混凝土的孔隙结构，掺加合适的外加剂等。混凝土所用的水泥品种可根据工程所处环境进行选择。

### ■ 五、碱-骨料反应

碱-骨料反应是指水泥中的碱（$Na_2O$、$K_2O$）与骨料中的活性二氧化硅反应，在骨料表面生成复杂的碱-骨料凝胶，吸水后体积膨胀导致混凝土开裂破坏使混凝土的耐久性严重降低的现象。

碱-骨料反应的产生有三个条件，即水泥中含碱量高；砂石骨料中含有活性二氧化硅成分；有水存在。

防止碱-骨料反应发生的主要措施有：采用含碱量小于0.6%的水泥；选用非活性骨料；掺入活性混合材料吸收溶液中的碱，使反应产物分散而减少膨胀值；掺入引气剂产生微小气泡，降低膨胀压力；防止水分侵入，设法使混凝土处于干燥状态。

# 任务六 熟悉混凝土配合比设计

## 学习目标

(1)熟悉混凝土配合比的设计步骤。
(2)会对配合比进行调整和换算。

## 核心概念

(1)**配合比设计**：混凝土配合比设计就是根据混凝土强度等级、耐久性与和易性等要求，并达到经济合理的目的而进行混凝土各组分用量的比例设计。
(2)**混凝土配置强度**：在进行混凝土配合比设计时，所希望达到的目标强度值。
(3)**水胶比**：每立方米混凝土用水量与所有胶凝材料用量的比值。

## 基本知识

### 一、配合比设计指标

混凝土配合比设计指标主要包括拌合物的工作性、硬化后的结构强度及使用时的耐久性等。

**1. 混凝土拌合物的工作性**

混凝土拌合物工作性的选择取决于混凝土施工方法及构件自身的特点，包括构件截面尺寸的大小、钢筋疏密程度及施工方式等。通常，当构件截面尺寸较小或钢筋较密，采用人工插捣时，坍落度可选择的大一些；反之，当构件截面尺寸较大或钢筋较疏，采用机械振捣时，坍落度可选择的小一些。

**2. 混凝土的配制强度**

混凝土设计强度等级应根据实际工程构造物的结构特点、功能要求、所处环境等众多因素综合考虑决定。

为了使所配制的混凝土在工程使用时具备必要的强度保证率，配合比设计时的配制强度应大于设计要求的强度等级，当混凝土设计强度小于C60时和不小于C60时，配制强度分别按式(5-3)和式(5-4)计算：

$$f_{cu,0} \geq f_{cu,k} + 1.645\sigma \tag{5-3}$$

$$f_{cu,0} \geq 1.15 f_{cu,k} \tag{5-4}$$

式中 $f_{cu,0}$——混凝土配制强度(MPa)；

$f_{cu,k}$——混凝土设计强度(MPa)；

1.645——混凝土强度达到95%保证率时的保证率系数；

σ——混凝土强度标准差(MPa);可根据施工单位在1~3个月期间,同类混凝土统计资料确定,计算时的试件组数不应少于30组。如施工单位无历史资料可供参考,标准差可按表5-7取值。

表 5-7  强度标准差取值表    MPa

| 混凝土强度等级 | ≤C20 | C25~C45 | C50~C55 |
|---|---|---|---|
| σ | 4.0 | 5.0 | 6.0 |

### 3. 混凝土的耐久性

混凝土的耐久性主要取决于混凝土的密实程度,而密实度的高低又在于混凝土的水胶比的大小和水泥用量的多少。当水胶比偏大或水泥用量偏少时,都有可能在硬化后的混凝土构件内部产生过多的毛细孔隙,为日后引起混凝土耐久性不良现象留下隐患。所以,为了保证混凝土的耐久性,要对混凝土中的最大水胶比和最小水泥用量做出限制规定。当满足耐久性要求时,混凝土中最小胶凝材料用量应符合表5-8的要求。

表 5-8  满足耐久性要求混凝土最小胶凝材料(水泥)用量

| 最大水胶比 | 最小胶凝材料用量/(kg·m$^{-3}$) |||
|---|---|---|---|
| | 素混凝土 | 钢筋混凝土 | 预应力混凝土 |
| 0.60 | 250 | 280 | 300 |
| 0.55 | 280 | 300 | 300 |
| 0.50 | 320 |||
| ≤0.45 | 330 |||

当混凝土中掺加矿物掺合料时,其最大掺量按表5-9考虑。

表 5-9  钢筋混凝土中矿物掺合料最大掺量

| 矿物掺合料种类 | 水胶比 | 最大掺量/% ||
|---|---|---|---|
| | | 采用硅酸盐水泥 | 采用普通硅酸盐水泥 |
| 粉煤灰 | ≤0.40 | 45 | 35 |
| | >0.40 | 40 | 30 |
| 粒化高炉矿渣粉 | ≤0.40 | 65 | 55 |
| | >0.40 | 55 | 45 |
| 钢渣粉 | — | 30 | 20 |
| 磷渣粉 | — | 30 | 20 |
| 硅灰 | — | 10 | 10 |
| 复合掺合料 | ≤0.40 | 65 | 55 |
| | >0.40 | 55 | 45 |

同时,满足耐久性要求时还应达到表5-10中所列指标的要求。

表 5-10　满足耐久性要求混凝土最大水胶比

| 主要类型 | 环境特点 | 最大水胶比 | 最低强度等级 | 最大氯离子含量 |
| --- | --- | --- | --- | --- |
| 一类 | 室内干燥环境；永久的无侵蚀性静水浸没环境 | 0.60 | C20 | 不限制 |
| 二类a | 室内潮湿环境；非严寒和非寒冷地区的露天环境；非严寒和非寒冷地区与无侵蚀性的水或土壤直接接触的环境；寒冷和严寒地区的冰冻线以下与无侵蚀性的水或土直接接触的环境 | 0.55 | C25 | 3.0 |
| 二类b | 干湿交替环境；水位频繁变动环境，严寒和寒冷地区的露天环境；严寒和寒冷地区的冰冻线以上与无侵蚀性的水或土直接接触的环境 | 0.50(0.55) | C30(C20) | |
| 三类a | 严寒和寒冷地区冬季水位冰冻区环境；受除冰盐影响环境；海风环境 | 0.45(0.50) | C35(C30) | |
| 三类b | 盐渍土环境；受除冰盐作用环境；海岸环境 | 0.40 | C40 | |

注：二类b、三类a环境中的混凝土在使用引气剂时，可采用括号中的参数。

## ■ 二、混凝土初步配合比设计步骤

**1. 计算混凝土的配制强度 $f_{cu,0}$**

根据设计要求的强度等级，普通混凝土的配制强度按式(5-3)或式(5-4)计算确定。

**2. 确定水胶比 $W/B$**

普通混凝土的水胶比($W/B$)依据下式求得：

$$W/B = \frac{a_a \times f_b}{f_{cu,0} + a_a \times a_b \times f_b} \tag{5-5}$$

式中　$f_{cu,0}$——水泥混凝土的配制强度(MPa)；

　　　$a_a,a_b$——回归系数，应根据工程所使用的水泥和骨料，通过实际试验来确定。当不具备统计回归条件时，可按表5-11的内容选用；

　　　$f_b$——胶凝材料28 d抗压强度实测值(MPa)。

当无实测值时，$f_b$值可按下式确定：

$$f_b = \gamma_f \gamma_s f_{ce} \tag{5-6}$$

式中　$\gamma_f,\gamma_s$——粉煤灰和粒化高炉矿渣粉影响系数，按表5-12选用；

　　　$f_{ce}$——水泥28 d实测强度(MPa)。

如无实测值，$f_{ce}$可按下式计算：

$$f_{ce} = \gamma_c \times f_{ce,g} \tag{5-7}$$

式中　$f_{ce,g}$——水泥强度等级(MPa)；

　　　$\gamma_c$——水泥强度等级富裕系数，按表5-13取值。

表 5-11　混凝土回归系数($a_a$，$a_b$)取值表

| 粗骨料品种<br>系数 | 碎石 | 卵石 |
| --- | --- | --- |
| $a_a$ | 0.53 | 0.49 |
| $a_b$ | 0.20 | 0.13 |

表 5-12　粉煤灰影响系数($\gamma_f$)和粒化高炉矿渣粉($\gamma_s$)影响系数

| 掺量/% | 粉煤灰影响系数 $\gamma_f$ | 粒化高炉矿渣粉影响系数 $\gamma_s$ |
|---|---|---|
| 0 | 1.00 | 1.00 |
| 10 | 0.85～0.95 | 1.00 |
| 20 | 0.75～0.85 | 0.95～1.00 |
| 30 | 0.65～0.75 | 0.90～1.00 |
| 40 | 0.55～0.65 | 0.80～0.90 |
| 50 | — | 0.70～0.85 |

注：1. 采用Ⅰ级、Ⅱ级粉煤灰宜取上限值。
　　2. 采用 S75 级粒化高炉矿渣粉宜取下限值，采用 S95 级粒化高炉矿渣粉宜取上限值，采用 S105 级粒化高炉矿渣粉宜取上限值加 0.05。
　　3. 当超出表中的掺量时，粉煤灰和粒化高炉矿渣粉影响系数应经试验测定。

表 5-13　水泥强度等级富裕系数($\gamma_c$)

| 水泥强度等级值 | 32.5 | 42.5 | 52.5 |
|---|---|---|---|
| 富余系数 | 1.12 | 1.16 | 1.10 |

当计算求出 $W/B$ 后，还应根据混凝土所处环境条件对耐久性要求的允许水胶比(表 5-10)进行校核，必须满足规定的最大水胶比限定。

**3. 单位用水量($m_{w0}$)的确定**

当水胶比确定后，单位用水量的大小就决定了混凝土中水泥浆数量的多少，也就决定了水泥浆和骨料质量的比例关系。该用水量主要取决于混凝土拌合物施工工作性的要求，采用查表的方式进行。

(1)当水胶比在 0.40～0.80 范围时，对于塑性混凝土用水量($m_{w0}$)应符合表 5-14 的规定。

(2)当水胶比在 0.40～0.80 范围时，对于干硬性混凝土用水量($m_{w0}$)应符合表 5-15 的规定。

表 5-14　塑性混凝土的用水量　　　　　　　　　　　kg/m³

| 混凝土坍落度/mm | 卵石最大公称粒径/mm ||||碎石最大公称粒径/mm ||||
|---|---|---|---|---|---|---|---|---|
| | 10.0 | 20.0 | 31.5 | 40.0 | 16.0 | 20.0 | 31.5 | 40.0 |
| 10～30 | 190 | 170 | 160 | 150 | 200 | 185 | 175 | 165 |
| 35～50 | 200 | 180 | 170 | 160 | 210 | 195 | 185 | 175 |
| 55～70 | 210 | 190 | 180 | 172 | 220 | 205 | 195 | 185 |
| 75～90 | 215 | 195 | 185 | 175 | 230 | 215 | 205 | 195 |

表 5-15　干硬性混凝土的用水量　　　　　　　　　　　　　　　　　kg/m³

| 维勃稠度/s | 卵石最大公称粒径/mm ||| 碎石最大公称粒径/mm |||
|---|---|---|---|---|---|---|
|  | 10.0 | 20.0 | 40.0 | 16.0 | 20.0 | 40.0 |
| 16~20 | 175 | 160 | 145 | 180 | 170 | 155 |
| 11~15 | 180 | 165 | 150 | 185 | 175 | 160 |
| 5~10 | 185 | 170 | 155 | 190 | 180 | 165 |

表中的用水量是针对中砂时的取值。当分别采用细砂或粗砂时，用水量应分别增加或减少 5~10 kg。

对于掺外加剂的混凝土，用水量可根据外加剂的减水率，通过下式计算确定：

$$m_{w,ad} = m_{w0}(1-\beta_{ad}) \tag{5-8}$$

式中　$m_{w,ad}$——掺外加剂时混凝土的单位用水量(kg/m³)；

$m_{w0}$——未掺外加剂时混凝土的单位用水量(kg/m³)；

$\beta_{ad}$——外加剂的减水率(%)，由产品说明书指明或试验确定。

此时，每立方米混凝土中外加剂用量($m_{a0}$)按下式计算：

$$m_{a0} = m_{b0}\beta_a \tag{5-9}$$

式中　$m_{a0}$——每立方米混凝土中外加剂用量(kg/m³)；

$m_{b0}$——每立方米混凝土中胶凝材料用量(kg/m³)；

$\beta_a$——外加剂掺量(%)，经由产品说明书或试验确定。

**4. 胶凝材料($m_{b0}$)、矿物掺合料($m_{f0}$)及水泥($m_{c0}$)用量**

每立方米混凝土的胶凝材料用量($m_{b0}$)按下式计算：

$$m_{b0} = \frac{m_{w0}}{W/B} \tag{5-10}$$

式中　$m_{b0}$——每立方米混凝土中胶凝材料用量(kg/m³)；

$m_{w0}$——每立方米混凝土中的用水量(kg/m³)；

$W/B$——混凝土的水胶比。

每立方米混凝土中掺合料用量($m_{f0}$)按下式计算：

$$m_{f0} = m_{b0}\beta_f \tag{5-11}$$

式中　$m_{f0}$——每立方米混凝土中矿物掺合料用量(kg/m³)；

$m_{b0}$——每立方米混凝土中胶凝材料用量(kg/m³)；

$\beta_f$——矿物掺量(%)，参考表 5-9 确定。

每立方米混凝土的水泥用量($m_{c0}$)按下式计算：

$$m_{c0} = m_{b0} - m_{f0} \tag{5-12}$$

**5. 砂率 $\beta_s$ 的确定**

在坍落度处于常规范围 10~60 mm 时，砂率依据粗骨料的品种最大粒径以及水胶比，通过表 5-16 确定。如实际水胶比在表中无对应位置，可通过内插的方式推算确定。

表 5-16 混凝土砂率 %

| 水胶比 | 卵石最大公称粒径/mm ||| 碎石最大公称粒径/mm |||
|---|---|---|---|---|---|---|
| | 10 | 20 | 40 | 16 | 20 | 40 |
| 0.40 | 26~32 | 25~31 | 24~30 | 30~35 | 29~34 | 27~32 |
| 0.50 | 30~35 | 29~34 | 28~33 | 33~38 | 32~37 | 30~35 |
| 0.60 | 33~38 | 32~37 | 31~36 | 36~41 | 35~40 | 33~38 |
| 0.70 | 36~41 | 35~40 | 34~39 | 39~44 | 38~43 | 36~41 |

表中数据是针对中砂选用的砂率，对细砂或粗砂可相应地减少或增加砂率。

对于坍落度≥60 mm 的混凝土，应在表 5-16 的基础上，按坍落度每增加 20 mm，砂率增大 1% 的幅度调整。而坍落度＜10 mm 的混凝土或使用外加剂的混凝土，应通过试验确定砂率。

**6. 粗骨料($m_{g0}$)和细骨料($m_{s0}$)的确定**

粗细骨料的用量可以通过质量法或体积法两种方法计算获得。

(1)质量法。该方法又称为假定表观密度法，即首先假定一个合适的混凝土表观密度 $\rho_{cp}$，得到单位混凝土各组成材料的用量之和 $m_{cp}$。在砂率已知的条件下，得下列关系式，并以此求得混凝土各组成材料用量。

$$\begin{cases} m_{f0}+m_{c0}+m_{w0}+m_{s0}+m_{g0}=m_{cp} \\ \beta_s=\dfrac{m_{s0}}{m_{s0}+m_{g0}}\times 100\% \end{cases} \quad (5\text{-}13)$$

式中　$m_{f0}$——混凝土中单位矿物掺合料用量($kg/m^3$)；

　　　$m_{c0}$——混凝土中单位水泥用量($kg/m^3$)；

　　　$m_{w0}$——混凝土中单位水用量($kg/m^3$)；

　　　$m_{g0}$——混凝土中单位粗骨料用量($kg/m^3$)；

　　　$m_{s0}$——混凝土中单位细骨料用量($kg/m^3$)；

　　　$\beta_s$——砂率(%)；

　　　$m_{cp}$——单位混凝土拌合物的假定质量(kg)，其值可在 2 350~2 450 $kg/m^3$ 选择。

(2)体积法。该方法认为混凝土拌合物的总体积等于水泥、细骨料、粗骨料和水四种材料的绝对体积之和。同样，在砂率已知条件下得到下列关系式：

$$\begin{cases} \dfrac{m_{c0}}{\rho_c}+\dfrac{m_{f0}}{\rho_f}+\dfrac{m_{w0}}{\rho_w}+\dfrac{m_{s0}}{\rho_s}+\dfrac{m_{g0}}{\rho_g}+0.01a=1 \\ \beta_s=\dfrac{m_{s0}}{m_{s0}+m_{g0}}\times 100\% \end{cases} \quad (5\text{-}14)$$

式中　$m_{c0}$、$m_{f0}$、$m_{w0}$、$m_{g0}$、$m_{s0}$、$\beta_s$——符号意义同上；

　　　$\rho_c$、$\rho_w$——水泥和水的密度($kg/m^3$)；

　　　$\rho_f$——矿物掺合料的密度($kg/m^3$)；

　　　$\rho_s$、$\rho_g$——细骨料和粗骨料的表观密度($kg/m^3$)；

　　　$a$——混凝土的含气量(%)，在不使用引气型外加剂时，$a$ 取 1。

这样得到初步配合比为水泥：矿物掺合料：水：细骨料：粗骨料＝$m_{c0}$：$m_{f0}$：$m_{w0}$：$m_{s0}$：$m_{g0}$。

在上述两种粗、细骨料的计算方法中，质量法试验工作量较少，不需要提前对各种原材料进行密度测定，如操作者已积累了有关混凝土表观密度资料，通过该方法亦可得到准确的结果；体积法需要事先对所用材料进行密度测定，需要投入一定的工作量，但由于是根据组成材料实测密度进行计算，所以得到的砂、石材料用量相对较为精确。

### 三、试拌调整提出混凝土基准配合比

初步配合比设计得到的结果，仅仅依靠的是一种经验方式，其结果必须通过实际检验来查看工作性是否满足施工和易性的要求。必要时进行适当调整，提出符合工作性要求的基准配合比。

#### 1. 试拌和测定

室内试拌时，选取与实际工程使用相同的原材料，根据粗骨料的最大粒径，采用基准配合比，确定一次试拌时的材料用量，见表5-17。

表 5-17 混凝土试拌的最小搅拌量

| 骨料最大粒径/mm | 拌合物数量/L | 骨料最大粒径/mm | 拌合物数量/L |
| --- | --- | --- | --- |
| ≤31.5 | 15 | 40.0 | 25 |

砂、石材料以不计含水率的干燥状态为准，采用尽可能与实际施工相同的方式拌和，随后以标准操作方式进行拌合物的工作性检测。

#### 2. 工作性调整

通过具体的坍落度（或维勃稠度）试验，混凝土的工作性检测结果会有以下几种可能：

（1）坍落度值（或维勃稠度）达到设计要求，且混凝土的黏聚性和保水性亦良好，则原有初步配合比无须调整，得到的基准配合比与初步配合比一致。

（2）混凝土的坍落度（或维勃稠度）不能满足设计要求，但黏聚性和保水性却较好时，此时应在保持原有水胶比不变的条件下，调整水和水泥用量，直至通过试验证实工作性满足要求。这样得到的基准配合比中砂、石用量仍未发生变化，但水泥、水的用量改变。

（3）当试拌并实测之后，发现流动性能够达到设计要求，但黏聚性和保水性却不好，此时保持原有水泥和水的用量，在维持砂石总量不变的条件下，适当调整砂率改善混凝土的黏聚性和保水性，直至坍落度、黏聚性和保水性均满足要求。经过调整，得到基准配合比，同初步配合比对照，其中水泥和水的用量可能未变（也有可能在改变砂率的同时，要相应调整水泥浆的用量，使水泥和水的用量也发生变化），但砂和石各自的用量肯定发生改变。

（4）试拌并实测后，如发现拌合物的坍落度（或维勃稠度）不能满足要求，且黏聚性和保水性也不好，则应在水胶比和砂石总量维持不变的条件下，改变用水量和砂率，直到符合设计要求为止。此时提出的基准配合比与初步配合比完全不同。无论出现以上何种情形，基准配合比记作水泥：矿物掺合料：水：细骨料：粗骨料＝$m_{ca}$：$m_{fa}$：$m_{wa}$：$m_{sa}$：$m_{ga}$。

### 四、检验强度、确定试验室配合比

**1. 制备立方体抗压强度试件**

为验证混凝土强度,按照基准配合比成型,进行标准的混凝土立方体抗压强度检测。该强度试验至少要采用三种不同的水胶比,其中一个是基准配合比所确定的水胶比,另外两个水胶比分别较基准配合比减少或增加 0.05(或 0.03),即维持单位用水量不变,增加或减少水泥用量,此时的水胶比的变化基本不会影响混凝土的流动性。当不同水胶比混凝土的黏聚性和保水性仍然较好时,砂率也可保持不变。

对三组不同水胶比的混凝土分别进行拌和,检验各自工作性。当不同水胶比的混凝土拌合物坍落度与要求值相差超过允许范围时,可以适当增、减用水量进行调整,砂率也可酌情分别增加或减少 1%,以确保混凝土拌合物的工作性满足要求,同时测定混凝土拌合物的表观密度 $\rho$。

**2. 强度测定和试验室配合比的确定**

按照标准方法,分别成型、养护和测定具有不同水胶比的三组混凝土立方体抗压强度。根据强度试验结果,建立水胶比和强度之间的关系。通过绘制强度对胶水比关系图,选定能够达到混凝土配制强度($f_{cu,o}$)的胶水比,再转换成所需的水胶比。随后根据下列方法确定混凝土的试验室配合比:

(1)单位用水量 $m_{ub}$:通常应与基准配合比中的单位用水量 $m_{ua}$ 一致,但在成型立方体试件的同时检验工作性有变动时,以调整后的用水量为准。

(2)单位水泥用量 $m_{cb}$:通过单位用水量 $m_{ub}$ 除以强度试验时选定的水胶比计算得到。

(3)单位砂 $m_{sb}$ 和石 $m_{gb}$ 用量:按基准配合比确定的砂率(或在强度检验有变动时,以变动后的结果为准),以及上述由(1)(2)获得的单位水泥用量和单位水用量通过式(5-13)或式(5-14)计算出砂、石的用量。

**3. 混凝土配合比的密度调整**

根据式(5-15)得到混凝土的计算表观密度,并通过式(5-16)得出混凝土配合比密度修正系数。

$$\rho_c = m_{cb} + m_{fb} + m_{ub} + m_{sb} + m_{gb} \tag{5-15}$$

式中 $\rho_c$——混凝土的计算表观密度(kg/m³);

$m_{cb}$、$m_{fb}$、$m_{ub}$、$m_{gb}$、$m_{sb}$——混凝土试验室配合比组成材料单位用量(kg/m³)。

$$\delta = \frac{\rho_t}{\rho_c} \tag{5-16}$$

式中 $\delta$——混凝土配合比密度修正系数;

$\rho_t$、$\rho_c$——混凝土的实测表观密度和计算表观密度(kg/m³)。

当混凝土表观密度的实测值 $\rho_t$ 与计算值 $\rho_c$ 之差的绝对值不超过计算值的 2% 时,试验室配合比就是混凝土的最终设计配合比——水泥:矿物掺合料:水:细骨料:粗骨料 = $m_{cb}:m_{fb}:m_{ub}:m_{sb}:m_{gb}$;当二者之差超过 2% 时,需将试验室配合比各材料用量乘以密

度修正系数 δ，即为混凝土最终设计配合比为水泥：矿物掺合料：水：细骨料：粗骨料＝$m_{cb}'$：$m_{fb}'$：$m_{ub}'$：$m_{sb}'$：$m_{gb}'$。

## 五、换算施工配合比

试验室配合比是在室内粗、细骨料干燥条件下进行试验和计算得到的结果，而工地所使用的粗、细骨料都含有一定的水分，且所含水分随时间和环境气候的变化，随时不断变动，所以与设计配合比有明显差异。

工地现场进行混凝土拌和时，要按即时测得的工地粗、细骨料含水率进行配合比材料用量的修正，其中含水率的定义是粗、细骨料中所含水质量占烘干后粗、细骨料质量的百分率。因此，工地每立方米混凝土配合比各材料用量由下列公式计算：

水泥

$$m_c = m_{cb}' \tag{5-17}$$

矿物掺合料

$$m_f = m_{fb}' \tag{5-18}$$

细骨料

$$m_s = m_{sb}' \times (1 + w_s) \tag{5-19}$$

粗骨料

$$m_g = m_{gb}' \times (1 + w_g) \tag{5-20}$$

水

$$m_w = m_{ub}' - (m_{sb}' \times w_s + m_{gb}' \times w_g) \tag{5-21}$$

式中 $w_s$、$w_g$——工地细、粗骨料含水率(％)。

最终得到混凝土的施工现场配合比为水泥：矿物掺合料：水：细骨料：粗骨料＝$m_c$：$m_f$：$m_w$：$m_s$：$m_g$。

# 能力训练

## 一、操作条件

### 1. 组成材料

普通硅酸盐水泥42.5级，实测28 d抗压强度为47.3 MPa，密度$\rho_c = 3\,100$ kg/m³，且不掺其他胶凝材料；中砂：表观密度$\rho_s = 2\,650$ kg/m³，施工现场砂含水率为3％；碎石：4.75～31.5 mm，表观密度$\rho_g = 2\,700$ kg/m³，施工现场碎石含水率为1％；水：采用自来水。

### 2. 设计条件

某桥梁工程桥台用钢筋混凝土（受冰雪影响），混凝土设计强度等级为C40，要求强度保证率为95％，强度标准差为5.0 MPa。混凝土由机械拌和振捣，施工要求坍落度为55～70 mm。试确定该混凝土的设计配合比及施工配合比。

## 二、操作过程

混凝土配合比设计步骤见表 5-18。

**表 5-18 混凝土配合比设计步骤**

| 序号 | 步骤 | 操作方法及说明 | 质量标准 |
|---|---|---|---|
| 1 | 计算初步配合比 | (1) 计算配制强度：<br>$f_{cu,0} = f_{cu,k} + 1.645\sigma = 40 + 1.645 \times 5.0 = 48.2 \text{(MPa)}$<br>(2) 计算水胶比：<br>由条件知 $f_{ce} = 47.3$ MPa，$f_{cu,0} = 48.2$ MPa；粗骨料为碎石，查表 5-11 得：$a_a = 0.53$，$a_b = 0.20$。<br>$W/B = \dfrac{a_a \times f_b}{f_{cu,0} + a_a \times a_b \times f_b} = \dfrac{0.53 \times 47.3}{48.2 + 0.53 \times 0.20 \times 47.3} = 0.47$<br>混凝土所处环境为受冰雪影响地区，查表 5-10 中的二类 b，得知最大水胶比为 0.55，按照强度计算的水胶比结果符合耐久性要求，故取计算水胶比 $W/B = 0.47$。<br>(3) 确定单位用水量 ($m_{w0}$)：根据要求混凝土拌合物坍落度为 55~70 mm，碎石最大粒径为 31.5 mm，且属塑性混凝土。查表 5-14，选取混凝土的单位用水量为：$m_{w0} = 185$ kg/m³。<br>(4) 计算单位水泥用量 ($m_{c0}$)：<br>$m_{c0} = \dfrac{m_{w0}}{W/B} = \dfrac{185}{0.47} = 393 \text{(kg/m}^3)$<br>查表 5-8，符合耐久性最小水泥用量为 320 kg/m³ 的要求。<br>(5) 确定砂率：由碎石的最大粒径 31.5 mm，水胶比 0.47，参考表 5-16，采用内插方法选取混凝土砂率 $\beta_s = 33\%$。<br>(6) 体积法计算细骨料、粗骨料用量：<br>$\begin{cases} \dfrac{393}{3\,100} + \dfrac{185}{1\,000} + \dfrac{m_{s0}}{2\,650} + \dfrac{m_{g0}}{2\,700} + 0.01 \times 1 = 1 \\ \dfrac{m_{s0}}{m_{s0} + m_{g0}} \times 100 = 33 \end{cases}$<br>求得：细骨料用量 $m_{s0} = 601$ kg/m³，粗骨料用量 $m_{g0} = 1\,220$ kg/m³。<br>拌和 1 m³ 混凝土初步配合比为 $m_{c0} : m_{w0} : m_{s0} : m_{g0} = 393 : 185 : 601 : 1\,220$ | (1) 能正确计算配置强度。<br>(2) 能查表确定相关参数。<br>(3) 能用体积法确定粗细骨料用量 |
| 2 | 基准配合比设计 | 按初步配合比试拌 0.02 m³ 混凝土拌合物用于坍落度试验，采用体积法结果，各种材料用量为：<br>水泥 $= 393 \times 0.02 = 7.86$(kg)<br>水 $= 185 \times 0.02 = 3.70$(kg)<br>细骨料 $= 601 \times 0.02 = 12.02$(kg)<br>粗骨料 $= 1\,220 \times 0.02 = 24.40$(kg)<br>将混凝土拌合物搅拌均匀后，进行坍落度试验，测得坍落度为 95 mm，高于设计坍落度 55~70 mm 的要求。同时，试拌混凝土的黏聚性和保水性表现良好。为此仅针对水泥浆用量加以调整，也就是适当减少水泥浆用量 5%，此例采用水泥浆减少 5% 进行计算。<br>水泥用量减至 $7.86 \times (1-5\%) = 7.467$(kg)<br>水用量减至 $3.70 \times (1-5\%) = 3.515$(kg)<br>再经拌和后重新测得坍落度为 60 mm，满足坍落度要求，且黏聚性、保水性良好，所以无须改变原有砂率，也就是说初步配合比的粗、细骨料用量保持不变。完成混凝土工作性检验。此时，对应的基准配合比为 $m_{ca} : m_{ua} : m_{sa} : m_{ga} = 373 : 176 : 601 : 1\,220$ | (1) 能正确进行坍落度试验。<br>(2) 能根据试验结果调整水泥和水的用量 |

续表

| 序号 | 步骤 | 操作方法及说明 | 质量标准 |
|---|---|---|---|
| 3 | 设计配合比的确定 | (1)强度检验：以计算水胶比 0.47 为基础，采用水胶比分别为 0.42、0.47 和 0.52，基准用水量 176 kg/m³ 不变，细、粗骨料用量也不变，仅改变水泥掺量，拌制三组混凝土拌合物，分别进行坍落度试验，发现各组混凝土工作性均满足要求。<br>三组配合比分别成型，在标准条件下养护 28 d，按规定方法测定其立方体抗压强度，结果见表1。<br>表1 不同水胶比测得混凝土强度<br><br>| 组别 | 水胶比(W/B) | 胶水比(B/W) | 28 d立方体抗压强度/MPa |<br>|---|---|---|---|<br>| 1 | 0.42 | 2.38 | 56.6 |<br>| 2 | 0.47 | 2.13 | 49.8 |<br>| 3 | 0.52 | 1.92 | 44.5 |<br><br>根据表中数据，绘制出 28 d 抗压强度与胶水比关系，如图1所示。<br><br>图1 抗压强度与胶水比的关系<br><br>由图1可知，达到混凝土配制强度 48.2 MPa 要求时对应的胶水比是 2.064，转换为水胶比是 0.48。这就是说，当混凝土水胶比是 0.48 时，配制强度能够满足设计要求。<br>(2)设计配合比的确定：按强度试验结果修正混凝土配合比，各种材料用量为：单位用水量仍为基准配合比用水量 $m_{wb}=176$ kg/m³，由 0.48 的水胶比得到单位水泥用量为 $m_{cb}=176\div0.48=367(\text{kg/m}^3)$；粗、细骨料按体积法计算：<br>$$\begin{cases} \dfrac{367}{3\,100}+\dfrac{176}{1\,000}+\dfrac{m_{sb}}{2\,650}+\dfrac{m_{gb}}{2\,700}+0.01\times1=1 \\ \dfrac{m_{sb}}{m_{sb}+m_{gb}}\times100=33 \end{cases}$$<br>得细骨料用量为 $m_{sb}=617$ kg/m³；粗骨料用量为 $m_{gb}=1\,253$ kg/m³。设计配合比 $m_{cb}:m_{wb}:m_{sb}:m_{gb}=367:176:617:1\,253$。<br>(3)设计配合比密度修正：混凝土拌合物表观密度计算值为 $\rho_c=367+176+617+1\,253=2\,413(\text{kg/m}^3)$；实测表观密度 $\rho_t=2\,400$ kg/m³。<br>由于密度实测值与计算值之差的绝对值未超过计算值的 2%，故设计混凝土配合比的材料用量无须进行密度修正。最后确定实验室混凝土的设计配合比为 $m_{cb}':m_{wb}':m_{sb}':m_{gb}'=367:176:617:1\,253$ | (1)能正确进行强度试验。<br>(2)能根据试验结果调整水胶比。<br>(3)能正确进行混凝土的密度修正 |

续表

| 序号 | 步骤 | 操作方法及说明 | 质量标准 |
|---|---|---|---|
| 4 | 施工配合比的计算 | 根据施工现场实测结果，砂含水率 $w_s$ 为 3%，碎石含水率 $w_g$ 为 1%，各种材料现场实际用量：<br>水泥：$m_c = 367 \text{ kg/m}^3$<br>细骨料：$m_s = 617 \times (1+3\%) = 636 (\text{kg/m}^3)$<br>粗骨料：$m_g = 1253 \times (1+1\%) = 1\,266 (\text{kg/m}^3)$<br>水：$m_w = 176 - (617 \times 3\% + 1\,253 \times 1\%) = 145 (\text{kg/m}^3)$<br>所以，现场施工配合比 $m_c : m_w : m_s : m_g = 367 : 145 : 636 : 1\,266$<br>整个配合比设计内容最终完成 | 能根据施工现场原材料的含水量正确换算原材料的实际用量 |

## 三、学习结果评价

| 序号 | 评价内容 | 评价标准 | 评价结果 |
|---|---|---|---|
| 1 | 配合比设计指标 | 能根据混凝土结构设计要求确定设计指标 | 是/否 |
| 2 | 配合比设计步骤 | 能正确进行混凝土初步配合比设计 | 是/否 |
|   |   | 能正确进行混凝土基准配合比设计 | 是/否 |
|   |   | 能正确进行混凝土试验室配合比设计 | 是/否 |
|   |   | 能正确进行施工配合比设计，并正确计算工地现场各材料实际用量 | 是/否 |

## 任务七　其他品种混凝土

### 学习目标

(1)掌握各种混凝土的类别和特点。
(2)掌握不同混凝土的适用范围。

### 核心概念

(1)**轻骨料混凝土**：采用轻骨料的混凝土，其表观密度不大于 1 950 kg/m³。轻骨料混凝土具有轻质、高强、保温和耐火等特点，并且变形性能良好，弹性模量较低，在一般情况下收缩和徐变也较大。

(2)**高强度混凝土**：是用水泥、砂、石原材料外加减水剂或同时外加粉煤灰、F 矿粉、矿渣、硅粉等混合料，经常规工艺生产而获得高强度的混凝土。

## 基本知识

### 一、轻骨料混凝土

轻骨料混凝土是指用轻粗骨料、轻砂（或普通砂）、水泥和水配制而成的干表观密度不大于 1 950 kg/m³ 的混凝土。按其细骨料不同，可分为全轻混凝土（由轻砂作为细骨料配制而成的轻骨料混凝土）和砂轻混凝土（由普通砂或部分轻砂作为细骨料配制而成的轻骨料混凝土）。按用途不同可分为保温、结构保温和结构轻骨料混凝土。若不掺加细骨料，则称为大孔轻骨料混凝土。

#### 1. 轻骨料

《轻集料及其试验方法 第1部分：轻集料》（GB/T 17431.1—2010）中规定：轻骨料是指堆积密度不大于 1 200 kg/m³ 的粗、细骨料的总称。轻骨料可分为轻粗骨料和轻细骨料。凡粒径大于 5 mm 的轻质骨料，称为轻粗骨料；凡粒径小于 5 mm 的轻质骨料，称为轻细骨料（或轻砂）。

轻骨料按其来源可分为工业废渣轻骨料，如粉煤灰陶粒、自燃煤矸石、膨胀矿渣珠、煤渣及其轻砂；天然轻骨料，如浮石、火山渣及其轻砂；人造轻骨料，如页岩陶粒、黏土陶粒、膨胀珍珠岩及其轻砂。按其粒形可分为圆球形、普通形和碎石形三种。

#### 2. 轻骨料混凝土的技术性能

（1）和易性。由于轻骨料表面粗糙，吸水率较大，故对拌合物的流动性影响较大。为准确控制流动性，常将轻骨料混凝土的拌合水量（总用水量）分为附加水量和净用水量两部分。附加水量是轻骨料吸收的，其数量相当于 1 h 的吸水量。这部分水量对拌合物的工作性作用不大。净用水量是指不包括轻骨料 1 h 吸水量的混凝土拌合用水量。该部分水量是拌合物流动性的主要影响因素。附加水量及净水量之和为总用水量。与普通混凝土一样，拌合用水量过大，流动性可加大，但会降低其强度。对轻骨料混凝土，拌合用水量过大还会造成轻骨料上浮，造成离析，故须控制用水量。选择坍落度指标时，考虑到振捣成型时轻骨料吸入的水可能释出，加大流动性，因此，应比普通混凝土拌合物的坍落度值低 10~20 mm。轻骨料混凝土与普通混凝土一样，砂率是影响拌合物工作性的另一主要因素，尤其是采用轻砂时，随着砂率的提高，拌合物的工作性有所改善。在轻骨料混凝土的配合比设计中，砂率计算采用的是体积比，即细骨料与粗、细骨料总体积之比。

（2）强度等级与密度等级。轻骨料混凝土按其立方体抗压强度标准值划可分为 CL5.0、CL7.5、CL10、CL15、CL20、CL25、CL30、CL35、CLA0、CLA45、CL50、CL55、CL60，共 13 个强度等级。

轻骨料混凝土按其干表观密度可分为 14 个等级（表 5-19）。某一密度等级轻骨料混凝土的密度标准值，可取该密度等级干表观密度变化范围的上限值。

表 5-19　轻骨料混凝土的密度等级

| 密度等级 | 干表观密度变化范围/(kg·m⁻³) | 密度等级 | 干表观密度变化范围/(kg·m⁻³) |
|---|---|---|---|
| 600 | 560～650 | 1 300 | 1 260～1 350 |
| 700 | 660～750 | 1 400 | 1 360～1 450 |
| 800 | 760～850 | 1 500 | 1 460～1 550 |
| 900 | 860～950 | 1 600 | 1 560～1 650 |
| 1 000 | 960～1 050 | 1 700 | 1 660～1 750 |
| 1 100 | 1 060～1 150 | 1 800 | 1 760～1 850 |
| 1 200 | 1 160～1 250 | 1 900 | 1 860～1 950 |

轻骨料强度虽低于普通骨料，但轻骨料混凝土仍可达到较高强度。其原因在于轻骨料表面粗糙而多孔，其吸水作用使其表面呈低水胶比，提高了轻骨料与水泥石的界面粘结强度，使弱结合面变成了强结合面。混凝土受力时不是沿界面破坏，而是轻骨料本身先遭到破坏。对低强度的轻骨料混凝土，也可能是水泥石先开裂，然后裂缝向骨料延伸。因此，轻骨料混凝土的强度主要取决于轻骨料的强度和水泥石的强度。

轻骨料混凝土的强度和表观密度是说明其性能的主要指标。强度越高、表观密度越小的轻骨料混凝土性能越好。性能优良的轻骨料混凝土，虽然其干表观密度为 1 500～1 800 kg/m³、但其 28 d 抗压强度却可达到 40～70 MPa。

(3)变形性能。轻骨料混凝土较普通混凝土的弹性模量小 25%～65%，而且不同强度等级轻骨料混凝土的弹性模量可相差 3 倍。这有利于改善普通建筑物的抗震性能和抵抗动荷载的作用。增加混凝土组分中普通砂的含量，可以提高轻骨料混凝土的弹性模量。

由于轻骨料的弹性模量较普通骨料小，所以，不能有效抵抗水泥石的干缩变形。故轻骨料混凝土的干缩和徐变较大。同强度的结构轻骨料混凝土构件的轴向收缩为普通混凝土的 1～1.5 倍。轻骨料混凝土这种变形的特点，在设计和施工中都应给予足够的重视，在《轻骨料混凝土应用技术标准》(JGJ/T 12—2019)中，对弹性模量、收缩变形和徐变值的计算都有明确规定。

轻骨料混凝土的泊松比可取 0.2。泊松比是材料横向应变与纵向应变的比值，也称横向变形系数，是反映材料横向变形的弹性常数。

轻骨料混凝土的温度线膨胀系数，当温度为 0～100 ℃ 时可取 $7×10^{-6}$～$10×10^{-6}$。低密度等级可取下限值；高密度等级可取上限值。

(4)热工性能。轻骨料混凝土具有良好的保温隔热性能，对建筑物的节能有重要的意义。

(5)耐久性。大量试验表明，轻骨料混凝土具有较好抗冻性的主要原因是其在正常使用条件下，当受冻时很少达到孔隙吸水饱和，故孔隙内有较大的未被水充满的空间，当外界温度下降，孔隙内水结冰体积发生膨胀时可有效释放膨胀压力，故有较高的抗冻能力。另外，轻骨料混凝土较小的导热系数，也减弱了冬季室内外温差在墙体上引起的水分负向迁移，故进一步降低了冻害作用。

### 3. 轻骨料混凝土生产施工要点

(1)轻骨料混凝土在温度为 5 ℃ 或 5 ℃ 以上的季节施工时，可根据工程需要，对轻粗骨料进行预湿处理，这样搅拌的拌合物和易性和水胶比比较稳定。预湿时间可根据外界气温和骨料的自然含水状态确定，应提前 0.5 d 或 1 d 对骨料进行淋水预湿，然后滤干水分进行投料。在气温低于 5 ℃时不宜进行预湿处理。

（2）轻骨料混凝土生产时，砂轻混凝土拌合物中各组成材料应以质量计。全轻混凝土拌合物中的轻骨料组分可采用体积计量，但宜按质量进行校核。轻粗骨料、细骨料和掺合料的质量计量允许偏差为±3%。水、水泥和外加剂的质量计量允许偏差为±2%。

（3）轻骨料易上浮，不易搅拌均匀。因此，应采用强制式搅拌机，且搅拌时间要比普通混凝土略长。

（4）拌合物在运输中应采取措施，以减少坍落度损失和防止离析。当产生拌合物稠度损失和离析较严重时，浇筑前应采用二次拌和，但不得二次加水。拌合物从搅拌机卸料起到浇入模内止的延续时间不宜超过 45 min。

（5）为减少轻骨料上浮，施工中最好采用加压振捣。浇筑上表面积较大的构件，当厚度小于或等于 200 mm 时，宜采用表面振动成型；当厚度大于 200 mm 时，宜先用插入式振捣器振捣密实后，再表面振捣。振捣延续时间应以拌合物捣实和避免骨料上浮为原则。振捣时间应根据拌合物稠度和振捣部位确定，宜为 10～30 s。

（6）轻骨料混凝土浇筑成型后应及时覆盖和喷水养护。采用自然养护时，用普通硅酸盐水泥、硅酸盐水泥、矿渣水泥拌制的轻骨料混凝土，湿养护时间不应少于 7 d。用粉煤灰水泥、火山灰水泥拌制的轻骨料混凝土及在施工中掺入缓凝剂的混凝土，湿养护时间不应少于 14 d。轻骨料混凝土构件用塑料薄膜覆盖养护时，全部表面应覆盖严密，以保持膜内有凝结水。

（7）保温和结构保温类轻骨料混凝土构件及构筑物的表面缺陷，宜采用原配合比的砂浆修补。结构轻骨料混凝土构件及构筑物的表面缺陷可采用水泥砂浆修补。

#### 4. 轻骨料混凝土的应用

轻骨料混凝土的强度等级可达 C60，但表观密度较小。轻骨料混凝土与普通混凝土的最大不同在于骨料中存在大量孔隙，因而，其质量轻、弹性模量小，有很好的防震性能，同时，导热系数大大降低，有良好的保温防热性及抗冻性，是一种典型的轻质、高强、多功能的建筑材料。因此，其综合效益良好，可使结构尺寸减小，增加建筑物的使用面积，降低工程费用和材料运输费用。轻骨料混凝土主要适用于高层和多层建筑、软土地基、大跨度结构、抗震结构、要求节能的建筑和旧建筑的加层等。

### ■ 二、高强度混凝土

高强度混凝土是指强度等级为 C60 及 C60 以上强度等级的混凝土，C100 强度等级以上的混凝土称为超高强度混凝土。

高强度混凝土的特点是强度高、耐久性好、变形小，能适应现代工程结构向大跨度、重载、高耸发展和承受恶劣环境条件的需要。使用高强度混凝土可获得明显的工程效益和经济效益。高效减水剂的使用使在普通施工条件下制得高强度混凝土成为可能。目前，我国实际应用的高强度混凝土为 C60～C80，主要用于混凝土桩基、预应力轨枕、电杆、大跨度薄壳结构、桥梁等。

提高混凝土强度的途径有很多，通常是采取几种技术措施增强效果显著。目前，常用的配制原理及其措施有以下几种：

(1)减少混凝土内孔隙，改善孔结构，提高混凝土密实度。掺加高效减水剂，以大幅度降低水胶比，再配合加强振捣，这是目前提高混凝土强度最有效而简便的措施。

(2)提高水泥与骨料界面的粘结强度。除采用高强度等级水泥外，在混凝土中掺加优质掺和料(如硅灰、超细粉煤灰等)及聚合物，可大大减少粗骨料周围薄弱区的影响，明显改善混凝土内部结构，提高其密实程度。

(3)改善水泥石中水化产物的性质。通过蒸压养护及掺入适量掺合料，减少水泥石中低强度游离石灰的数量，使其转化为高强度的低碱性水化硅酸钙。

(4)提高骨料强度。选择高强度的骨料，其最大粒径要求不大于 31.5 mm，针、片状颗粒含量不宜大于 5.0%。细骨料宜采用中砂，其细度模数不宜大于 2.6。砂、石骨料级配要良好。另外，还可以用各种短纤维代替部分骨料，以改善胶结材料的韧性，提高高强度混凝土的抗拉和抗弯强度。

### ■ 三、高性能混凝土

高性能混凝土是指各方面性能都很优秀的混凝土。具体来说，高性能混凝土应具有高的耐久性、强度满足设计要求、好的体积稳定性(干缩、徐变、温度变形都要小，弹性模量大)、良好的工作性(流动性满足施工要求，黏聚性和保水性要好)。人们通常关注的是高性能混凝土的工作性和耐久性。

#### 1. 高性能混凝土的实现途径

(1)使用优质的原材料。水泥可采用硅酸盐水泥或普通硅酸盐水泥。为了提高混凝土的性能和强度，现在人们正在研制和应用球状水泥、调粒水泥和活化水泥等水泥。骨料应选用洁净、致密、强度高、表面粗糙、针片状颗粒少、级配优良的骨料，同时，控制粗骨料的最大粒径。配制高性能混凝土必须掺入细的或超细的优质活性掺合料，如硅灰、磨细矿渣、优质粉煤灰和沸石粉等。加入混凝土中的优质掺合料能改善混凝土的孔结构，改善骨料与水泥石的界面结构，提高界面的粘结强度。由于高性能混凝土的水胶比(水的质量与胶凝材料总质量之比)都很小，为保证混凝土有一定的流动性，必须使用高效减水剂，应选用减水效率高、坍落度经时损失小的减水剂，同时，应通过试验确定减水剂的合理用量。

(2)优化混凝土的配合比。

1)严格控制水胶比，水胶比应小于 0.4，目前最低的已达到 0.22～0.25。

2)控制单位用水量的数量和胶凝材料的总量。单位用水量一般小于 160 kg，胶凝材料的总量一般不大于 500 kg/m³，掺合料等量取代水泥量可达 30%～40%。

3)砂率：应采用合理砂率，通常高性能混凝土的砂率为 34%～44%。

4)粗骨料的体积含量为 0.4 左右，最大粒径为 10～25 mm。

(3)采用良好的施工工艺，搅拌要均匀、振捣要密实、养护要充分等。

#### 2. 高性能混凝土的特性

(1)自密实性：高性能混凝土掺入高效减水剂，流动性好，同时配合比得到优化，拌合物黏聚性好，抗离析能力强，从而拌合物具有较好的自密实性。

(2)体积稳定性：高性能混凝土弹性模量大，收缩和徐变小，温度变形小。

(3)水化热：由于高性能混凝土中掺合料的用量较多，水泥用量相对较少，因而其水化热较低，放热速度也较慢。

(4)耐久性：高性能混凝土的抗冻性、抗渗性、抗化学腐蚀性和抗氯离子渗透性能明显好于普通混凝土。另外，由于高性能混凝土中加入的活性掺合料能抑制碱-骨料反应，其抵抗碱-骨料反应的能力明显强于普通混凝土。

### 四、多孔混凝土

多孔混凝土是一种不用骨料，且内部均匀分布着大量微小气泡的轻质混凝土。多孔混凝土孔隙率可达85%，表观密度为300~800 kg/m³，保温性能优良。其导热系数随其表观密度降低而减小，一般为0.09~0.17 W/(m·K)，兼有承重及保温隔热功能。其容易切割，易于施工，可制成砌块、墙板、屋面板及保温制品，广泛用于工业与民用建筑及保温工程中。根据气孔产生的方式不同，多孔混凝土可分为加气混凝土和泡沫混凝土。

#### 1. 加气混凝土

加气混凝土用含钙材料(水泥、石灰)、含硅材料(石英砂、粉煤灰、粒化高炉矿渣等)和引气剂为原料，经过磨细、配料、搅拌、浇筑、成型、切割和蒸压养护(0.8~1.5 MPa下养护6~8 h)等工序生产而成。

一般采用铝粉作为引气剂，将它加入加气混凝土浆料中，与含钙材料中的氢氧化钙发生化学反应释放出氢气，形成气泡，使浆料体积膨胀形成多孔结构。浆料在高压蒸汽养护下，含钙材料和含硅材料发生反应，产生水化硅酸钙，使坯体具有强度。

加气混凝土属于一种高分散多孔结构制品。根据孔径的不同，可将气孔分为毫米级(0.1~5 mm)的宏观气孔和大小为0.007 5~0.1 μm的细微孔。孔径在很大程度上取决于成型方法、原材料性质、引气剂用量、水料之间的比例及发气凝结过程。孔径的大小、孔的均匀性、孔壁厚度与孔壁的性质对加气混凝土的性能有很大影响。一般来说，孔径为0.2~0.5 mm，且主要为球形闭孔结构的加气混凝土技术性能最佳。

加气混凝土制品主要有砌块和条板两种。

(1)加气混凝土砌块适用于各类建筑地面(±0.000)以上的内外填充墙和地面以下的内填充墙(有特殊要求的墙体除外)。加气混凝土砌块不得用在下列部位：建筑物±0.000以下(地下室的室内填充墙除外)部位；长期浸水或经常干湿交替的部位；受化学侵蚀的环境，如强酸、强碱或高浓度二氧化碳等的环境；砌体表面经常处于80 ℃以上的高温环境；屋面女儿墙。

(2)加气混凝土条板可用于工业和民用建筑中，作为承重和保温合一的屋面板和墙板。条板均配有钢筋，钢筋必须预先经防锈处理。另外，还可用加气混凝土和普通混凝土预制成复合墙板，用作外墙板。蒸压加气混凝土还可做成各种保温制品，如管道保温壳等。

由于加气混凝土能利用工业废料，产品成本较低，能大幅度降低建筑物自重，保温效果良好，因此，其具有较好的技术经济效益。

#### 2. 泡沫混凝土

泡沫混凝土是将水泥浆与泡沫剂拌和后成型、硬化而成的一种多孔混凝土。

泡沫混凝土在机械搅拌作用下，能产生大量均匀而稳定的气泡。常用的泡沫剂有松香泡沫剂及水解性血泡沫剂。松香泡沫剂是用烧碱加水溶入松香粉，再与溶化的胶液（皮胶或骨胶）搅拌制成浓松香胶液，使用时用温水稀释，经强力搅拌即可形成稳定的泡沫。水解性血是用动物血加苛性钠、盐酸、硫酸亚铁、水等配成，使用时经稀释成稳定的泡沫。

配制自然养护的泡沫混凝土时，水泥强度等级不宜低于 32.5 级，否则强度太低。当生产中采用蒸汽养护和蒸压养护时，不仅可缩短养护时间，且能提高强度，还能掺用粉煤灰、炉渣或矿渣等工业废料，以节省水泥，甚至可以全部利用工业废渣代替水泥。如以粉煤灰、石灰、石膏等为胶凝材料，再经蒸压养护，则制成蒸压泡沫混凝土。

泡沫混凝土的技术性能和应用与相同表观密度的加气混凝土相同。泡沫混凝土还可在现场直接浇筑，用作屋面保温层。

### ■ 五、纤维混凝土

纤维混凝土也称纤维增强混凝土，其由不连续的短纤维无规则地均匀分散于混凝土中而形成。根据所用的纤维不同，纤维混凝土可分为金属性纤维混凝土、无机非金属纤维混凝土、有机纤维混凝土。

**1. 常用的纤维材料**

（1）金属纤维材料：主要是钢纤维。钢纤维形状有多种，如直条形、波浪形、扭曲形、端钩形、S 形等，不同形状的纤维对其所配制混凝土的力学性能的改善会有不同。

（2）无机非金属纤维材料：主要有玻璃纤维、碳纤维、陶瓷纤维、石棉纤维等。

（3）有机纤维材料：主要有聚丙烯纤维、尼龙纤维、聚乙烯纤维、木纤维等。

**2. 纤维混凝土的特性**

（1）在混凝土中加入纤维后，由于纤维的阻裂、增韧和增强作用，能显著降低混凝土的脆性，提高混凝土的韧性。

（2）混凝土中的纤维能限制混凝土的各种早期收缩，有效地抑制混凝土早期收缩裂纹的产生和发展，可大大增强混凝土的抗裂、抗渗能力。

（3）钢纤维、玻璃纤维和碳纤维等高弹性模量的纤维，加入混凝土后，不但能提高混凝土的韧性，还可提高混凝土的抗拉强度、刚度和承受动荷载的能力。如尼龙、聚乙烯纤维和聚丙烯纤维等低弹性模量的纤维，虽不能提高混凝土的强度，但可赋予混凝土较大的变形能力，提高混凝土的韧性和抗冲击能力。

（4）纤维在混凝土中只有当其取向与荷载一致时才有效。双向配置的纤维增强效果只有 50%，而三向任意配置的纤维的增强效果更低。但纤维乱向对提高抗剪能力的效果好。

**3. 纤维混凝土的应用**

钢纤维混凝土已广泛应用于各种土木工程中，如公路路面、桥面、机场跑道护面、抗冲磨水工混凝土、抗震结构、抗爆炸结构、抗冲击结构、薄壁结构等。玻璃纤维增强水泥基复合材料可以用来生产各种结构构件，如薄壁板材或管材、形状复杂的墙体异型板材、装饰构件、卫生器具与容器等。还有碳纤维增强水泥基复合材料，其具有高抗拉、高抗弯、高断裂能、低干缩率、低热膨胀系数、耐高温、高耐久性、耐大气老化、抗腐蚀等优点，有些碳纤维还具有特殊的电学性质，可以用来配制智能混凝土。

## 项目小结

普通混凝土是由水泥、粗骨料、细骨料、水及掺合料、外加剂组成的，按适当的比例拌和硬化而成的具有所需形状、强度和耐久的人造石材。普通混凝土组成材料的质量对混凝土的性质起着重要的作用。粗、细骨料的质量要求有有害杂质含量、粗细程度或最大粒径、颗粒级配、强度与坚固性等。外加剂能显著改善混凝土拌合物或硬化混凝土性能，减水剂在混凝土拌合物流动性不变的情况下可减小用水量，或在用水量不变的情况下可增加混凝土拌合物流动性；引气剂可提高硬化混凝土的抗冻性、耐久性；早强剂能提高混凝土的早期强度；缓凝剂能延缓混凝土的凝结时间。

混凝土的技术性能主要包含混凝土拌合物的和易性、硬化混凝土的力学性质和耐久性。混凝土和易性包含流动性、黏聚性、保水性三个方面的内容，可通过坍落度方法检测，影响和易性的因素主要有水泥浆的用量、稠度、砂率、时间和温度等。混凝土强度包括立方体抗压强度、劈裂抗拉强度等，影响混凝土强度的因素有水泥强度、水胶比、骨料特征、养护条件、龄期、试验条件等。硬化后混凝土的变形主要包含非荷载作用下的化学变形、干湿变形、温度变形及荷载作用下的弹塑性变形和徐变。评价混凝土耐久性的指标有抗渗性、抗冻性、抗碳化性能、抗腐蚀性能和碱-骨料反应等。

水胶比、砂率、单位体积用水量是混凝土配合比设计中的三个重要参数，混凝土配合比设计包括初步配合比设计、基准配合比设计、试验室配合比设计和施工配合比设计四个步骤。

## 课后习题

**一、填空题**

1. 砂、石子在混凝土中起_____作用，水泥浆在硬化前起_____作用，硬化后起_____作用。
2. 评定混凝土拌合物和易性的试验方法有_____和_____。
3. 石子的压碎指标值越大，则石子的强度越_____。
4. 混凝土的立方体抗压强度是以边长为_____mm 的立方体试件，在温度为_____℃，相对湿度为_____以上的条件下养护_____d，用标准试验方法测定的抗压极限强度，用符号_____表示，单位为_____。
5. 在结构设计中，_____是确定结构抗裂度的重要指标，有时也用来间接衡量混凝土与钢筋的粘结强度。
6. 荷载作用下的变形分为_____及_____。
7. 根据气孔产生的方式不同，多孔混凝土可分为_____和_____。

**二、选择题**

1. (　　)是表观密度大于 2 500 kg/m³，用特别密实和特别重的骨料制成的混凝土。
   A. 重混凝土　　　　　　　　　　B. 普通混凝土
   C. 轻质混凝土　　　　　　　　　D. 多孔混凝土
2. Ⅰ类砂石宜用于强度等级(　　)的混凝土。
   A. 大于 C60　　　　　　　　　　B. 小于 C60
   C. C30～C60　　　　　　　　　　D. 小于 C30

3. 配制混凝土时，水泥的强度一般为混凝土强度等级的（　　）倍为宜。
   A. 1~1.5　　　　　B. 1.5~2　　　　　C. 2~2.5　　　　　D. 2~3
4. 混凝土施工中为增大流动性可采用（　　）。
   A. 保持水胶比不变，增加水泥浆　　　　B. 增加水
   C. 增加水泥　　　　　　　　　　　　　D. 增大砂率
5. 混凝土的强度等级是依据28 d的（　　）确定的。
   A. 抗折强度　　　　　　　　　　　　　B. 抗压强度与抗折强度
   C. 抗压强度标准值　　　　　　　　　　D. 抗压强度平均值
6. 《混凝土强度检验评定标准》(GB/T 50107—2010)规定，石子最大颗粒尺寸不得超过（　　）。
   A. 结构截面最小尺寸的3/4　　　　　　B. 结构截面最小尺寸的1/2
   C. 结构截面最大尺寸的1/4　　　　　　D. 结构截面最小尺寸的1/4
7. 配制C35混凝土，已知单位水泥用量为430 kg，水胶比为0.6，砂率为34%，假定混凝土拌合物在振实状态下表观密度为2 400 kg/m³，则该混凝土1 m³所需砂子的质量为（　　）。
   A. 582 kg　　　　　　　　　　　　　　B. 1 130 kg
   C. 258 kg　　　　　　　　　　　　　　D. 以上均不对
8. 混凝土所用骨料的级配好，说明骨料的总表面积小且空隙率（　　）。
   A. 大　　　　　B. 小　　　　　C. 不变　　　　　D. 为零

## 三、简答题

1. 影响普通混凝土强度的因素有哪些？从原材料的角度考虑提高混凝土强度有哪些途径？
2. 什么是混凝土的耐久性？耐久性包括哪些内容？提高耐久性的措施有哪些？
3. 什么是混凝土的和易性？影响因素有哪些？
4. 配合比设计原则是什么？
5. 混凝土质量控制包括哪些？
6. 高强度混凝土的特点是什么？提高高强度混凝土的措施有哪几种？

## 四、计算题

1. 已知某混凝土经试拌调整后，各项材料用量分别为：水泥3.10 kg，水1.86 kg，砂6.24 kg，碎石12.8 kg，并测得拌合物的表观密度为2 500 kg/m³。请解答下列问题：
   (1)每立方米混凝土各项材料的用量为多少？
   (2)现测得工地现场砂的含水率为2.5%，石子的含水率为0.5%，试计算施工配合比。
2. 某工程现浇钢筋混凝土梁，该梁不受风雪影响，设计强度等级为C25，施工坍落度要求为35~50 mm，施工单位无历史统计资料，所用材料如下：
   (1)水泥：32.5级复合硅酸盐水泥，实测强度为45 MPa，密度为3 100 kg/m³；
   (2)砂：中砂，表观密度为2 600 kg/m³；
   (3)石子：碎石，最大粒径20 mm，表观密度为2 700 kg/m³；
   (4)水：自来水，不掺外加剂。
   试求计算配合比。

# 项目六　建筑钢材

建筑钢材是建筑工程中所用各种钢材的总称。钢材强度高，具有一定的塑性和韧性，能够承受冲击和振动荷载，可以焊接或铆接，便于装配等优点。在建筑工程中，钢材被广泛用作结构材料，被列为建筑工程的三大重要材料之一。

课件：建筑钢材

我国是全球最大的钢铁生产国和消费国，钢铁产量占据全球半数以上份额。2022年全国钢材产量逾10亿吨。钢铁产业碳排放量占全国碳排放总量的15%左右，是制造业31个门类中碳排放量最大的行业。针对绿色低碳这一转型发展命题，钢铁行业需开展大量的工作。将持续推进绿色低碳和超低排放改造，并在碳排放管理、能源结构调整、氢冶金应用等方面积极行动、率先破局，推动我国钢铁业绿色低碳转型。

本项目包含钢筋拉伸及冷弯性能的检测、钢筋的质量偏差检测和外观验收防护等内容，学生在实际实践的过程中，需严格按相关标准规范执行，做到细致认真、沉稳耐心，对于相关检测数据的记录和计算务必保证准确、真实、有效，追求求真务实、勇于探索的工作作风。

## 任务一　熟悉建筑钢材

### 学习目标

(1)掌握建筑钢材的概念及种类。
(2)了解钢筋的概念及分类。
(3)了解预应力钢丝及钢绞线的概念及分类。

### 核心概念

(1)**建筑钢材**：用于钢结构中各种型材(如角钢、槽钢、工字钢、圆钢等)、钢板、钢管和用于钢筋混凝土结构中的各种钢筋、钢丝等。由于钢材在工厂生产中有较严格的工艺控制，因此，其质量通常能够得到保证。

(2)**钢筋**：钢筋混凝土和预应力钢筋混凝土中，为弥补混凝土刚度的不足，所用的钢材，其为长条状，横截面为圆形，有时为带有圆角的方形，包括光圆钢筋、带肋钢筋等。

(3)**预应力钢丝**：预应力混凝土结构配筋用钢丝的简称。

(4)**预应力钢绞线**：预应力混凝土结构配筋用钢绞线的简称。

# 基本知识

## 一、钢材的常用种类

钢是钢材含碳量在 0.021 8%～2.11% 的铁碳合金。为了保证其韧性和塑性，含碳量一般不超过 1.7%。钢的主要元素除铁、碳外，还有硅、锰、硫、磷等。钢的常用分类方法有以下几种(化学符号：P—磷；S—硫；C—碳)。

**1. 按品质分类**

(1)普通钢(P≤0.045%，S≤0.050%)。

(2)优质钢(P、S 均≤0.035%)。

(3)高级优质钢(P≤0.035%，S≤0.030%)。

**2. 按化学成分分类**

(1)碳素钢。

1)低碳钢(C≤0.25%)。

2)中碳钢(0.25%＜C＜0.60%)。

3)高碳钢(C≥0.60%)。

(2)合金钢。

1)低合金钢(合金元素总含量≤5%)。

2)中合金钢(5%≤合金元素总含量≤10%)。

3)高合金钢(合金元素总含量＞10%)。

**3. 按成型方法分类**

按成型方法可分为锻钢、铸钢、热轧钢、冷拉钢。

**4. 按冶炼方法分类**

(1)按炉种分。

1)平炉钢：酸性平炉钢；碱性平炉钢。

2)转炉钢：酸性转炉钢；碱性转炉钢(或底吹转炉钢；侧吹转炉钢；顶吹转炉钢)。

3)电炉钢：电弧炉钢；电渣炉钢；感应炉钢；真空自耗炉钢；电子束炉钢。

(2)钢材按脱氧程度和浇筑制度分。

1)沸腾钢——脱氧不完全，硫、磷等杂质偏析较严重，代号为"F"。

2)半镇静钢——脱氧程度介于沸腾钢和镇静钢之间，代号为"B"。

3)镇静钢——脱氧完全，同时去硫，代号为"Z"。

4)特殊镇静钢——比镇静钢脱氧程度还要充分彻底，代号为"TZ"。

**5. 按用途分类**

(1)结构钢：按用途不同可分为建造用钢和机械用钢两类。建造用钢用于建造锅炉、船舶、桥梁、厂房和其他建筑物。机械用钢用于制造机器或机械零件。

(2)工具钢：用于制造各种工具的高碳钢和中碳钢，包括碳素工具钢、合金工具钢和高速工具钢等。

(3)特殊钢：具有特殊的物理和化学性能的特殊用途钢类，包括不锈耐酸钢、耐热钢、电热合金和磁性材料等。

## 二、钢筋的种类

在钢筋混凝土等建筑结构中，各类型钢筋被广泛应用。在梁、柱、板及基础、墙体等各类型受力构件中都少不了钢筋，钢筋是现代建筑不可或缺的一部分。

**1. 按轧制外形分类**

(1)光圆钢筋(图 6-1、图 6-2)：均轧制为光面圆形截面，为方便运输，一般卷成盘圆状，直径不大于 12 mm，长度为 6~12 m。

(2)带肋钢筋(图 6-3)：有螺旋形、人字形和月牙形三种。一般 HRB400 级钢筋轧制成人字形，HRB500 级钢筋轧制成螺旋形及月牙形。

(3)钢线(分低碳钢丝和碳素钢丝两种)及钢绞线。

(4)冷轧扭钢筋(图 6-4)：经冷轧并冷扭成型。具体做法是将出厂的成品圆钢先冷轧轧扁，然后用机器将其扭成螺旋状，因为在轧扁的时候钢筋会变宽，所以再次扭成螺旋状时直径会变大，同时冷轧会提高钢筋机械性能。

图 6-1 盘圆运输的光圆钢筋　　图 6-2 光圆钢筋表面

图 6-3 带肋钢筋　　图 6-4 冷轧扭钢筋

**2. 按直径大小分类**

(1)钢丝(直径 3~5 mm)。

(2)钢筋(直径 6~50 mm)按直径不同可分为 16 个等级，常用等级有 6 mm、6.5 mm、8 mm、10 mm、12 mm、14 mm、16 mm、18 mm、20 mm、22 mm、25 mm 等。

**3. 按力学性能分类**

钢筋的力学性能分类由钢筋牌号表示。钢筋牌号由描述钢筋特性的英文首字母缩写和其屈服强度(MPa)组成。英文释义如下：H—热轧；P—光圆；B—钢筋；F—细晶粒；R—剩余；E—地震。例如，"HPB300"表示屈服强度为300 MPa的热轧光圆钢筋。

具体分类如下：

(1)HPB300级，另原有HRB335钢筋，现已取消。

(2)HRB400级，同等级的还有HRBF400、RRB400。

(3)HRB500级，同等级的还有HRBF500。

(4)HRB600级，是新版国标规范中新增的级别。

钢筋分级表见表6-1。

表6-1 钢筋分级表

| 类别 | 牌号 | 公称直径 $d$/mm | 屈服强度标准值 $f$/(N·mm$^{-2}$) | 极限强度标准值 $f$/(N·mm$^{-2}$) |
| --- | --- | --- | --- | --- |
| 热轧光圆钢筋 | HPB300 | 6～22 | 300 | 420 |
| 普通热轧带肋钢筋 | HRB400/HRB400E | 6～50 | 400 | 540 |
|  | HRB500/HRB500E |  | 500 | 630 |
|  | HRB600 |  | 600 | 730 |
| 细晶粒热轧带肋钢筋 | HRBF400/HRBF400E |  | 400 | 540 |
|  | HRBF500/HRBF500E |  | 500 | 630 |
| 余热处理带肋钢筋 | RRB400 |  | 400 | 540 |

**4. 按生产工艺分类**

按生产工艺可分为热轧钢筋、冷轧钢筋、冷拉钢筋、热处理钢筋等。

**5. 按在结构中的作用分类**

(1)受力筋：承受拉、压应力的钢筋。

(2)箍筋：承受一部分斜拉应力，并用以固定受力筋位置的钢筋，多用于梁和柱内。

(3)架立筋：用以架立梁内箍筋，与受力筋构成梁内的钢筋骨架。

(4)分布筋：用于屋面板、楼板内，与板的受力筋垂直布置，将承受的质量均匀地传递给受力筋，并固定受力筋的位置，以及抵抗热胀冷缩所引起的温度变形。

(5)其他：因构件构造要求或施工安装需要而配置的构造筋。如腰筋、预埋锚固筋、吊环等。

具体构造如图6-5所示。

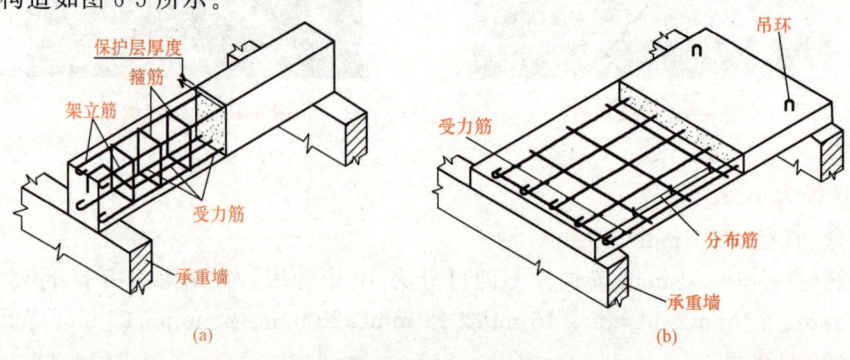

图6-5 梁板结构配筋图
(a)钢筋混凝土梁；(b)钢筋混凝土板

### 三、预应力钢丝

#### 1. 预应力钢丝的分类

如图 6-6、图 6-7 所示,预应力钢丝的品种规格很多,大致可按以下规则分类:

(1)按表面形状分:光圆的(光面的)和规律变形的(刻痕的、阴螺纹的、阳螺纹的、带肋的)。

(2)按加工方法分:冷拉的、矫直回火的、稳定化处理的、冷轧成型的、调质处理的(油、水淬火)。

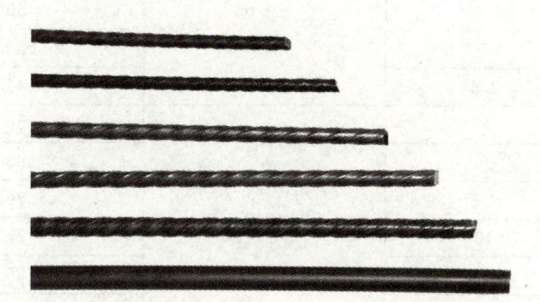

图 6-6　圆形盘条的钢丝　　　　图 6-7　各类不同直径和表面的钢丝

(3)按抗拉强度分:
1)低强度的低碳冷拔丝,其抗拉强度在 800 MPa 以下。
2)中强预应力钢丝,其抗拉强度为 800~1 470 MPa。
3)高强预应力钢丝,其抗拉强度为 1 470~1 860 MPa。
4)超高强预应力钢丝,其抗拉强度为 1 860 MPa 以上。
(4)按横截面形状分:圆形的、椭圆形的、半圆形的、扭耳的、花键轴式等。
(5)按松弛级别分:普通松弛级(Ⅰ级松弛)、低松弛级(Ⅱ级松弛)。
(6)按表面有无镀(涂)层分:光面无镀层、镀锌、镀锌铝稀土镀层、环氧涂层、其他镀(涂)层。
(7)按化学成分分:碳素钢丝和低(微)合金钢丝。

#### 2. 预应力钢丝的尺寸与规格

(1)盘重。每盘钢丝由一根组成其盘重不小于 1 000 kg。不小于 10 盘时允许有 10%的盘数不足 1 000 kg,但不小于 300 kg。

(2)盘内径。
1)冷拉钢丝的盘内径应不小于钢丝公称直径的 100 倍。
2)消除应力钢丝的公称直径 $d \leqslant 5.0$ mm 的盘内径不小于 1 500 mm,公称直径 $d >$ 5.0 mm 的盘内径不小于 1 700 mm。

(3)规格及允许偏差范围。
1)光圆钢丝尺寸、允许误差及理论质量见表 6-2。
2)三面刻痕钢丝尺寸、允许误差及理论质量见表 6-3。横截面面积、理论质量同光圆钢丝。

3)螺旋肋钢丝尺寸、允许误差及理论质量见表6-4。横截面面积、理论质量同光圆钢丝。
4)钢丝的每米质量与理论质量的偏差不应超过±2%。

表6-2 光圆钢丝规格尺寸表

| 公称直径 $d_n$/mm | 直径允许偏差/mm | 公称横截面面积 $S_n$/mm² | 每米理论质量/(g·m⁻¹) |
|---|---|---|---|
| 4 | ±0.04 | 12.57 | 98.6 |
| 4.8 |  | 18.1 | 142 |
| 5 | ±0.05 | 19.63 | 154 |
| 6 |  | 28.27 | 222 |
| 6.25 |  | 30.68 | 241 |
| 7 |  | 38.48 | 302 |
| 7.5 |  | 44.18 | 347 |
| 8 | ±0.06 | 50.26 | 394 |
| 9 |  | 63.62 | 499 |
| 9.5 |  | 70.88 | 556 |
| 10 |  | 78.54 | 616 |
| 11 |  | 95.03 | 746 |
| 12 |  | 113.1 | 888 |

表6-3 三面刻痕钢丝规格尺寸表

| 公称直径 $d_n$/mm | 刻痕深度 公称深度 a/mm | 允许偏差/mm | 刻痕长度 公称长度 b/mm | 允许偏差/mm | 节距 公称节距 L/mm | 允许偏差/mm |
|---|---|---|---|---|---|---|
| ≤5.00 | 0.12 | ±0.05 | 3.5 | ±0.5 | 5.5 | ±0.5 |
| >5.00 | 0.15 |  | 5 |  | 8 |  |

表6-4 螺旋肋钢丝规格尺寸表

| 公称直径 $d_n$/mm | 螺旋肋数量/条 | 基圆尺寸 基圆直径 $D_1$/mm | 允许偏差/mm | 外轮廓尺寸 外轮廓直径 D/mm | 允许偏差/mm | 单肋尺寸 宽度 a/mm | 螺旋肋导程 C/mm |
|---|---|---|---|---|---|---|---|
| 4 | 4 | 3.85 | ±0.05 | 4.25 | ±0.05 | 0.90～1.30 | 24～30 |
| 4.8 | 4 | 4.6 |  | 5.1 |  | 1.30～1.70 | 28～36 |
| 5 | 4 | 4.8 |  | 5.3 |  |  | |
| 6 | 4 | 5.8 |  | 6.3 |  | 1.60～2.00 | 30～38 |
| 6.25 | 4 | 6 |  | 6.7 |  |  | 30～40 |
| 7 | 4 | 6.73 | ±0.05 | 7.46 | ±0.10 | 1.80～2.20 | 35～45 |
| 7.5 | 4 | 7.26 |  | 7.96 |  | 1.90～2.30 | 36～46 |
| 8 | 4 | 7.75 |  | 8.45 |  | 2.00～2.40 | 40～50 |
| 9 | 4 | 8.75 |  | 9.45 |  | 2.10～2.70 | 42～52 |
| 9.5 | 4 | 9.3 |  | 10.1 |  | 2.20～2.80 | 44～53 |
| 10 | 4 | 9.75 |  | 10.45 |  | 2.50～3.00 | 45～58 |
| 11 | 4 | 10.76 |  | 11.47 |  | 2.60～3.10 | 50～64 |
| 12 | 4 | 11.78 |  | 12.5 |  | 2.70～3.20 | 55～70 |

### 四、预应力钢绞线

预应力钢绞线是将多根冷拉预应力钢丝呈螺旋状绞合在一起,并经消除应力处理而得到的。由于其具有强度高、松弛性好的特点,被广泛应用于各类预应力混凝土结构中。

#### 1. 预应力钢绞线的分类

如图 6-8、图 6-9 所示,钢绞线是将多根冷拉预应力钢丝按照螺旋状绞合在一起,并经消除应力处理而得到的绞线。

图 6-8　预应力钢绞线实物

图 6-9　钢绞线切面示意

从图 6-8、图 6-9 中可以看出,钢绞线是由若干根钢丝捻制组成的。其具体分类如下:
(1)按结构分类:
1)由 2 根钢丝捻制而成的钢绞线,用 1×2 表示。
2)由 3 根钢丝捻制而成的钢绞线,用 1×3 表示。
3)由 7 根钢丝捻制而成的钢绞线,用 1×7 表示。
4)由 19 根钢丝捻制而成的钢绞线,用 1×19 表示,这种钢绞线又有两种子类,分别是西鲁式(1+9+9)和瓦林吞式(1+6+12)。
(2)按生产方法分类:
1)捻制+消除应力回火。
2)捻制+稳定化处理。
3)模拔成型。
(3)按表面有无镀(涂)层分类:
1)表面无镀层的预应力钢绞线。
2)表面镀锌的预应力钢绞线。
3)环氧涂层预应力钢绞线。
4)锌、铝、稀土镀层预应力钢绞线。
(4)按松弛级别分类:
1)普通松弛级预应力钢绞线(Ⅰ级松弛)。
2)低松弛级预应力钢绞线(Ⅱ级松弛)。

各式钢绞线构造图如图 6-10 所示。

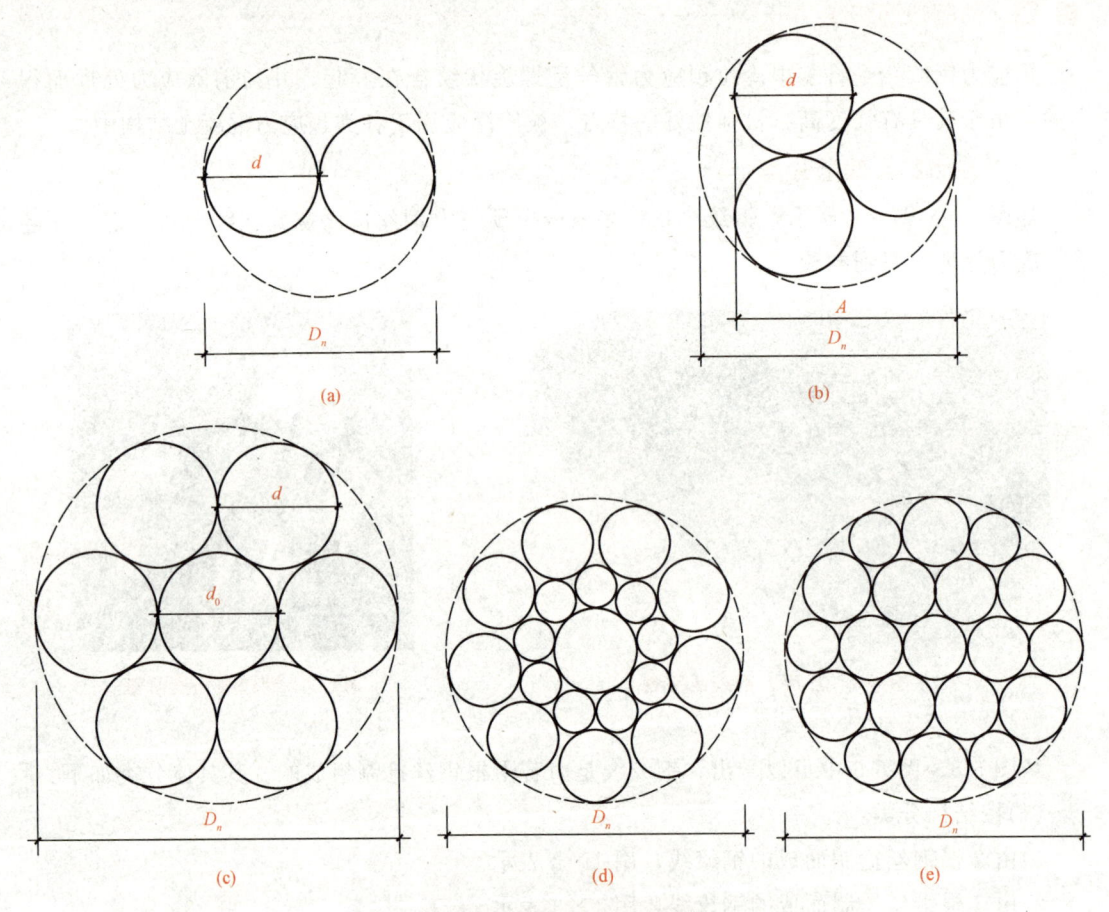

**图 6-10　各式钢绞线结构图**
(a)1×2 钢绞线；(b)1×3 钢绞线；(c)1×7 钢绞线；
(d)西鲁式钢绞线；(e)瓦林吞式钢绞线

## 2. 预应力钢绞线的尺寸与规格

(1)1×2 结构钢绞线尺寸规格、允许偏差、横截面面积、理论质量见表 6-5。

(2)1×3 结构钢绞线尺寸规格、允许偏差、横截面面积、理论质量见表 6-6，1×3I 为三根刻痕钢丝构成的钢绞线。

(3)1×7 结构钢绞线尺寸规格、允许偏差、横截面面积、理论质量见表 6-7，1×7I 为六根刻痕钢丝和一根光圆中心钢丝构成的钢绞线。1×7C 为七根钢丝捻制又经模拔的钢绞线。

(4)1×19 结构钢绞线尺寸规格、允许偏差、横截面面积、理论质量见表 6-8，1×19S 为 19 根钢丝构成的西鲁式钢绞线。1×19W 为 19 根钢丝构成的瓦林吞式钢绞线。

(5)可以根据需方要求生产其他规格的钢绞线。

(6)计算钢绞线理论质量时钢的密度定为 7.85 g/cm³。

(7)每盘卷钢绞线质量不小于 1 000 kg，不小于 10 盘时允许有 10% 的盘卷数小于 1 000 kg，但不得小于 300 kg。

(8)直径不大于 18.9 mm 的钢绞线,盘内径不小于 780 mm,直径大于 18.9 mm 的钢绞线,盘内径不小于 1 100 mm。卷宽为(750±50)mm 或(600±50)mm。

(9)预应力钢绞线表面不得带有润滑剂、油渍等降低钢绞线与混凝土粘结力的物质。钢绞线表面允许有轻微的浮锈,但不得锈蚀成肉眼可见的麻坑。

(10)铝包钢绞线表面应光滑,不允许有露钢现象,绞合应均匀紧密,不应有缺丝、断丝、松股、破皮等现象,切断后应不松散。

(11)一般情况各种钢绞线应成盘交货。根据双方协议可加防潮纸、麻布、塑编布等补充包装。

表 6-5 1×2 结构钢绞线尺寸规格表

| 钢绞线结构 | 公称直径 钢绞线直径 $D_a$/mm | 公称直径 钢丝直径 $d$/mm | 钢绞线直径允许偏差/mm | 钢绞线公称横截面面积 $S_n$/mm² | 每米理论质量/(g·m⁻¹) |
|---|---|---|---|---|---|
| 1×2 | 5 | 2.5 | +0.15<br>−0.05 | 9.82 | 77.1 |
| | 5.8 | 2.9 | | 13.2 | 104 |
| | 8 | 4 | +0.25<br>−0.10 | 25.1 | 197 |
| | 10 | 5 | | 39.3 | 309 |
| | 12 | 6 | | 56.5 | 444 |

表 6-6 1×3 结构钢绞线尺寸规格表

| 钢绞线结构 | 公称直径 钢绞线直径 $D_a$/mm | 公称直径 钢丝直径/mm | 钢绞线测量尺寸 A/mm | 测量尺寸 A 允许偏差/mm | 钢绞线公称横截面面积 $S_n$/mm² | 每米理论质量/(g·m⁻¹) |
|---|---|---|---|---|---|---|
| 1×3 | 6.2 | 2.9 | 5.41 | +0.15<br>−0.05 | 19.8 | 155 |
| | 6.5 | 3 | 5.6 | | 21.2 | 166 |
| | 8.6 | 4 | 7.46 | +0.20<br>−0.10 | 37.7 | 296 |
| | 10.8 | 5 | 9.33 | | 58.9 | 462 |
| | 12.9 | 6 | 11.2 | | 84.8 | 666 |
| 1×3I | 8.7 | 4.04 | 7.54 | | 38.5 | 302 |

表 6-7 1×7 结构钢绞线尺寸规格表

| 钢绞线结构 | 公称直径 $D_a$/mm | 直径允许偏差/mm | 钢绞线公称横截面面积 $S_n$/mm² | 每米理论质量/(g·m⁻¹) | 中心钢丝直径 d 加大范围/%≥ |
|---|---|---|---|---|---|
| 1×7 | 9.5 | +0.3<br>−0.15 | 54.8 | 430 | 2.5 |
| | 11.1 | | 74.2 | 582 | |
| | 12.7 | | 98.7 | 775 | |
| | 15.2 | +0.4<br>−0.15 | 140 | 1 101 | |
| | 15.7 | | 150 | 1 178 | |
| | 17.8 | | 191 | 1 500 | |
| | 18.9 | | 220 | 1 727 | |
| | 21.6 | | 285 | 2 237 | |

续表

| 钢绞线结构 | 公称直径 $D_a$/mm | 直径允许偏差/mm | 钢绞线公称横截面面积 $S_n$/mm² | 每米理论质量/(g·m⁻¹) | 中心钢丝直径 $d$ 加大范围/% $\geqslant$ |
|---|---|---|---|---|---|
| 1×7I | 12.7 | 0.25 | 98.7 | 775 | 2.5 |
|  | 15.2 |  | 140 | 1 101 |  |
| (1×7)C | 12.7 | +0.40<br>−0.15 | 112 | 890 |  |
|  | 15.2 |  | 165 | 1 295 |  |
|  | 18 |  | 223 | 1 750 |  |

表 6-8　1×19 结构钢绞线尺寸规格表

| 钢绞线结构 | 公称直径 $D_a$/mm | 直径允许偏差/mm | 钢绞线公称横截面面积 $S_n$/mm² | 每米理论质量/(g·m⁻¹) |
|---|---|---|---|---|
| 1×19S (1+9+9) | 17.8 | +0.40<br>−0.15 | 208 | 1 652 |
|  | 19.3 |  | 244 | 1 931 |
|  | 20.3 |  | 271 | 2 149 |
|  | 21.8 |  | 313 | 2 482 |
|  | 28.6 |  | 532 | 4 229 |
| 1×19W (1+6+6/6) | 28.6 |  | 532 | 4 229 |

注：1×19 钢绞线的公称直径为钢绞线的外接圆的直径。

# 任务二　钢筋拉伸性能的检测

## 学习目标

(1)掌握钢筋拉伸检测项目的步骤。
(2)熟悉检测数据的记录、计算，并能根据数据进行检测结果的判定。

## 核心概念

(1)**强度**：钢材在外力作用下，抵抗永久变形和断裂的能力。
(2)**塑性**：钢材在荷载(外力)作用下，断裂前所经受的永久变形的能力。
(3)**弹性变形**：材料在外力作用下产生变形，当外力去除后变形完全消失恢复原状的现象。
(4)**塑性变形**：一种不可自行恢复的变形。材料及构件受载超过弹性变形范围之后将发生永久的变形，即卸除载荷后将出现不可恢复的变形，或称残余变形。

# 基本知识

## 一、钢筋的力学性能

力学性能是指钢材抵抗外力作用的能力。它是衡量钢材质量好坏最重要的指标之一。

### 1. 强度

强度是指钢材在外力作用下，抵抗永久变形和断裂的能力。其可分为抗拉强度、抗压强度、抗弯强度、抗剪强度和抗扭强度五种。一般情况下多以抗拉强度作为判别钢材强度高低的指标。

衡量钢材强度的指标有弹性模量、屈服强度和抗拉强度三个，它们都表示钢材抵抗变形和破坏的能力，都是通过拉伸试验测定的。

(1)弹性模量($E$)。在弹性范围内物体的应力和应变量成正比，其比例系数即为弹性模量。弹性模量的计算公式如下：

$$\sigma = E\varepsilon \text{ 或 } \sigma = E \times \Delta L / L_0 \qquad (6-1)$$

式中 $\sigma$——引起变形的正应力；

$\varepsilon$——相对伸长率或称应变；

$\Delta L$——材料在外力作用下的伸长量；

$L_0$——材料原长；

$E$——弹性模量；对钢而言 $E = 20\ 720\ \text{N/mm}^2$。

(2)屈服强度(或屈服点)。钢材产生屈服现象时的最小应力。屈服现象就是指材料在承受外力时，当外力不再增加，但材料仍然发生塑性形变的现象。其计算公式如下：

$$\sigma_s = F_s / S_0 \qquad (6-2)$$

式中 $\sigma_s$——屈服强度；

$F_s$——材料屈服时的载荷(N)；

$S_0$——试样原始截面面积($\text{mm}^2$)。

应当指出的是，只有强度较低的低碳钢和中碳钢才有明显的屈服现象。对某些在拉伸试验时无明显屈服现象的钢材，一般以试样产生了达到原长($L_0$)0.2%的塑性变形时对应的应力作为条件屈服强度，用 $\sigma_{0.2}$ 表示。其计算公式如下：

$$\sigma_{0.2} = F_{0.2} / S_0 \qquad (6-3)$$

式中 $F_{0.2}$——试样产生 $0.2\% L_0$ 塑性变形时的载荷(N)。

(3)抗拉强度。钢材在拉断前所抵抗的最大外力($F_b$)的能力，用 $\sigma_b$ 表示，其计算公式如下：

$$\sigma_b = F_b / S_0 \qquad (6-4)$$

式中 $F_b$——最大外力或最大载荷(N)；

$S_0$——试样原始截面积($\text{mm}^2$)。

任何工件在工作时决不允许承受的应力达到抗拉强度的极限，否则工件将会发生断裂，造成设备严重失效，所以 $\sigma_b$ 是一个描述钢材质量的重要指标。

### 2. 塑性

钢材在荷载(外力)作用下，断裂前所经受的永久变形的能力，称为塑性。此时钢材受力所产生的,在外力去除后,弹性形变部分因恢复而消失,剩余的因不能恢复而保留下来的那部分永久形变,就称为塑性形变。

钢材受外力后表现的规律:首先发生弹性变形,然后是塑性变形,最后是裂纹形成并逐渐扩展,直至断裂。三个物理过程是连续进行的,当前一个过程发展到极限程度,后一个过程便随之发生。

钢材的塑性也是通过拉伸试验来测定的,判断塑性主要是有以下两个指标来表示:

(1)断后伸长率$\delta$或延伸率。试样受外力被拉断后,断后标距的残余伸长量$(L_v-L_0)$与原始实验标距$(L_0)$比值的百分率,其计算公式如下:

$$\delta=(L_v-L_0)/L_0\times100\% \quad (6-5)$$

式中 $\delta$——断后伸长率;
$L_v$——试样拉断时的长度;
$L_0$——试样原长。

必须说明,试样长短不同,测得的伸长率是不同的,通常短试样测出的伸长率大于长试样的结果。

(2)断面收缩率$\psi$。试样受外力被拉断后,试样断裂处横截面面积的最大减少量$(S_0-S_v)$与原始横截面面积$S_0$之比的百分率称为断面收缩率,其计算公式如下:

$$\psi=(S_0-S_v)/S_0\times100\% \quad (6-6)$$

式中 $\psi$——断面收缩率;
$S_0$——试样原始横截面面积;
$S_v$——试样拉断后断面处最小横截面面积。

钢材的延伸率$\delta$和断面收缩率$\psi$越大,其塑性越好,所以,$\delta$和$\psi$都是评定钢材质量的重要指标。

钢材塑性的好坏,对工件的加工十分重要。塑性好的钢材容易进行冲压、轧制、焊接和锻造,通过塑性变形可以加工制造各种复杂形状的零件,而且工艺过程简单,质量容易保证。另外,塑性好的零件在使用时,若超载也能由于塑性变形而避免突然断裂。

**3. 硬度**

材料抵抗硬质物体压入或刻画的能力称为硬度。硬度是各种零件和工具必须具备的性能指标,也是模具钢最重要的性能,模具钢的热处理中,质量和使用性能的优劣通常以硬度作为判断的依据。所以,硬度是钢铁材料最重要的力学性能指标。

## 二、钢筋拉伸破坏的四个阶段

拉伸是建筑结构内钢筋的主要受力形变之一,拉伸性能是表示钢筋性能优劣和决定钢筋选用的重要指标。钢筋的塑性性能主要通过拉伸性能试验来测定。

从钢筋受拉至最后拉断,共经历了四个阶段(图6-11):弹性阶段($O-B$);屈服阶段($B-C$);强化阶段($C-D$);颈缩阶段($D-E$)。

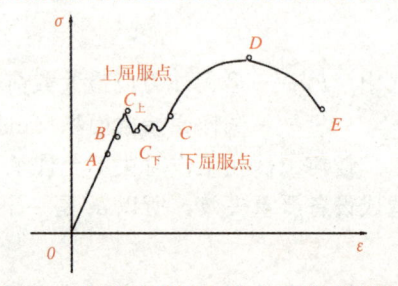

**图6-11 钢筋拉伸试验应力-应变曲线图**

## 1. 弹性阶段

如图 6-12 所示，曲线中 OB 段是一条直线，应力与应变成正比关系。应力与应变的比值为常数，即弹性模量 $E$，$E=\sigma/\varepsilon$。如卸去外力，试件能恢复原来的形状，这种性质即为弹性，此阶段的变形为弹性变形。与 B 点对应的应力称为弹性极限，以 $\sigma_B$ 表示。弹性模量反映钢筋抵抗弹性变形的能力，是钢筋在受力条件下计算结构变形的重要指标。

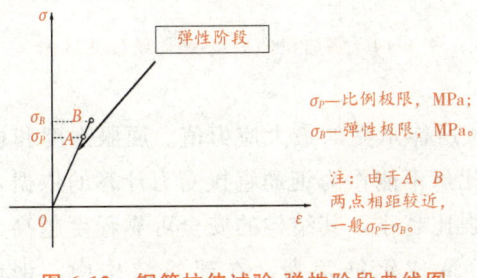

$\sigma_P$—比例极限，MPa；
$\sigma_B$—弹性极限，MPa。

注：由于 A、B 两点相距较近，一般 $\sigma_P=\sigma_B$。

图 6-12　钢筋拉伸试验-弹性阶段曲线图

## 2. 屈服阶段

如图 6-13 所示，应力超过 B 点后，应力、应变不再成正比关系，开始出现塑性变形。应力的增长滞后于应变的增长，当应力达 $C_上$ 点后（上屈服点），瞬时下降至 $C_下$ 点（下屈服点），变形迅速增加，而此时外力则大致在恒定的位置上波动，直到 C 点，这就是所谓的"屈服现象"，似乎钢材不能承受外力而屈服，所以 BC 段称为屈服阶段。由于 $C_上$ 点（上屈服点）不稳定，故以 $C_下$ 点（下屈服点、易测定）对应的应力称为钢筋的屈服点（屈服强度），用 $\sigma_s$ 表示。

钢筋受力大于屈服点后，会出现较大的塑性变形，已不能满足使用要求，因此，屈服强度是设计上钢筋强度取值的依据，也是工程结构计算中非常重要的一个参数。

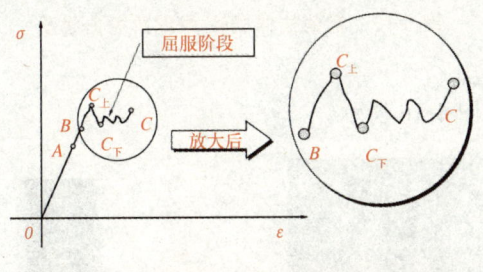

图 6-13　钢筋拉伸试验-屈服阶段曲线图

## 3. 强化阶段

如图 6-14 所示，当应力超过屈服强度后，由于微观上钢筋内部组织中的晶格发生了畸变，滑移面上的晶格歪扭变形，反而阻止了晶格进一步滑移，导致宏观上钢筋性能得到强化，所以表现为钢筋抵抗塑性变形的能力又重新提高，CD 曲线重新呈上升趋势，此阶段称为强化阶段。对应于最高点 D 的应力值（$\sigma_b$）称为极限抗拉强度，简称抗拉强度。

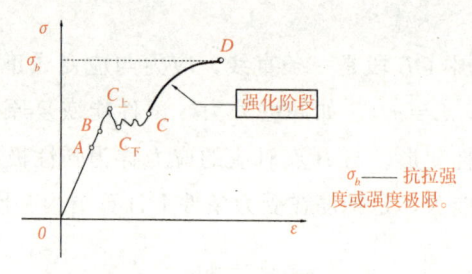

图 6-14 钢筋拉伸试验-强化阶段曲线图

显然，$\sigma_b$是钢材受拉时所能承受的最大应力值。屈服强度和抗拉强度之比，称为屈强比。(屈强比＝$\sigma_s/\sigma_b$)屈强比虽不能作为钢筋直接受力计算的依据，但能反映钢筋的利用率和结构安全可靠程度。屈强比越小，其结构的安全可靠程度越高，但屈强比过小，又说明钢筋强度的利用率偏低，造成钢筋浪费。在建筑结构中，钢筋合理的屈强比一般为 0.60~0.75。

**4. 颈缩阶段**

如图 6-15 所示，钢筋试件受力达到最高点 D 后，其抵抗变形的能力明显降低，变形迅速发展，应力逐渐下降，试件被拉长，在有杂质或缺陷处，断面急剧缩小，直到断裂。故 DE 段称为颈缩阶段。

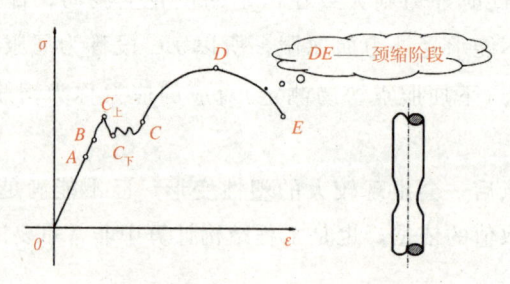

图 6-15 钢筋拉伸试验-颈缩阶段曲线图

钢筋颈缩现象实例如图 6-16 所示。

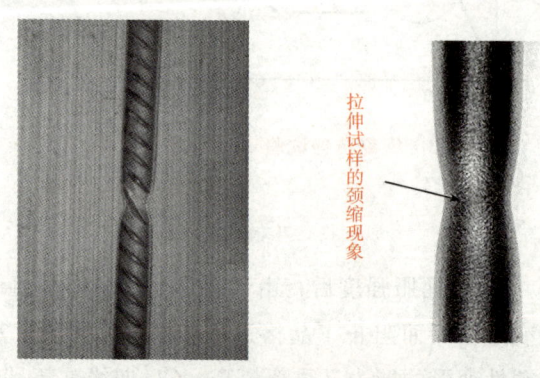

图 6-16 颈缩现象实例图

## 能力训练

### 一、操作条件

#### 1. 检测依据

钢筋拉伸检测应按照《钢筋混凝土用钢 第1部分：热轧光圆钢筋》(GB/T 1499.1—2017)；《钢筋混凝土用钢 第2部分：热轧带肋钢筋》(GB/T 1499.2—2018)；《金属材料 拉伸试验 第1部分：室温试验方法》(GB/T 228.1—2021)的要求操作。

#### 2. 目的及适用范围

本试验目的为测定钢筋的屈服点、抗拉强度和伸长率，评定钢筋的强度等级。

本试验适用于室温条件下金属材料的拉伸试验。

#### 3. 仪器设备

(1)万能材料试验机(图6-17)。量程的选择：试验达到最大荷载时，指针最好在第三象限(180°~270°)内，或数显破坏荷载在量程的50%~75%。在规定负荷下停止施荷时，万能材料试验机操作应能精确到测力度盘上的一个最小分格，负荷示值至少能保持30 s；万能材料试验机应具有调速指示装置，能在标准规定的速度范围内灵活调节，且加卸荷平稳；万能材料试验机还应备有记录装置，能满足标准用绘图法测定强度特性的要求。

(2)钢筋打点机(图6-18)或划线机、游标卡尺(图6-19)(精度为0.1 mm)等。

图6-17 万能材料试验机操作界面

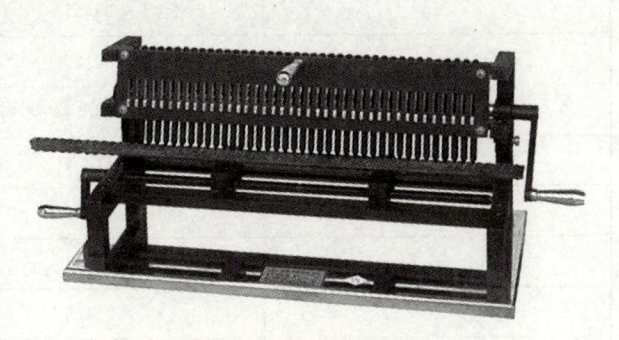

图6-18 钢筋打点机

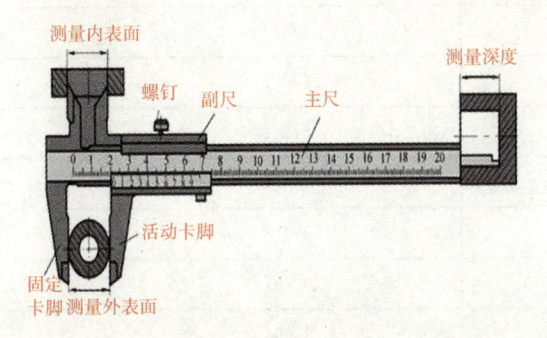

图6-19 游标卡尺

### 4. 样品要求

拉伸试验用钢筋试件不得进行车削加工，可以用两个或一系列等分小冲点或细画线标出试件原始标距，测量标距长度 $L_0$，精确至 0.1 mm，如图 6-20 所示。根据钢筋的公称直径按表 6-9 选取公称横截面面积（mm²）。

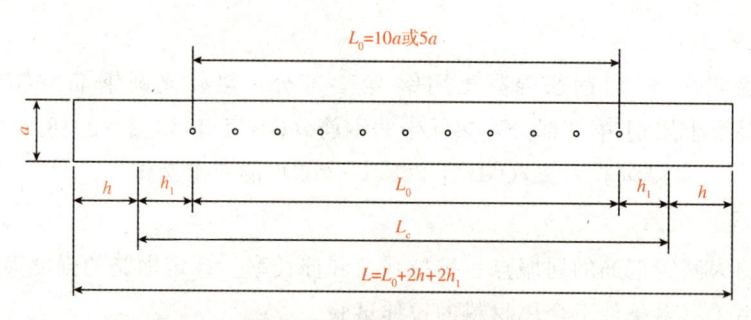

**图 6-20　钢筋拉伸试验试件**

$a$—试样原始直径；$L_0$—标距长度；$h_1$—取 $(0.5\sim1)a$；$h$—夹具长度

接通电源，按下油泵启动按钮（绿色为启动按钮，红色为关闭按钮），使用前预热 5 min。

**表 6-9　钢筋公称横截面面积与公称质量一览表**

| 公称直径/mm | 公称横截面面积/mm² | 理论质量[a]/(kg·m⁻¹) |
|---|---|---|
| 6 | 28.27 | 0.222 |
| 8 | 50.27 | 0.395 |
| 10 | 78.54 | 0.617 |
| 12 | 113.1 | 0.888 |
| 14 | 153.9 | 1.21 |
| 16 | 201.1 | 1.58 |
| 18 | 254.5 | 2.00 |
| 20 | 314.2 | 2.47 |
| 22 | 380.1 | 2.98 |
| 25 | 490.9 | 3.85 |
| 28 | 615.8 | 4.83 |
| 32 | 804.2 | 6.31 |
| 36 | 1 018 | 7.99 |
| 40 | 1 257 | 9.87 |
| 50 | 1 964 | 15.42 |

a. 理论质量按密度为 7.85 g/cm³ 计算。

## 二、操作过程

钢筋拉伸检测的步骤见表 6-10。

**表 6-10 钢筋拉伸检测的步骤**

| 序号 | 步骤 | 操作方法及说明 | 质量标准 |
|---|---|---|---|
| 1 | 试件固定 | 将试件上端固定在试验机上夹具内,调整试验机零点,安装好描绘器、纸、笔等,再用下夹具固定试件下端(图1)<br><br>图 1 固定试件 | 能正确固定试件 |
| 2 | 开机拉伸 | 开动试验机进行拉伸,拉伸速度为:屈服前应力增加速度为 10 MPa/s;屈服后试验机活动夹头在荷载下移动速度不大于 $0.5 L_c$/min,直至试件拉断 | 能正确进行拉伸操作 |
| 3 | 记录读数 | (1)拉伸过程中,测力度盘指针停止转动时的恒定荷载,或第一次回转时的最小荷载,即屈服荷载 $F_s$(N)。<br>(2)向试件继续加荷直至试件拉断,读出最大荷载 $F_b$(N) | (1)能正确进行加荷。<br>(2)能正确进行读数 |
| 4 | 测量标距长度 | 测量试件拉断后的标距长度 $L_1$。将已拉断的试件两端在断裂处对齐,尽量使其轴线位于同一条直线上 | 能正确测量标距长度 |

如拉断处距离邻近标距端点大于 $L_0/3$ 时,可用游标卡尺直接量出 $L_1$。如拉断处距离邻近标距端点小于或等于 $L_0/3$ 时,可按下述移位法确定 $L_1$:在长段上自断点起,取等于短段格数得 $B$ 点,再取等于长段所余格数[偶数如图 6-21(a)]的 1/2 得 $C$ 点;或者取所余格数[奇数如图 6-21(b)]减 1 与加 1 之半得 $C$ 与 $C_1$ 点。则移位后的 $L_1$ 分别为 $AB+2BC$ 或 $AB+BC+BC_1$。

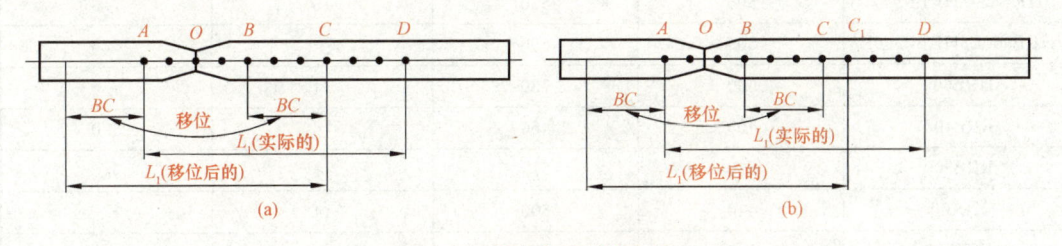

图 6-21 用移位法计算标距
(a)$L_1=AB+2BC$;(b)$L_1=AB+BC+BC_1$

如果直接测量所求得的伸长率能达到技术条件要求的规定值,则可不采用移位法。

### 三、检测结果

(1)钢筋的屈服点 $\sigma_s$ 和抗拉强度 $\sigma_b$ 按下式计算：

$$\sigma_s = \frac{F_s}{A} \tag{6-7}$$

$$\sigma_b = \frac{F_b}{A}$$

式中　$\sigma_s$，$\sigma_b$——分别为钢筋的屈服点和抗拉强度(MPa)；

　　　$F_s$，$F_b$——分别为钢筋的屈服荷载和最大荷载(N)；

　　　$A$——试件的公称横截面面积($mm^2$)，详见表6-9。

当 $\sigma_s$、$\sigma_b$ 大于 1 000 MPa 时，应计算至 10 MPa，按"四舍六入五单双法"修约；为 200～1 000 MPa 时，计算至 5 MPa，按"二五进位法"修约；小于 200 MPa 时，计算至 1 MPa，小数点数字按"四舍六入五单双法"处理。

(2)钢筋的伸长率 $\delta_5$ 或 $\delta_{10}$ 按下式计算：

$$\delta_5(\text{或}\ \delta_{10}) = \frac{L_1 - L_0}{L_0} \times 100\% \tag{6-8}$$

式中　$\delta_5$ 或 $\delta_{10}$——分别为 $L_0 = 5a$(或 $L_0 = 10a$)时的伸长率(精确至1%)；

　　　$L_0$——原标距长度 $5a$ 或 $10a$ (mm)；

　　　$L_1$——试件拉断后直接量出或按移位法的标距长度(mm，精确至0.1 mm)。

如试件在标距端点上或标距处断裂，则试验结果无效，应重做试验。

所得结果应符合表6-11的规定。相关试验数据记录在表6-12中。

表6-11　钢筋力学性能特征值规定表

| 牌号 | 屈服强度 $R_{el}$/MPa ≥ | 抗拉强度 $R_m$/MPa ≥ | 伸长率 $A$/% ≥ | 最大力总延伸率 $A_{gt}$/% ≥ |
|---|---|---|---|---|
| HPB300 | 300 | 420 | 25 | 10 |
| HRB400/HRBF400 | 400 | 540 | 16 | 7.5 |
| HRB400E/HRBF400E | 400 | 540 | — | 9.0 |
| HRB500/HRBF500 | 500 | 630 | 15 | 7.5 |
| HRB500E/HRBF500E | 500 | 630 | — | 9.0 |
| HRB600 | 600 | 730 | 14 | 7.5 |
| RRB400 | 400 | 460 | 16 | 5.0 |
| RRB500 | 500 | 575 | 14 | 5.0 |
| KL400 | 440 | 600 | 14 | — |
| CRB550 | 500 | 550 | 8 | — |
| CRB650 | 585 | 650 | — | 4 |
| CRB800 | 720 | 800 | — | 4 |
| CRB970 | 875 | 970 | — | 4 |

表 6-12  钢筋拉伸性能检测试验记录表

| 试样名称 | | | | | | | | | |
|---|---|---|---|---|---|---|---|---|---|
| 试样编号 | | | | | | | | | |
| 试样尺寸 | 直径/mm | | | | | | | | |
| | 长度/mm | | | | | | | | |
| | 质量/g | | | | | | | | |
| | 横截面面积/mm² | | | | | | | | |
| | 标距/mm | | | | | | | | |
| 拉伸荷载/kN | 屈服 | | | | | | | | |
| | 极限 | | | | | | | | |
| 强度/MPa | 屈服点 | | | | | | | | |
| | 拉伸强度 | | | | | | | | |
| 伸长度 | 断后标距/mm | | | | | | | | |
| | 伸长率/% | | | | | | | | |
| 结论： | | | | | | | | | |

■ **四、学习结果评价**

| 序号 | 评价内容 | 评价标准 | 评价结果 |
|---|---|---|---|
| 1 | 检测试验准备 | 能正确地使用打点机标距钢筋 | 是/否 |
| | | 能正确地计算出试件截取长度 | 是/否 |
| | | 能正确地截取钢筋试件 | 是/否 |
| 2 | 钢筋拉伸试验 | 能正确操作万能材料试验机 | 是/否 |
| | | 在试验过程中，能按照要求正确加载，直至拉断 | 是/否 |
| | | 能正确读出荷载读数，并记录 | 是/否 |
| | | 能正确进行试验数据的计算 | 是/否 |

## 任务三  钢筋冷弯性能的检测

**学习目标**

(1) 掌握钢筋冷弯检测项目的内容和过程。
(2) 熟悉检测数据的记录、计算，并能根据数据进行检测结果的判定。

### 核心概念

**冷弯性能**：金属材料在室温条件下承受弯曲变形（在一定的弯芯直径下弯曲一定角度）而在弯曲处无裂纹或断裂的能力。

### 基本知识

钢筋的冷弯性能是衡量金属材料塑性好坏的一项重要力学性能指标。冷弯时由于金属内外纤维产生不均匀的塑性变形，其变形条件比单向拉伸更为苛刻。冷弯性能不但反映了金属塑性变形能力，同时，还能显示金属表面的缺陷，表示对裂纹扩展的抵抗能力。

钢筋的冷弯试验是通过直径为 $a$ 的钢筋试件，须采用标准规定的弯心直径 $d(d=na)$，弯曲到规定的弯曲角（90°或180°）时，试件的弯曲处不发生裂缝、裂断或起层，即认为该钢筋冷弯性能合格。钢筋弯曲时的弯曲角度越大，弯心直径越小，则表示其冷弯性能越好。图 6-22 所示为钢筋冷弯试验原理图。

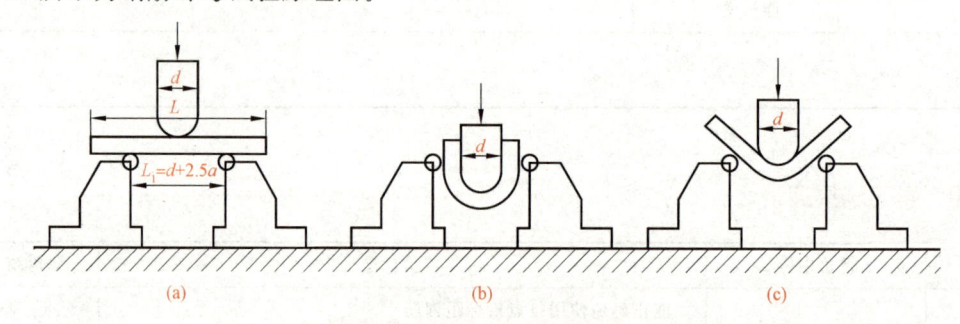

**图 6-22 钢筋冷弯试验原理图**
(a)冷弯试件和支座；(b)弯曲180°；(c)弯曲90°

通过冷弯试验更有助于暴露钢筋的某些内在缺陷。相对于伸长率而言，冷弯是对钢筋塑性更严格的检验，它能揭示钢筋内部组织是否均匀，是否存在内应力或夹杂物等缺陷。冷弯试验对焊接质量也是一种严格的检验，能揭示焊件在受弯表面是否存在未熔合、微裂纹及夹杂物等缺陷。

### 能力训练

#### 一、操作条件

**1. 检测依据**

钢筋冷弯检测应按照《钢筋混凝土用钢 第 1 部分：热轧光圆钢筋》(GB/T 1499.1—2017)、《钢筋混凝土用钢 第 2 部分：热轧带肋钢筋》(GB/T 1499.2—2018)、《金属材料弯曲试验方法》(GB/T 232—2010)的要求操作。

## 2. 目的及适用范围

本试验适用于各类型钢筋室温条件下的弯曲性能测定,通过冷弯试验,对钢筋塑性进行严格检验,也间接测定钢筋内部的缺陷及可焊性。

## 3. 仪器设备

(1)具有一定弯心直径的冷弯冲头,如图6-23所示。

(2)万能材料试验机:具体技术指标与拉伸试验所用机器相同,如图6-24所示。

图6-23 全套各种规格的冷弯冲头  　　图6-24 万能材料试验机

## 4. 样品要求

试样的横截面为圆形、方形、长方形或多边形。样坯的切取位置和方向应按照相关产品标准的要求。试样应通过机加工去除由于剪切或火焰切割等影响了材料性能的部分。

试样表面不得有划痕和损伤。方形、长方形和多边形横截面试样的棱边应倒圆,倒圆半径不超过试样厚度的1/10。棱边倒圆时不应形成影响试验结果的横向毛刺、伤痕或刻痕。

试样的长度应根据试样厚度和所使用的试验设备确定。当采用支辊式、V形模具式、虎钳式、翻板式等弯曲装置时,可以按照式(6-9)确定:

$$L=0.5\pi(d+a)+140 \tag{6-9}$$

式中　$L$——试样的长度(mm);

　　　$d$——弯曲压头或弯心直径(mm);

　　　$a$——试样厚度或直径或多边形横截面内切圆直径(mm)。

## ■ 二、操作过程

钢筋冷弯实验步骤见表6-13。

表6-13 钢筋冷弯实验步骤

| 序号 | 步骤 | 操作方法及说明 | 质量标准 |
| --- | --- | --- | --- |
| 1 | 试验准备 | (1)按式(6-10)调整试验机平台上的支辊距离 $L_1$。<br>(2)$d$ 为冷弯冲头直径,$d=na$,$n$ 为自然数,$a$ 为钢筋直径。其值大小根据钢筋级别确定,详见表6-14 | (1)试验前,检查减速机,是否有润滑油。<br>(2)能正确调整支辊距离并确定弯芯 |

续表

| 序号 | 步骤 | 操作方法及说明 | 质量标准 |
|---|---|---|---|
| 2 | 试验加荷 | 将试件按图1安放好后,平稳地进行加荷,钢筋弯曲至规定角度(90°或180°)后(图2、图3),停止冷弯<br><br>图1 安放试件后冷弯<br><br>图2 90°弯曲　　　图3 180°弯曲 | (1)能正确进行加荷。<br>(2)能及时停止冷弯 |
| 3 | 试验结果评定 | 卸除试验力以后,按有关规定进行检查并进行结果评定 | (1)试验后,注意试验机的清洁工作。<br>(2)能根据试验情况对结果进行评定 |

试验过程中应当注意,弯心直径必须符合相关产品标准中的规定,弯心宽度必须大于试样的宽度或直径,两支辊间距离如下：

$$L_1 = (d+3a) \pm \frac{1}{2}a \text{ 或 } (d+30) \pm 0.50 \text{ mm} \tag{6-10}$$

并且在试验过程中不允许有变化。

## ■ 三、检测结果

在常温下,在规定的弯心直径和弯曲角度下对钢筋进行弯曲,试验完毕后卸除试验力,检查钢筋试样承受的变形性能。通常检测两根弯曲钢筋的外表面及侧面,若无裂纹、断裂或起层,即判定该钢筋试样的冷弯性能合格,否则冷弯不合格。

按表6-14规定的弯芯直径弯曲180°后,钢筋受弯曲部位表面不得产生裂纹为标准。

表6-14 钢筋弯曲性能标准

| 牌号 | 公称直径 $a$/mm | 弯芯直径 $d$/mm |
|---|---|---|
| HPB300 | 6~22 | $a$ |
| HRB400/HRB400E<br>HRBF400/HRBF400E | 6~25 | $4a$ |
| | 28~40 | $5a$ |
| | 40~50 | $6a$ |

续表

| 牌号 | 公称直径 $a$/mm | 弯芯直径 $d$/mm |
|---|---|---|
| HRB500/HRB500E HRBF500/HRBF500E | 6~25 | 6a |
| | 28~40 | 7a |
| | 40~50 | 8a |
| HRB600 | 6~25 | 6a |
| | 28~40 | 7a |
| | 40~50 | 8a |

相关试验数据记录在表 6-15 中。

表 6-15  钢筋弯曲检测试验记录表

| \multicolumn{2}{c}{试样名称} | | | | | | | |
|---|---|---|---|---|---|---|---|---|
| \multicolumn{2}{c}{试样编号} | | | | | | | |
| 试样尺寸 | 直径/mm | | | | | | | |
| | 长度/mm | | | | | | | |
| | 质量/g | | | | | | | |
| | 横截面面积/mm² | | | | | | | |
| | 标距/mm | | | | | | | |
| 冷弯 | 弯曲半径 | | | | | | | |
| | 弯曲角度 | | | | | | | |
| | 结果 | | | | | | | |
| 反复弯曲 | 弯曲半径/mm | | | | | | | |
| | 弯曲次数 | | | | | | | |
| \multicolumn{2}{c}{断口形式} | | | | | | | |
| \multicolumn{2}{c}{结论：} | | | | | | | |

## ■ 四、学习结果评价

| 序号 | 评价内容 | 评价标准 | 评价结果 |
|---|---|---|---|
| 1 | 检测试验准备 | 能正确地使用打点机标距钢筋 | 是/否 |
| | | 能正确地计算出试件截取长度 | 是/否 |
| | | 能正确地截取钢筋试件 | 是/否 |
| 2 | 钢筋冷弯试验 | 能正确操作万能材料试验机 | 是/否 |
| | | 在试验过程中，能按照要求正确平稳加载，直至弯曲到规定角度 | 是/否 |
| | | 能正确判断出钢筋的冷弯性能是否合格 | 是/否 |

# 任务四　建筑钢材的验收及防护

## 学习目标

(1)熟悉钢筋的检验与保管要求。
(2)了解预应力钢丝及钢绞线的质量缺陷防治内容。
(3)掌握钢筋质量偏差检测项目的内容和过程。
(4)熟悉检测数据的记录、计算,并能根据数据进行检测结果的判定。

## 核心概念

(1)**质量偏差**:由于包边、开孔和切口的不同,钢筋的实际质量与理论质量会出现差异。钢筋的质量偏差是描述钢筋质量的主要指标之一,在钢筋交付时,往往通过该指标来衡量钢筋的质量。

(2)**钢材的锈蚀**:其表面与周围介质发生化学反应而遭到的破坏过程。

## 基本知识

### ■ 一、钢筋的检验

钢筋在进入施工现场或加工厂时,要对其进行质量检查,以确保其质量符合有关技术标准所规定的要求。

**1. 钢筋检验的基本步骤**

(1)钢筋须有出厂质量证明书或试验报告单,产品上均应挂上标牌,标牌上应有生产厂家的厂标、钢号、批号、尺寸等说明文字。
(2)对钢筋分批进行机械性能试验和化学成分分析。

**2. 钢筋检验的要求**

(1)热轧钢筋的检验:
1)产品进场进应当分批进行验收。
2)同批钢筋应当由同一截面尺寸和同一炉罐(批)号的钢筋组成,且每批质量不大于60 t。
3)在每批钢筋中各取 15 根钢筋作为一套试样做各项理化测试。其中,在每套试样中取两根试件作冷弯试验,另两根做屈服点、抗拉强度、伸长率试验。另有疲劳度、晶粒度、化学成分分析等试验。
4)如有最多两个试验项目结果不符合该钢筋的机械性能所规定的指标时,则在同批次的不同钢筋上另取 3 倍数量(45 根)的试件做第二次试验,如仍有不合格,则该批钢筋不予验收。

(2)进口热轧变形钢筋的检验：

1)在品质检验之前，首先要查验进口钢筋的出厂质量保证书及进口商标报告。

2)按国家的相应标准和合同规定的检验规范对钢筋进行检验。

3)如进口钢筋没有特别的合同质量条款，其机械性能检验应参照国产热轧钢筋的检验标准执行。

4)钢筋需要焊接时，就分批进行化学成分分析检验。

(3)冷轧钢筋的检验：

1)冷轧钢筋应分批进行验收，每批质量不大于60 t。

2)同批钢筋应由同级别、同直径和相同冷轧参数的冷轧钢筋组成。

3)先逐根检验钢筋的外观，标准要求是钢筋表面不应有裂纹或局部缩颈。

4)外观合格后，再按照规定抽检做冷弯试验(每批2个)和屈服点、抗拉强度、伸长率(每盘1个)等物理指标试验。

5)如第一次试验有一项物理指标结果不符合该钢筋的机械性能所规定的标准，则取双倍数量的试件重做全部各项试验，二次试验如仍有一根或以上数量试件不合格，则该批钢筋为不合格品。

(4)热处理钢筋的检验：

1)检验批以60 t为限，而且每批次钢筋必须是同一外形、同一直径、同一热处理方法、同一炉罐(批)号。

2)在每批钢筋中选取6根试样进行屈服点、抗拉强度、伸长率等物理指标试验，外观、尺寸逐一检查。

3)检验中，如有一项结果不合格规定的标准，则从同一批中另取双倍数量的试样进行复验，如仍有一项或以上不合格，则该批钢筋不予验收。

## 二、钢筋的保管

(1)钢筋进入施工现场后，保管人员必须严格核对其规格型号，按批次、牌号、直径、长度挂牌分类存放，并且在挂牌上注明等级数量，不得混淆。

(2)钢筋的堆放，应当尽量放在专用仓库里或专用的材料棚内。

(3)条件不具备的单位，可选择地势较高，土质坚实且干燥的平坦露天场地存放。

(4)钢筋堆放场地的周围，应当挖出排水沟，以便雨天排水。

(5)堆放钢筋时下面都要加垫木，并离地面高不少于200 mm，以防止钢筋锈蚀和污染。

(6)同一项工程与同一构件的钢筋应当存放在一起，按号挂牌排列，牌上注明构件名称、部位、钢筋形式、直径、根数、尺寸、钢号、不能将不同工程的钢筋混放在一起。

## 三、预应力钢丝的检验与缺陷防止

预应力钢丝的检验要求如下：

(1)以同一抗拉强度、同一直径、同一钢号和交货状态的为一检验批，每批质量不大于3 t。

(2)逐盘检查钢丝的外观和尺寸。

(3)外观检验合格后，在每批钢丝中任取10%的盘数(且不少于6盘)，每盘钢丝各取一套试件进行抗拉强度、伸长率和弯曲次数试验。

(4)如有一根试件不符合检验项目的任一项质量规定，应从该批未检验的钢丝盘中，再取双倍数量的试件，重新检验，检验中仍有至少一根试件不合格时，则该批钢丝不予验收。

预应力钢丝外观及性能缺陷原因及相应解决方法见表6-16。

表6-16 预应力钢丝缺陷原因及解决方法一览表

| 序号 | 缺陷内容 | 造成原因 | 解决办法 |
| --- | --- | --- | --- |
| 1 | 钢丝表面出现划伤、划痕、横裂 | (1)模子损坏。<br>(2)模盒位置、角度不合理 | (1)对模子经常检查，发现损坏立即更换。<br>(2)将模盒位置、角度调整至合理位置 |
| 2 | 钢丝表面出现浮锈 | 受存放环境影响，空气潮湿导致 | 改善存放地点通风环境，降低空气湿度，保持钢丝表面干燥 |
| 3 | 钢丝表面局部颜色不正常 | 生产时中频回火炉升温速度慢 | 收线时把回火不完全的钢丝剪掉 |
| 4 | 钢丝的伸长、弯曲不合格 | 生产时中频回火炉的温度达不到工艺要求，造成钢丝内部的残余应力消除不好影响其塑性和韧性 | 严格按生产工艺操作 |
| 5 | 钢丝松弛性能不合格 | (1)工字轮放线阻尼松紧度不同，影响钢丝反拉力。<br>(2)张力的大小、稳定性问题 | (1)随时注意工字轮放线情况，发现异常时调整。<br>(2)安装测张应力设备，监控张应力变化 |
| 6 | 钢丝伸直性能不好 | (1)矫直变形器的压下量及运行情况不良。<br>(2)张力轮间的张力大小选择错误 | (1)随时检查矫直变形器的压下量及运行情况，发现问题及时调整。<br>(2)对于不同规格、强度的钢丝，应选用不同的张力值 |
| 7 | 钢丝的包装 | 收线后钢带捆不紧、不均 | 按成品包装要求包装钢丝成品 |

## 四、预应力钢绞线的检验与缺陷防止

预应力钢绞线的检验要求如下：

(1)钢绞线直径和捻距应均匀，切断后不致松散。

(2)镀锌钢绞线内各钢丝应紧密绞合，不应有交错、断裂和折弯等。

(3)钢绞线表面必须无油、无污、无水和其他杂质。

(4)热镀锌钢丝表面应镀上均匀连续的锌层，不得有裂纹和露镀。

预应力钢绞线外观及性能缺陷原因及相应解决方法见表6-17。

表6-17 预应力钢绞线缺陷原因及解决方法一览表

| 序号 | 缺陷内容 | 造成原因 | 解决办法 |
| --- | --- | --- | --- |
| 1 | 钢绞线表面出现划伤、划痕 | (1)模管、模架出现开裂、脱落。<br>(2)捻股机合线模的位置、角度不合理。<br>(3)捻股机后变形器轮损坏，压下量过大 | (1)对捻股机模管、模架经常检查，发现损坏、脱落立即更换。<br>(2)开车前将合线模，后变形器压下量进行检查，调整至合理位置 |

续表

| 序号 | 缺陷内容 | 造成原因 | 解决办法 |
|---|---|---|---|
| 2 | 钢绞线表面出现浮锈 | (1)给水量过大,喷气量太小,造成钢绞线表面有一定的水分。<br>(2)受环境影响,空气潮湿,存放过程中出现铁锈 | 调整合理的冷却给水量。加大气吹量。改善存放地点通风环境,降低空气湿度,保持钢绞线表面干燥 |
| 3 | 钢绞线表面局部颜色不正常,出现白线、黄线 | 捻制开车时中频回火炉升温速度慢 | 捻制开车时,人为提高升温速度,若出现白线、黄线,及时标记清除 |
| 4 | 钢绞线强度偏低 | (1)捻制过程中出现捻损。<br>(2)原料通条性能不好会对强度造成影响 | 对半成品钢丝校验时,应提高保险加载负荷,生产中对强度偏低的钢绞线反轴100~200 m后,再进行检验 |
| 5 | 钢绞线的伸长率不合格 | (1)捻制时中频回火炉的温度达不到工艺要求,造成钢绞线内部的残余应力消除不好影响其塑性和韧性。<br>(2)原料通条性能不好也会影响伸长率 | 严格按生产工艺操作。加强生产工艺管理 |
| 6 | 低松弛钢绞线的松弛性能不合格 | (1)捻制时工字轮放线阻尼松紧度不同,影响钢绞线的松紧度。<br>(2)张力的大小、稳定性问题。<br>(3)中频回火炉的温度低于要求或温度显示失真 | (1)随时注意工字轮放线情况,发现异常及时调整。<br>(2)安装测张应力设备,监控张应力变化。<br>(3)对炉温定期检测,以确保准确 |
| 7 | 钢绞线的伸直性能不合格 | (1)捻制后矫直变形器的压下量及运行情况不良。<br>(2)捻制时张力轮间的张力大小选择错误。 | 对于不同规格、强度的钢绞线,应选用不同的张力值。并根据不同原料生产的半成品钢丝的强度,在工艺范围内调整张力值 |
| 8 | 钢绞线的包装 | (1)层缠收线轮内径为900 mm,较大的内径使承受力较小,容易使成品倾斜倒塌。<br>(2)外表面包装缠绕不紧,造成脱落 | (1)为了加强承载力,成品内径加0.6 mm铁板,起到紧固作用。<br>(2)加强外部包装,使之合格 |

## ■ 五、钢筋的防锈

建筑钢材具有一系列的优良性能,但钢材也存在易锈蚀及耐火性差的缺点。根据锈蚀作用的机理,钢材的锈蚀可分为化学锈蚀和电化学锈蚀两种

影响钢材锈蚀的主要因素是水、氧及介质中所含的酸、碱、盐等。同时,钢材本身的组织成分对锈蚀影响也很大。埋于混凝土中的钢筋,由于普通混凝土的pH值为12左右,处于碱性环境,使之表面形成一层碱性保护模,它有较强的阻止锈蚀继续发展的能力,故混凝土中的钢筋一般不易锈蚀。

防止钢材锈蚀的措施有如下几种：

### 1. 保护层法

保护层法是在钢材表面施加保护层，使钢材与周围介质隔离。保护层可分为非金属保护层和金属保护层两类。

(1)非金属保护层常用的是在钢材表面刷漆，常用底漆有红丹、环氧富锌漆、铁红环氧底漆等。面漆有调和漆、醇酸磁漆、酚醛磁漆等，该方法简单易行，但不耐久。另外，还可以采用塑料保护层、沥青保护层、搪瓷保护层等。

(2)金属保护层是用耐蚀性较好的金属，以电镀或喷镀的方法覆盖在钢材表面，如镀锌、镀锡、镀铬等。薄壁钢材可采用热浸镀锌或镀锌后加涂塑料涂层等措施加以保护。

### 2. 制成合金

钢材的成分是引起锈蚀的内因。通过调整钢材的成分或加入某些合金元素，可有效地提高钢材的抗腐蚀能力。例如，在钢中加入一定量的合金元素铬、镍、钛等，制成不锈钢，可以提高耐锈蚀能力。

## ▍能力训练

### ■ 一、操作条件

#### 1. 检测依据

钢筋的检验应按照《钢筋混凝土用钢 第1部分：热轧光圆钢筋》(GB/T 1499.1—2017)；《钢筋混凝土用钢 第2部分：热轧带肋钢筋》(GB/T 1499.2—2018)的要求操作。

#### 2. 目的及适用范围

本试验是钢筋重量偏差的检测，主要用来衡量钢筋交货质量。

本试验适用于各类型钢筋的外观质量检测。

#### 3. 仪器设备

(1)钢直尺：量程 100 cm，最小刻度 1 mm。

(2)电子天平：最小分度不大于总质量的 1%，建议精确至 1 g。

#### 4. 样品要求

钢筋试样应端部平整，若钢筋试样端部不平，则需打磨成与钢筋轴线垂直的平整面，如图 6-25 所示。

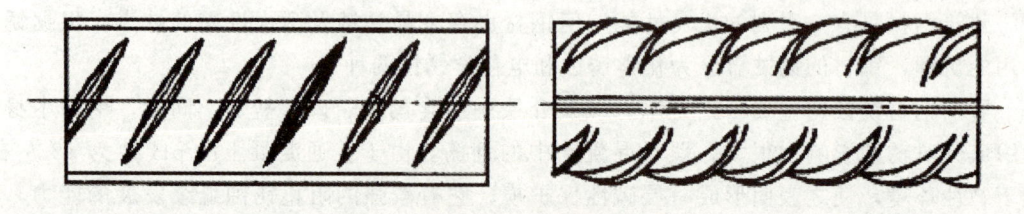

图 6-25 钢筋端部

## ■ 二、操作过程

钢筋检测试验步骤见表6-18。

表6-18 钢筋检测试验步骤

| 序号 | 步骤 | 操作方法及说明 | 质量标准 |
| --- | --- | --- | --- |
| 1 | 试验准备 | (1)先清理干净钢筋表面附着的异物(混凝土、沙、泥等)。<br>(2)检查钢尺,检查电子天平并归零。<br>(3)检查钢筋规格是否与接样单及质保书对应,钢筋两端是否平整,初步测量试样长度看是否符合标准要求(不小于500 mm) | (1)能及时清理试样。<br>(2)能及时检查试验仪器。<br>(3)能及时检查钢筋试样的规格 |
| 2 | 截取试样并测量 | (1)从不同根钢筋上截取试样,数量不少于5支,每支试样长度不小于500 mm。长度应逐支进行测量,应精确到1 mm,并记录数据。<br>(2)用天平测量全部试样总质量时,应精确到不大于总质量的1‰,并记录数据 | (1)能正确截取试样。<br>(2)能正确使用仪器称量并记录 |
| 3 | 试验收尾及计算 | (1)测量结束后,钢筋试样应妥善处理,避免发生危险。<br>(2)进行数据的处理及计算 | (1)能妥善处理试验收尾工作。<br>(2)能正确计算钢筋的重量偏差 |

特别需要注意的是,检测过程如果出现异常情况应及时进行处理,处理方法如下:
(1)因外界干扰而中断试验影响检测质量,检测工作必须重新开始。
(2)因检测设备故障或损坏时,应中断试验并将损坏的仪器设备进行修复,重新检定设备合格后才能开始检测。

## ■ 三、检测结果

将所测数据代入式(6-11)中计算出钢筋偏差值:

$$质量偏差 = \frac{试样实际总质量 - (试样总长度 \times 理论质量)}{试样总长度 \times 理论质量} \times 100\% \quad (6-11)$$

检验结果的数值应符合国家相关规定,即精确至1%。
钢筋实际质量与理论质量的允许偏差应符合表6-19的规定。

表6-19 钢筋重量偏差规定值

| 公称直径/mm | 实际质量与公称质量的允许偏差/% |
| --- | --- |
| 6~12 | ±6 |
| 14~20 | ±5 |
| 22~50 | ±4 |

相关试验数据记录在表6-20中。

表6-20　钢筋质量偏差检测试验记录表

| 钢筋种类牌号 | 规格 | 使用部位 | 试样序号 | 试样长度 | 实测总长度/mm | 实测总质量/g | 单位理论质量/(kg·m$^{-1}$) | 质量偏差率/% | 质量偏差指标值/% |
|---|---|---|---|---|---|---|---|---|---|
|  |  |  | 1 |  |  |  |  |  |  |
|  |  |  | 2 |  |  |  |  |  |  |
|  |  |  | 3 |  |  |  |  |  |  |
|  |  |  | 4 |  |  |  |  |  |  |
|  |  |  | 5 |  |  |  |  |  |  |

| 钢筋种类牌号 | 规格 | 使用部位 | 试样序号 | 试样长度 | 实测总长度/mm | 实测总质量/g | 单位理论质量/(kg·m$^{-1}$) | 质量偏差率/% | 质量偏差指标值/% |
|---|---|---|---|---|---|---|---|---|---|
|  |  |  | 1 |  |  |  |  |  |  |
|  |  |  | 2 |  |  |  |  |  |  |
|  |  |  | 3 |  |  |  |  |  |  |
|  |  |  | 4 |  |  |  |  |  |  |
|  |  |  | 5 |  |  |  |  |  |  |

## 四、学习结果评价

| 序号 | 评价内容 | 评价标准 | 评价结果 |
|---|---|---|---|
| 1 | 检测试验准备 | 能正确清理钢筋表面 | 是/否 |
|  |  | 能正确地对试验用具进行检查 | 是/否 |
|  |  | 能正确地截取钢筋试件 | 是/否 |
| 2 | 钢筋重量偏差试验 | 能正确操作进行称量 | 是/否 |
|  |  | 能正确处理数据，精度符合要求 | 是/否 |
|  |  | 能正确计算出钢筋的重量偏差并判断是否合格 | 是/否 |

### 项目小结

建筑钢材主要是指用于钢结构中各种型材(如角钢、槽钢、工字钢、圆钢等)、钢板、钢管和用于钢筋混凝土结构中的各种钢筋、钢丝等。钢筋有多种分类方法，其中比较常用的是按力学性能分，由钢筋牌号表示。

钢筋的力学性能是指其抵抗外力作用的能力。它是衡量钢筋质量好坏的最重要的指标之一。其由拉伸试验和冷弯试验进行测定，主要测定指标有强度、塑性和硬度。

拉伸是钢筋的主要受力形变之一，钢筋受拉直至破坏的四个阶段有弹性阶段、屈服阶段、强化阶段、颈缩阶段。

钢筋检验主要项目是重量偏差试验，钢筋的保管主要是防锈及对锈蚀的处理。

### 课后习题

**一、填空题**

1. 金属材料断后伸长率是指断后标距的_____与_____之比的百分率。
2. 金属材料弯曲试验采用支辊式弯曲装置时，如无特殊规定支辊间距 $L$ 与弯心直径 $d$ 和钢筋直径 $a$ 的关系式为_____。
3. 预应力混凝土用钢丝按加工状态可分为冷拉钢丝和消除应力钢丝两类；按外形分为_____、_____和_____三类。
4. 钢材在拉伸试验中的四个阶段为_____、_____、_____、_____。
5. 在钢筋拉伸试验中，若断口恰好位于刻痕处，且极限强度不合格，则试验结果_____。
6. 能反映钢筋内部组织缺陷，同时又能反映其塑性的试验是_____。
7. 结构设计中，软钢通常以_____作为设计计算的取值依据。
8. 钢材的屈强比是_____、_____的比值，反映钢材在结构中适用的安全性。

**二、判断题**

1. 伸长率表明钢材的塑性变形能力，对同一钢材，标距越大，测得的伸长率越小。（　　）
2. 钢材受力达到屈服点后，变形迅速发展，已不能满足使用要求，故设计中一般以屈服点作为强度取值的依据。（　　）
3. 钢材的拉伸试验一般在室温 10～35 ℃ 范围内进行，对温度要求严格的试验应为 23 ℃±5 ℃。（　　）
4. 钢筋力学性能试验的评定结果，可以高于委托单位提供的强度等级。（　　）
5. 测定断后伸长率，原则上只有断裂处与最接近的标距标记的距离不小于原始标距的 1/3 的情况方有效。但断后伸长率大于或等于规定值，无论断裂位置处于何处，测量均为有效。（　　）
6. 对钢材而言，拉伸时速率越大，测得的强度值越高。（　　）
7. 普通热轧带肋钢筋的牌号是由 HRBF＋屈服强度特征值构成。（　　）
8. 直径大于 28 mm 的热轧带肋钢筋的断后伸长率可比标准规定值降低 1%。（　　）
9. 热轧带肋钢筋 HRB400E 表示为有较高要求的抗震结构适用牌号。（　　）
10. 热轧带肋钢筋按规定的弯芯直径弯曲 180°后，钢筋受弯曲部位表面不产生裂纹，可视为弯曲性能合格。（　　）
11. 钢筋在进行拉伸试验时，应根据材料弹性模量的不同而采用不同的加荷应力速率。（　　）
12. 试验期间设备发生故障，影响了试验结果，应重做同样数量试样的试验。（　　）
13. 试样断在机械刻画的标距标记上，虽然断后伸长率不小于规定的最小值，但也应重做同样数量试样的试验。（　　）
14. 焊接钢筋力学性能试验应每批成品中切取 6 个试件。（　　）
15. 材料在进行强度试验时，加荷速度快者的试验结果值偏小。（　　）
16. 钢材的拉伸性能和冷弯性能均不合格，可取 2 倍试样复检。（　　）

17. 钢筋的标距长度对其伸长率无影响。                                （   ）
18. 合格钢材连接部分焊接后由于硬化脆裂和内应力增大作用，力学性能低于焊件本身。                                                              （   ）
19. 钢筋的屈服强度抗拉强度的比值称为屈强比，屈强比越小，说明结构可靠性高。
                                                                （   ）
20. 受力钢筋对接连接应优先采用闪光对焊。                          （   ）
21. 冲击韧性是钢材在静载作用下，抵抗破坏的能力。                  （   ）
22. 在钢筋拉伸试验中，若断口恰好位于刻痕处，则试验结果作废。      （   ）

### 三、单选题

1. 钢筋混凝土用热轧带肋钢筋、光圆钢筋及热轧圆盘条按批进行检查和验收，每批质量为(    )t。
   A. ≤30                               B. ≤50
   C. ≤60                               D. ≤40

2. 钢材拉伸试验在出现下列情况之一时，试验结果无效的是(    )。
   A. 试样断在机械刻画的标记上，断后伸长率超过规定的最小值
   B. 试验期间设备发生故障，但很快修好
   C. 试验后试样出现两个或两个以上的缩颈
   D. 试验时间很短，钢筋很快拉断

3. 下列情况中应采用移位法测定断后标距的是(    )。
   A. 拉断处到最近标距端点的距离 $\leq \frac{1}{3}L_0$，直接计算出的断后伸长率大于规定值
   B. 拉断处到最近标距端点的距离 $\leq \frac{1}{3}L_0$，直接计算出的断后伸长率小于规定值
   C. 拉断处在两标距端点之外
   D. 拉断处到最近标距端点的距离 $\geq \frac{1}{3}L_0$，直接计算出的断后伸长率小于规定值

4. 钢筋经冷拉后，其屈服点、塑性和韧性(    )。
   A. 升高、降低                         B. 降低、降低
   C. 升高、升高                         D. 降低、升高

5. 下列说法正确的是(    )。
   A. 冷拉后的钢筋强度会提高，塑性、韧性会降低
   B. 冷拉后的钢筋韧性会提高，塑性会降低
   C. 冷拉后的钢筋硬度增加，韧性提高，但直径减小
   D. 冷拉后的钢筋强度提高，塑性不变，但脆性增加

6. 钢和铁的主要成分是铁和(    )。
   A. 氧              B. 硫              C. 碳              D. 硅

7. 钢材的屈强比越小，则结构的可靠性(    )。
   A. 越低            B. 越高            C. 不变            D. 二者无关

8. 桥梁用钢,要选用( )的钢材。
   A. 塑性较小,时效敏感性大
   B. 塑性较大,时效敏感性小
   C. 韧性较大,时效敏感性大
   D. 韧性较大,时效敏感性小

9. 钢筋冷弯试验时,试样弯曲到规定的弯曲角度,然后观察( )是否有裂纹、起皮或断裂等现象,评定钢筋的冷弯性能。
   A. 钢筋弯曲内表面                B. 钢筋弯曲外表面
   C. 钢筋弯曲处的两侧表面          D. 钢筋弯曲处的整个表面

10. 在钢结构设计一般根据( )来评价钢材的利用率和安全工程评估。
    A. 屈服强度                    B. 伸长率
    C. 屈强比                      D. 极限强度

11. 钢筋拉伸和冷弯检验,如有某一项试验结果不符合标准要求,则从同一批中任取( )倍数量的试样进行该不合格项目的复验。
    A. 2          B. 3          C. 4          D. 1

12. 实验室对金属材料常规力学性能的检测中所测试的延伸率为( )。
    A. 断裂总伸长率                B. 断后伸长率
    C. 最大力伸长率                D. 标准伸长率

13. 下列哪种方法不是测定金属材料屈服强度的常用方法?( )
    A. 图解法                     B. 指针法
    C. 移位法                     D. 计算法

14. 预应力混凝土用钢绞线按结构分类,下列表示方法中错误的( )。
    A. 1×2        B. 1×3        C. 1×5        D. 1×19

15. HRBF400钢筋的抗拉强度应不小于( )MPa。
    A. 630        B. 400        C. 500        D. 540

16. HRBF500钢筋的抗拉强度应不小于( )MPa。
    A. 500        B. 530        C. 630        D. 540

17. HRBF400钢筋的断后伸长率应不小于( )%。
    A. 17         B. 16         C. 15         D. 14

18. HRBF500钢筋的断后伸长率应不小于( )%。
    A. 17         B. 16         C. 15         D. 14

19. 普通热轧带肋钢筋的最大力总伸长率$A_{gt}$不小于( )%。
    A. 16         B. 15         C. 10         D. 7.5

20. 直径为32 mm的HRB400钢筋的冷弯试验时弯心直径应为( )$d$。
    A. 4          B. 5          C. 6          D. 7

四、多选题

1. 钢筋应按批进行检查和验收,每批由( )的钢筋组成。
   A. 同一牌号    B. 同一炉罐号    C. 同一规格    D. 同一台班

2. 当试验出现（　　）情况时，其试验结果无效，应重做同样数量试样的试验。
   A. 试样断在标距外或断在机械刻画的标距标记上，而且断后伸长率小于规定的最小值
   B. 试样断在标距外或断在机械刻画的标距标记上，但断后伸长率大于规定的最小值
   C. 试验期间设备发生故障，影响了试验结果
   D. 钢筋强度不满足要求

3. 下列强度等级中，属于冷轧扭钢筋强度等级的是（　　）。
   A. CRB550　　　B. CRB650　　　C. CTB550　　　D. CTB650

4. 冷轧扭钢筋验收批应由（　　）的钢筋组成。
   A. 同一型号　　　　　　　　　B. 同一强度等级
   C. 同一规格尺寸　　　　　　　D. 同一台（套）轧机生产

5. 钢筋组批验收时，以60 t为一批的钢筋有（　　）。
   A. 冷轧扭钢筋　　　　　　　　B. 热轧带肋钢筋
   C. 冷拔螺旋钢筋　　　　　　　D. 冷轧带肋钢筋

6. 轧钢筋试验项目包括（　　）。
   A. 屈服强度　　B. 抗拉强度　　C. 松弛率　　D. 伸长率

7. 钢筋闪光对焊接头后，其试验项目包括（　　）。
   A. 拉伸试验　　B. 冷弯试验　　C. 伸长率　　D. 外观检查

8. 钢筋经冷拉后会降低钢筋的（　　）。
   A. 屈服点　　B. 延伸率　　C. 冷弯性能　　D. 冲击韧性

## 五、简答题

1. 什么是金属材料的上屈服强度和下屈服强度？
2. 什么是金属材料的抗拉强度？
3. 钢筋按其加工工艺、外形、力学性能的不同，可分为哪几种形式？
4. 我国用于钢筋混凝土结构的钢筋有几种？我国热轧钢筋的强度分为哪几个等级？

## 六、计算题

1. 一根 $\phi20$ HRB400 的钢筋经拉伸试验，测得其屈服荷载为140.5 kN，最大荷载为181.4 kN，试件断后标距为119.5 mm，试计算此钢筋的屈服强度、抗拉强度（修约到1 MPa）和断后伸长率（修约到0.5%）。

2. 直径为16 mm的钢筋，屈服时荷载为72.5 kN，所能承受的最大荷载为108 kN，试件标距长度为80 mm，拉断后的长度为96 mm。求屈服点、抗拉强度、伸长率。

3. 公称直径为20 mm的钢筋做拉伸试验，测得其能够承受的最大拉力为145 kN。计算钢筋的抗拉强度（精确至5 MPa）。

# 项目七　墙体材料

为了促进新型墙体材料的发展和应用，保护土地资源和生态环境，节能利废，建设节约型社会，国家大力提倡非黏土砖墙体材料的研发、推广和应用。目前的砌体块材中有混凝土砌块、加气混凝土砌块、矿渣混凝土砌块等。可以将废弃混凝土破碎后生产混凝土砌块砖、铺道砖、花格砖等建材制品，也可以制作混凝土空心砌块。由于再生骨料与天然骨料的性质不同，故再生骨料混凝土与天然骨料混凝土的性能也不同。再生骨料混凝土与天然骨料混凝土相比，其抗拉强度、抗压强度和坍落度都比较低，但是如果采用合适的配合比和加入适当的外加剂，则与天然骨料混凝土的性能相近，甚至超出。所以，利用废弃混凝土作为再生骨料制作混凝土空心砌块，可以替代黏土砖、水泥砖、混凝土砌块等墙体材料，起到建筑资源循环利用的作用，具有节能与环保的经济、社会效益，以及广泛的应用前景。

课件：墙体材料

本项目包含墙体材料的取样与检测、混凝土小型砌块的取样与检测以及蒸压加气混凝土砌块的取样与检测等内容，学生在实际实践的过程中，需严格按相关标准规范执行，做到细致认真、沉稳耐心，对于相关检测数据的记录和计算务必保证准确、真实、有效，追求求真务实、勇于探索的工作作风。

## 任务一　熟悉墙体材料的分类

### 学习目标

（1）了解墙体材料的种类。
（2）掌握常用墙体材料的特点及用途。

### 核心概念

（1）**砌墙砖**：房屋建筑工程的主要墙体材料，砌墙砖种类颇多，按其制造工艺可分为烧结普通砖（简称烧结砖）、蒸养（压）砖、碳化砖；按原料可分为黏土砖、硅酸盐砖；按孔洞率可分为实心砖和空心砖等。

（2）**砌块**：砌筑用的人造块材，是一种新型墙体材料，外形多为直角六面体，也有各种异形体砌块。

· 165 ·

# 基本知识

## 一、砌墙砖

### 1. 烧结普通砖

凡以黏土、页岩、煤矸石、粉煤灰等为主要原料，经焙烧而成标准尺寸的实心砖，称为烧结普通砖。按所用主要原料，烧结普通砖可分为黏土砖(N)、页岩砖(Y)、煤矸石砖(M)和粉煤灰砖(F)、建筑渣土砖(Z)、淤泥砖(U)、污泥砖(W)、固体废弃物砖(G)。

烧结普通砖的标准尺寸为 240 mm×115 mm×53 mm 的直角六面体。它既具有一定强度，又因多孔结构而具有良好的绝热性、透气性和热稳定性。通常将 240 mm×115 mm 的平面称为大面，240 mm×53 mm 的平面称为条面，115 mm×53 mm 的平面称为顶面，如图 7-1 所示。

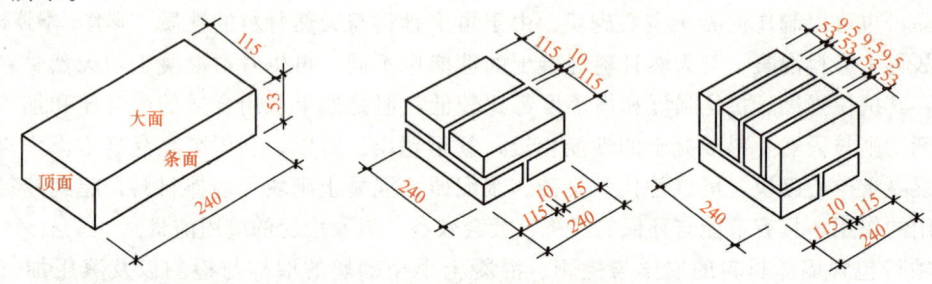

**图 7-1 烧结普通砖的标准尺寸**

在烧结普通砖砌体中，加上灰缝 10 mm，每 4 块砖长、8 块砖宽或 16 块砖厚均为 1 m。因此，每 1 m³ 砖砌体需砖 4×8×16＝512(块)。砖的尺寸允许有一定偏差。

烧结普通砖或空心砖的工艺流程：坯料调制—成型—干燥—焙烧—制品。焙烧是个生产工艺过程中最重要的环节，应严格控制窑内的温度和温度分布的均匀性。黏土中含有铁，烧制过程中完全氧化时生成三氧化二铁呈红色，即最常用的红砖；而如果在烧制过程中加水冷却，使黏土中的铁不完全氧化而生成低价铁(FeO)则呈青色，即青砖。青砖和红砖的硬度是差不多的，但是烧制完成后冷却方法不同，红砖是自然冷却，简单一些，而青砖是水冷却，操作起来比较麻烦。青砖在抗氧化、水化、大气侵蚀等方面的性能优于红砖。

欠火：因烧成温度过低或时间过短，坯料未能达到烧结状态的。颜色较浅，呈黄皮或黑心，敲击声哑，孔隙率很大，强度低，耐久性差。过火：因烧成温度过高使坯体坍流变形的。颜色较深，外形有弯曲变形或压陷、粘底等质量问题。但过火制品敲击声脆，较密实，强度高，耐久性好。

根据《烧结普通砖》(GB/T 5101—2017)，烧结普通砖的技术要求包括尺寸偏差、外观质量、强度等级、抗风化性能、泛霜、石灰爆裂、欠火砖、酥砖和螺旋纹砖等方面。

(1)尺寸偏差。尺寸偏差应符合表 7-1 的规定。

**表 7-1 烧结普通砖的尺寸允许偏差** mm

| 公称尺寸 | 指标 | |
|---|---|---|
| | 样本平均偏差 | 样本极差≤ |
| 240 | ±2.0 | 6.0 |
| 115 | ±1.5 | 5.0 |
| 53 | ±1.5 | 4.0 |

(2)外观质量。砖的外观质量应符合表 7-2 的规定。

表 7-2　烧结普通砖的外观质量　　　　　　　　　　　　　　　　　　　　mm

| 项目 | | 指标 |
|---|---|---|
| 1. 两条面高度差 | ≤ | 2 |
| 2. 弯曲 | ≤ | 2 |
| 3. 杂质凸出高度 | ≤ | 2 |
| 4. 缺棱掉角的三个破坏尺寸 | 不得同时大于 | 5 |
| 5. 裂纹长度 | ≤ | |
| a. 大面上宽度方向及其延伸至条面的长度 | | 30 |
| b. 大面上长度方向及其延伸至顶面的长度或条顶面上水平裂纹的长度 | | 50 |
| 完整面* | 不得少于 | 一条面或一顶面 |
| 注：为砌筑挂浆而施加的凹凸纹、槽、压花等不算作缺陷 | | |
| * 凡有下列缺陷之一者，不能称为完整面：<br>1. 缺损在条面或顶面上造成的破坏面尺寸同时大于 10 mm×10 mm。<br>2. 条面或顶面上裂纹宽度大于 1 mm，其长度超过 30 mm。<br>3. 压陷、粘底、焦花在条面或顶面上的凹陷或凸出超过 2 mm，区域尺寸同时大于 10 mm×10 mm。 | | |

(3)强度等级。强度等级应符合表 7-3 的规定。

表 7-3　烧结普通砖的强度等级　　　　　　　　　　　　　　　　　　　　MPa

| 强度等级 | 抗压强度平均值≥ | 强度标准值≥ |
|---|---|---|
| MU30 | 30.0 | 22.0 |
| MU25 | 25.0 | 18.0 |
| MU20 | 20.0 | 14.0 |
| MU15 | 15.0 | 10.0 |
| MU10 | 10.0 | 6.5 |

(4)抗风化性能、泛霜、石灰爆裂等其他方面。风化区的划分详见《烧结普通砖》(GB/T 5101—2017)，严重风化区中的 1、2、3、4、5 地区的砖应进行冻融试验，其他地区砖的抗风化性能符合相应规定时可不做冻融试验。淤泥砖、污泥砖、固体废弃物砖应进行冻融试验。

每块砖不准许出现严重泛霜。

砖的石灰爆裂应符合下列规定：

1)破坏尺寸大于 2 mm 且小于或等于 15 mm 的爆裂区域，每组砖不得多于 15 处。其中大于 10 mm 的不得多于 7 处。

2)不准许出现最大破坏尺寸大于 15 mm 的爆裂区域。

3)试验后抗压强度损失不得大于 5 MPa。

产品中不准许有欠火砖、酥砖和螺旋纹砖。

**2. 烧结多孔砖与烧结空心砖**

烧结多孔砖是以黏土、页岩、煤矸石等为主要原料，经焙烧而成，烧结多孔砖为大面有孔的直角六面体，孔多而小，孔洞垂直于受压面。烧结多孔砖孔洞率在 15% 以上，表观密度为 1 400 kg/m³ 左右。虽然多孔砖具有一定的孔洞率，使砖受压时有效受压面积减小，但因制坯时受较大的压力，使砖孔壁致密程度提高，且对原材料要求也较高，这就补偿了因有效面积减少而造成的强度损失，故烧结多孔砖的强度仍较高，常被用于砌筑六层以下的承重墙，如图7-2所示。

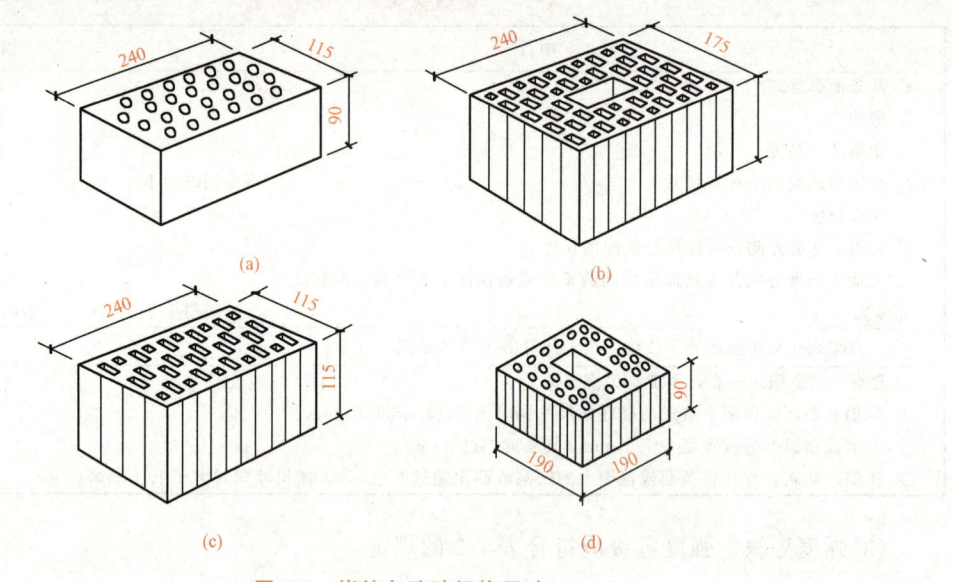

图 7-2 烧结多孔砖规格尺寸
(a)KP1型；(b)DP2型；(c)DP3型；(d)M型

烧结空心砖是以黏土、页岩、煤矸石、粉煤灰等为主要原料，经焙烧而成。烧结空心砖为顶面有孔洞的直角六面体，孔大而少，孔洞为矩形条孔或其他孔形、平行于大面和条面，如图7-3所示。烧结空心砖强度较低，主要适用于非承重隔墙及框架结构的填充墙。

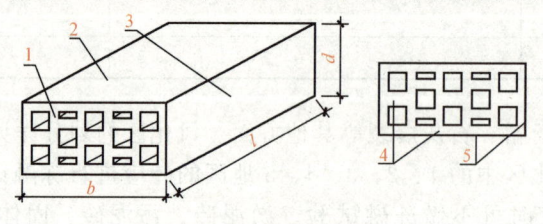

图 7-3 烧结空心砖
1—顶面；2—大面；3—条面；4—肋；5—外壁
$l$—长度；$b$—宽度；$d$—高度

根据《烧结多孔砖和多孔砌块》(GB/T 13544—2011)的规定，烧结多孔砖的规格尺寸为290、240、190、180、140、115、90(mm)。按抗压强度分为MU30、MU25、MU20、MU15、MU10五个强度等级；按密度等级可分为1 000、1 100、1 200、1 300四个等级。强度等级的具体技术要求见表7-4。

表 7-4 烧结多孔砖强度等级　　　　　　　　　　　　　　　　　　　　　　MPa

| 强度等级 | 抗压强度平均值≥ | 强度标准值≥ |
| --- | --- | --- |
| MU30 | 30.0 | 22.0 |
| MU25 | 25.0 | 18.0 |
| MU20 | 20.0 | 14.0 |

续表

| 强度等级 | 抗压强度平均值≥ | 强度标准值≥ |
|---|---|---|
| MU15 | 15.0 | 10.0 |
| MU10 | 10.0 | 6.5 |

根据《烧结空心砖和空心砌块》(GB/T 13545—2014)的规定，烧结空心砖的长度规格尺寸不超过(mm)：390、290、240、190、180(175)、140；宽度规格尺寸(mm)：190、180(175)、140、115；高度规格尺寸(mm)：180(175)、140、115、90；按抗压强度可分为MU10.0、MU7.5、MU5.0、MU3.5；按其体积密度可分为800级、900级、1 000级和1 100级；烧结空心砖和空心砌块的外观质量应符合表7-5，质量等级对应的强度等级及具体指标要求见表7-6。

表7-5 烧结空心砖和空心砌块的外观质量标准　　　　　　　　　　mm

| 项目 | | 指标 |
|---|---|---|
| 1. 弯曲 | 不大于 | 4 |
| 2. 缺棱掉角的三个破坏尺寸 | 不得同时大于 | 30 |
| 3. 垂直度差 | 不大于 | 4 |
| 4. 未贯穿裂纹长度 | | |
| ①大面上宽度方向及其延伸到条面的长度 | 不大于 | 100 |
| ②大面上长度方向或条面上水平面方向的长度 | 不大于 | 120 |
| 5. 贯穿裂纹长度 | | |
| ①大面上宽度方向及其延伸到条面的长度 | 不大于 | 40 |
| ②壁、肋沿长度方向、宽度方向及其水平方向的长度 | 不大于 | 40 |
| 6. 肋、壁内残缺长度 | 不大于 | 40 |
| 7. 完整面* | 不少于 | 一条面或一大面 |

\* 凡有下列缺陷之一者，不能称为完整面：
a. 缺损在大面、条面上造成的破坏面尺寸同时大于20 mm×30 mm；
b. 大面、条面上裂纹宽度大于1 mm，其长度超过70 mm；
c. 压陷、粘底、焦花在大面、条面上的凹陷或凸出超过2 mm，区域尺寸同时大于20 mm×30 mm。

表7-6 烧结空心砖强度等级指标　　　　　　　　　　MPa

| 强度等级 | 抗压强度/MPa | | |
|---|---|---|---|
| | 抗压强度平均值≥ | 变异系数 $\delta \leqslant 0.21$ 强度标准值≥ | 变异系数 $\delta > 0.21$ 单块最小抗压强度值≥ |
| MU10.0 | 10.0 | 7.0 | 8.0 |
| MU7.5 | 7.5 | 5.0 | 5.8 |
| MU5.0 | 5.0 | 3.5 | 4.0 |
| MU3.5 | 3.5 | 2.5 | 2.8 |

**3. 粉煤灰砖**

根据《蒸压粉煤灰砖》(JC/T 239—2014)的规定，以粉煤灰、石灰为主要原料，掺加适量石膏和骨料，经坯料制备、压制成型、高压或常压蒸汽养护而成的实心砖，称为粉煤灰砖。其外形尺寸与烧结普通砖相同。根据抗压和抗折强度，分为MU10、MU15、MU20、MU25、MU30五个等级。

蒸压粉煤灰砖可用于工业与民用建筑的墙体和基础。在长期受热（200 ℃以上）、受急冷急热和有酸性介质侵蚀的部位，不得使用粉煤灰砖。

### 4. 蒸压灰砂砖

蒸压灰砂砖是以石灰和砂为主要原料，经坯制备、压制成型、蒸压养护而成的实心砖，称为灰砂砖。外形尺寸与烧结普通砖相同，如图 7-4 所示。根据抗压强度和抗折强度，分为 MU25、MU20、MU15、MU10 四个等级。根据尺寸偏差和外观质量，分为优等品（A）、一等品（B）和合格品（C）。

10 级砖可用于防潮层以上的建筑部位；15 级以上的砖可用于基础及其他建筑部位。灰砂砖不得用于长期受热200 ℃以上、受急冷急热和有酸性介质侵蚀的建筑部位。

图 7-4　蒸压灰砂砖

砌墙砖一般用量较大，通常就地取材，有时可利用工业副产品或废料加工制成砖。这些砖分为烧结制品和非烧结制品两大类。烧结制品可分为劣质土空心砖、粉煤灰空心砖、页岩空心砖、拱壳空心砖、碳化砖、高钙煤矸石空心砖、高掺量粉煤灰承重空心砖、生活垃圾砖等。非烧结制品赤泥粉煤灰复合砖、碱矿渣粉煤灰砖、铅锌矿尾砂砖、高炉渣免烧免蒸砖、钢渣粉煤灰砖、煤渣非烧结空心砖、免烧免蒸煤矸石砖等。

## ■ 二、砌块

### 1. 混凝土小型空心砌块

混凝土小型空心砌块是用普通混凝土制成的。其由水泥、粗细骨料加水搅拌，经装模，振动（或加压振动或冲压）成型，并经养护而成。其可分为承重砌块和非承重砌块两类。

### 2. 蒸压加气混凝土砌块

蒸压加气混凝土砌块是以钙质材料和硅质材料以及加气剂、少量调节剂、经配料、搅拌、浇筑成型，切割和蒸压养护而成的多孔轻质块体材料，如图 7-5 所示。根据所采用的主要原料不同，蒸压加气混凝土砌块也相应有水泥—矿渣—砂、水泥—石灰—砂、水泥—石灰—粉煤灰三种。

### 3. 粉煤灰硅酸盐中型砌块

粉煤灰硅酸盐砌块简称粉煤灰砌块。粉煤灰中型砌块是以粉煤灰、石灰、石膏和骨料等为原料，经加水搅拌、振动成型、蒸汽养护而制成的密实砌块，如图 7-6 所示。通常采用炉渣作为砌块的骨料。粉煤灰砌块原材料组成间的互相作用及蒸养后所形成的主要水化产物等与粉煤灰蒸养砖相似。其主规格尺寸为 880 mm×380 mm×240 mm 及 880 mm×430 mm×240 mm 两种。按砌块的抗压强度，分为 MU10 和 MU13 两个强度等级；按砌块尺寸偏差、外观质量及干缩性能分为一等品（B）和合格品（C）两个质量等级。

粉煤灰砌块用于一般工业和民用建筑物墙体和基础，不宜用在有酸性介质侵蚀的建筑部位，也不宜用于经常受高温影响的建筑物。粉煤灰砌块的墙体内外表面宜作粉刷或其他饰面，以改善隔热、隔声性能并防止外墙渗漏，提高耐久性。在常温施工时，砌块应提前浇水润湿，冬期施工时则不须浇水润湿。